新媒体·新传播·新运营 系列丛书

New Media

视频指导版

U0734312

新媒体概论

蒋彩娜 邹甄◎主编

李晨冰 王谷 刘安琪◎副主编

人民邮电出版社

北 京

图书在版编目（CIP）数据

新媒体概论：视频指导版 / 蒋彩娜，邹甄主编. --
北京：人民邮电出版社，2024.3
（新媒体·新传播·新运营系列丛书）
ISBN 978-7-115-63329-3

Ⅰ．①新… Ⅱ．①蒋… ②邹… Ⅲ．①传播媒介—概
论 Ⅳ．①G206.2

中国国家版本馆CIP数据核字(2023)第243143号

内 容 提 要

本书系统地介绍了新媒体的基本知识，每一章都以案例导入开始，章末设置了知识测验和技能实训，将理论与实践结合起来，进一步巩固各章节的知识内容。本书是理解新媒体的基础教材，全书共8 章，主要内容包括新媒体导论、新媒体传播与受众、新媒体技术、新媒体文案策划与写作、新媒体广告、新媒体营销、新媒体数据分析，以及新媒体应用。

本书可作为高等院校新闻传播类、电子商务类、市场营销类等专业的新媒体相关课程的教材，也可供广大新媒体从业人员学习和参考。

◆ 主　编　蒋彩娜　邹　甄
　　副主编　李晨冰　王　谷　刘安琪
　　责任编辑　侯潇雨
　　责任印制　王　郁　彭志环
◆ 人民邮电出版社出版发行　　北京市丰台区成寿寺路11 号
　　邮编　100164　电子邮件　315@ptpress.com.cn
　　网址　https://www.ptpress.com.cn
　　固安县铭成印刷有限公司印刷
◆ 开本：787×1092　1/16
　　印张：12　　　　　　　　2024 年 3 月第 1 版
　　字数：290 千字　　　　　2025 年 3 月河北第 2 次印刷

定价：49.80 元

读者服务热线：(010)81055256　印装质量热线：(010)81055316
反盗版热线：(010)81055315

前言
PREFACE

当前社会的发展由于互联网的出现而焕然一新，人们的购买方式、人与人之间的交往方式和社会管理方式都发生了翻天覆地的变化。如今，互联网已经成为人们日常生活中必不可少的一部分，无论是学校的学生还是上班的白领，都被卷入了数字化世界。互联网的世界日日新、时时新，其核心基础是网络，而直观呈现的产物之一就是新媒体。新媒体的"新"是为强调其与传统媒体的区别。社会的发展和进步使新媒体在传统媒体的基础上有了划时代的进步。

党的二十大报告指出："育人的根本在于立德。全面贯彻党的教育方针，落实立德树人根本任务，培养德智体美劳全面发展的社会主义建设者和接班人。坚持以人民为中心发展教育，加快建设高质量教育体系，发展素质教育，促进教育公平。"本书编者深入学习和宣传贯彻党的二十大精神，通过知识传授和价值引领，让广大读者更加准确地把握党和国家事业的前进方向，自觉投身实现中华民族伟大复兴的奋斗之中。

本书具有以下特色。

（1）案例内容丰富，知识拓展性强

本书设置了"知识小助手""视野微拓展""案例小分享"等栏目，帮助读者更好地理解相关知识，开阔眼界。

（2）全书结构清晰，突出应用

本书不仅内容覆盖面广，而且按照"知识+测验+实训"的方式进行讲解，让读者在掌握知识的基础上能够进行技能实训，从而加深对知识的理解与运用。

（3）案例新颖，融入素养案例

本书以党的二十大精神为指导思想，将新媒体的入门知识和实用技巧与对应案例相结合，并进行恰当的分析，配以图例，生动易理解。同时结合时事，培养读者的学习兴趣和爱国主义情怀，引导读者做爱国、励志、求真、力行的时代新人。

（4）配套资源丰富

本书提供了丰富的配套资源，包括教案、PPT、习题答案等，还以二维码的形式提供相关知识的在线阅读，有助于增强课堂的趣味性。

本书由武汉工商学院的蒋彩娜、武汉晴川学院的邹甄担任主编，由武汉晴川学院的李晨冰、王谷、刘安琪担任副主编，其中蒋彩娜编写了第2章、第7章、第8章，邹甄编写了第4章，李晨冰和王谷编写了第5章和第6章，刘安琪和蒋彩娜编写了第1章和第3章。

　　本书是教育部产学合作协同育人项目"数字经济专业的新文科建设"（项目编号：220801065315656）成果之一。本书在编写过程中得到诸多朋友的大力帮助和支持，还参考了许多学者的研究成果，在此表示诚挚的感谢。由于编者水平有限，书中难免存在遗漏和不妥之处，恳请广大读者批评指正。

编　者

2024年1月

目录
CONTENTS

第1章　新媒体导论

案例导入

新浪新闻推出的《"舟"游天宫》及一系列可视化产品是对新闻内容体验式报道的一次尝试，通过沉浸式线上产品与趣味性线下体验相结合的方式，搭建了一系列更加贴近人们关注点、更具人性化的可视化互动平台，改变了人们获取新闻的方式，让新闻报道可"触摸"。除了传统意义上的专题新闻报道方式，新浪新闻在直播上也突破了原有的形式，打通线上线下体验平台，打造更立体的互动直播体验，这也是此次《"舟"游天宫》最大的亮点——"天宫秀场"。"天宫秀场"用"线下明星VR（Virtual Reality，虚拟现实）体验+线上直播互动"的形式，拉近人们与天宫神舟的距离。每次"天宫秀场"活动的参与明星和体验内容都会进行更新替换，给人们不同的惊喜；线下平台设置在中国科学技术馆，每日进行天宫神舟VR线下体验活动，利用VR技术和线上明星直播的影响力吸引人们参与。在"天宫秀场"中，新浪新闻运用了AR（Augmented Reality，增强现实）技术，明星的一举一动都会融入宇宙场景，人们可以看到不同明星享受太空之旅，也可以在围观的过程中享受宇宙元素与明星体验带来的感观碰撞。

"天宫秀场"不仅仅是一场"秀"。直播期间，关于天宫二号与神舟十一号、宇宙的起源与危机等重要信息都会实时更新，专家的科普与讲解也会穿插在直播中；同时，这些信息和科普知识还会以更加科技化的手段呈现，实现新闻内容与直播互动相结合。"天宫秀场"在新浪直播间、新浪新闻客户端等多个平台持续直播，人们可以利用弹幕功能尽情地参与讨论。

案例解读

如今，"新媒体"已经是一个使用率很高的词语，也已经融入人们生活的方方面面，其对整个人类社会都产生了非常重大的影响和改变，并且这种影响和改变还将继续进行下去。

思考问题

1. 新媒体为何具有如此惊人的影响力？
2. 相较于传统媒体，新媒体"新"在哪里？人们又该如何认识和评价新媒体？

1.1 认识新媒体

新媒体是在报刊、广播、电视等传统媒体之后发展起来的新的媒体形态，其利用数字技术、网络技术、移动技术，通过互联网、无线通信网、有线网络、卫星等渠道，展现在计算机、手机、数字电视机等终端，向用户提供信息和娱乐服务。与传统媒体相比，新媒体发展迅猛，正在成为主流媒体形态。新媒体与传统媒体不是取代与被取代的关系，而是相互融合的关系，新媒体是对传统媒体的继承和发展，传统媒体可以借助数字技术转变为新媒体。因此，本节内容将聚焦于媒体和新媒体的概念、新媒体的特征与常见类型、新媒体与传统媒体的区别，以及新媒体的发展趋势。

1.1.1 媒体和新媒体的概念

媒体也称媒介。在英语中，媒体和媒介都用"Media"这一单词来表达，但在汉语中会有一些微小差异。一般来说，人们通常所说的"媒体"包括两个含义：一是指信息的物理载体，等同于媒介，如广播媒体、电视媒体等；二是指媒介组织，如人民日报、中央广播电视总台、湖南卫视等。此外，两个事物之间的联系物，人们也常常把它叫作媒介或者媒体，如教师是传播知识的媒介等，不过这是对媒介的衍生用法。简而言之，媒体是生产资讯内容的机构，媒介是传播资讯内容的介质。

视野微拓展

在过去很长一段时间里，媒体和媒介这两个词实际是混用的，因为在传统媒介年代，报纸、杂志、广播、电视等介质的制作者和传播者是一体的。不同介质之间存在较高的门槛，报纸、杂志负责采集内容、制作内容、排版、印刷、发行；广播电台、电视台负责采集内容、制作节目、播出。媒体和媒介这两个概念被有意识地区分使用是在互联网出现以后，这时，内容以很低的成本进行跨媒体传播，如报纸、杂志的内容在网页、播客、视频上传播，一个媒体的内容可以在多种媒介上传播。

新媒体（New Media）的概念是1967年由美国哥伦比亚广播电视网技术研究所所长P.戈尔德马克率先提出的。严格地说，新媒体应该被称为数字化新媒体。

有学者对新媒体的定义进行了归纳，大致可分为"传承论""相对论""凡数字论""互联论""媒体定义回归论""规模论""多维论"。"传承论"认为，新媒体是基于传统媒体发展起来的新的媒介形式；"相对论"认为，新媒体是一个相对的概念，比传统媒体"新"的就是新媒体，新媒体往往兼具多种媒体的特征与特长；"凡数字论"认为，凡是基于数字技术在传媒领域运用的媒体形态即新媒体；"互联论"认为，新媒体是在互联基础上实现多对多或点对点传播，具有与用户互动等交互功能的媒体形态；"媒体定义回归论"认为，媒体应该泛指从事大众传播的机构，故新媒体应该定义为新的大众传播机构；"规模论"认为，当新的传播形态达到大众传播的规模时，即新媒体；"多维论"认为，新媒体有广义上的、狭义上的定义，应该从多角度、多层面综合定义，目前很难给新媒体下确切的定义，需要系统研究。

什么是新媒体，人们对此的理解并不一致。清华大学的熊澄宇教授认为，新媒体是一个相对的概念，"新"是相对"旧"而言的。从媒体发生和发展的过程当中，人们可以看到新媒体是在不断变化的。广播相对报纸是新媒体，电视相对广播是新媒体，网络相对电视是新媒体。今天人们所说的新媒体，通常是指在计算机信息处理技术基础之上出现和受计算机信息处理技术影响的媒体形态。这两种媒体形态就是人们现在说的新媒体。

1.1.2 新媒体的特征与常见类型

不管人们如何定义新媒体，有一点是确定的，那就是相对于旧的媒体形态，新媒体形态是不断变化和延展的，在现阶段，其核心是数字化信息符号传播技术的实现。一般而言，新媒体包含以下特征。

第一，新媒体是建立在数字技术和网络技术的基础上的。新媒体主要是以计算机信息处理技术为基础，将互联网、卫星网络、移动通信等作为运作平台的媒体形态，它包括使用有线与无线通道的传送方式，如互联网、手机媒体、移动电视、电子报纸等。如果说传统媒体是工业社会的产物，那么新媒体就是信息社会的产物。

第二，新媒体在信息的呈现方式上是多媒体。新媒体信息往往以声音、文字、图形、影像等复合形式呈现，具有很高的科技含量，可以进行跨媒体、跨时空的传播，还具有传统媒体无法比拟的互动性等特征。

第三，新媒体具有全天候和全覆盖的特征。受众接收新媒体信息，大多不受时间、地点的制约，可以在信号覆盖的地方接收来自地球上任何一个角落的信息。

第四，新媒体在技术、运营、产品、服务等商业模式上具有创新性。新媒体不仅是技术平台，也是媒体机构。与传统媒体相比，新媒体变化的不仅仅是技术的运用，更有商业模式的创新。

第五，新媒体的边界不断扩大，呈现出媒介融合的趋势。新媒体的种类很多，包括次第出现的网络媒体、有线数字媒体、无线数字媒体、卫星数字媒体、无线移动媒体等。其典型特征是在数字化基础上各种媒体形态的融合和创新，如手机电视、网络电视等，通常具有互动性。新媒体的边界处在不断扩大的过程中，还体现为很多称谓相互重叠，如网络媒体包括门户网站、论坛、博客、网络游戏等；有线数字媒体包括数字广播、数字电视、宽带电视、互动电视、视频点播、网络电视等；无线移动媒体包括手机短信、手机电视、手机在线游戏等。新媒体与传统媒体不是完全分开的，传统媒体可以借助新的数字技术转变成新媒体，如传统的报纸、广播、电视可以升级为数字报纸、数字广播和数字电视。

课堂微讨论

能否结合生活中的实例探讨新媒体的特征？

新媒体的常见类型包括数字杂志、数字报纸、数字广播、手机短信、移动电视、桌面视窗、数字电视、数字电影、触摸媒体等。

1.1.3 新媒体与传统媒体的区别

传统媒体是利用某种机械装置定期向社会发布信息或提供教育娱乐平台的媒体，如报纸、广播、电视、杂志等。传统媒体有时间和空间的局限性，但优势是能够发挥传统媒体的特长且有强大的人力和物力资源。

相对于传统媒体而言，新媒体支持多媒体与超文本，个性化与社群化，其优势是传播与更新速度快，能实现低成本的全球传播；信息量大，内容丰富；检索便捷；多媒体传播；互动性强。

▌1.1.4　新媒体的发展趋势

新媒体具有以下几个发展趋势。

趋势之一：新技术再赋能。随着5G、人工智能、大数据、云计算、区块链等新一代信息技术在国内快速发展，我国的新媒体发展不断创新变革，应用智能化水平显著提高，应用场景更加丰富，社会服务能力显著增强，新媒体深刻地融入人们日常的生活中。

趋势之二：直播形式多元化。2022年8月《中国网络表演（直播）行业发展报告（2021—2022）》称，根据主要上市企业公开财报和采样信息显示，2021年我国网络表演（直播）行业市场规模达1844.42亿元。截至2021年12月，我国网络表演（直播）行业主播账号累计近1.4亿个，一年内有过开播行为的活跃账号约1亿个。2022年上半年，新增开播账号826万个。中商情报网讯，2022年上半年我国网络直播用户规模达7.16亿，占网民整体的68.1%。在推进媒体融合的进程中，各级主流媒体逐步将直播纳入常规报道方式。

趋势之三：PUGC模式走红。PUGC（Professional User Generated Content，专业用户生成内容）指的是以UGC（User Generated Content，用户生成内容）的形式，生产出接近PGC（Professional Generated Content，专业生成内容）的专业内容。这一模式集合了UGC和PGC的双重优势，既有UGC的广度，又有PGC的专业，其内容可以更好地吸引用户。该模式最早出现在在线音频领域。

早在2020年，随着"三一博士"在今日头条半年涨粉50万的现象出现，各类专业知识成为内容生产的热点。这类内容的生产往往采用的是PUGC模式，具有专业技能的创作者处于内容生产的核心地位。优质的内容创作者目前正成为各大视频平台增强用户黏性的重要因素之一，部分主流媒体也在积极尝试PUGC模式。厦门广电集团新闻中心副主任郑红介绍，目前厦门广电集团有一个300人的厦门广电拍客团，这些专业拍客拍到一部分画面和素材会输送给厦门广电集团。如何争取到这些优质的内容创作者，或许会成为主流媒体提升传播能力的下一个发力点。

1.2 新媒体的核心理念

要全面了解新媒体就必须对新媒体的核心理念加以掌握，新媒体的核心理念主要有用户自制、社交化、虚拟现实与去中心化。

▌1.2.1　用户自制

互联网发展之前，专门的媒体机构承担了新闻信息的采制与传播。随着互联网技术的普及，社会个体开始拥有制作并分发新闻、娱乐内容等信息的能力，个体与社会管理和社会发展之间开始频繁对话，可以实现用户自制。

1. 用户自制的理论背景

自媒体这些日常化、私人化、本地化、具有创意性的内容开始作为公共文化的一部分。这本质上还是市场发生了转向，证明有一个更广泛意义上的"参与性文化市场"正在出现。以往的流行是由商业制造的，现在的流行是由大众制造的，人们日常生活中的本地化创意变成了媒体产业讨论的重点和数字文化语境下媒体未来的核心舞台。

消费行为不再被看作经济链条上的终点，而是富有活力和刺激自身增长的领域，这已经延伸到媒体消费者的实践领域。更进一步说，粉丝群体的研究被更加积极地纳入了媒体产业链条的考虑中，在这个意义上，粉丝群体参与了商业化的运作，是新的共谋，很多新的商业模式得益于对粉丝群体的近距离研究。前工业化时期的民间文化研究已经发生了转向，包括个体和社团的地位也都从合作者和复制者转化为积极的消费者。以小红书为例，其造就了新的消费模式：流行文化+创意消费。从一个消费者的视角来看，它是一个文化的入口，或是消费者参与生产的平台。正如大型多人在线游戏一样，小红书混合了消费者和生产者，这也给两者之间在价值、意义等方面的呈现带来了难题。与其把它看作一个激进的历史性转折点，不如说它是文化、媒体和社会长河的一部分。

知识小助手

针对小红书用户自制内容的研究，与其他新媒体形态的研究一样，是一个复杂的过程。

（1）这项研究是一个针对变动的研究，这不仅仅指它的视频和有关组织模式的定义；它本身的内容也是非常多样化的，与电视不同，更像是可能会消失的视频流。

（2）小红书既是一个由上而下的传播平台，也是一个有效的由下而上且受到本地创意性内容影响的平台。

（3）小红书用户自制内容离日常生活非常近，每日频繁地"阵发性"上传是不规律的。

（4）小红书用户自制内容可以到达传统媒体所不能到达的地方，但同时它也是使用者创造的信息平台，传统媒体也会从中去寻找或挖掘信息。

2. 用户自制的自媒体平台

自媒体又称公民媒体，美国新闻学会媒体中心于2003年7月发布了"We Media"（自媒体）研究报告，里面对"We Media"下了一个十分严谨的定义："We Media"是普通大众经由数字科技强化、与全球知识体系相连之后，一种开始理解如何提供与分享有关他们自身事实、新闻的途径。

自媒体是一种用户、记者、编辑共同参与的由下而上的新的传播过程。在这一过程中，对话互动成为新闻生产过程中的重要一环，新闻生产者和消费者之间的界限变得模糊，用户对原创和草根新闻的包容性变得更强。这种改变不是破坏性的，而是建构性的。互联网扩展了社会个体网络表述的渠道，社会个体正在成为"平民化传媒，新数字时代社会"中的主体。传统的新闻传播必须有一个中心，其中有一个新闻"把关人"，而在新的媒体形态中，"把关人"从中心往边缘移动，边缘人则慢慢变成了新闻"把关人"。

3. 用户自制的传播主体特点

传统媒体时代，传播者是整个传播过程的中心，控制着信息的筛选和发布，而接收者只能从专业人士筛选后的信息中选择自己感兴趣的，处于完全被动接收状态。传播者与接收者的界限分明，他们在传播过程当中的地位和作用表现出唯一性和不可逆性。因此，以往传播学研究往往把重点放在传播者身上，如今，这些现象发生了以下改变。

（1）个体传播的建立

自我表达是人类永恒的追求。随着互联网的发展，大众的话语权有机会和条件得到充分展示。例如，博客的发展为"播客"的出现奠定了良好的大众表达基础，语言文字的自我表达和交流得到彰显。"播客"技术的成熟创新了个人声音在网络上传播的渠道，鲜活的声音可以在互联网上被订阅或传播，使得个体的表达意愿更为突出。"播客"成为自我传播的声音平台和新的交际网络，个体的独立和个人价值得以在公众传播中展现。"播客"精神的核心不仅仅是提高了个人表达的自由度，也展现了互联网对于个人表达的宽容度，体现了互联网的开放性和共享性。"播客"作为开放的媒体源代码，初步实现了传播的无边界。

（2）理想的传播者非中心化

新媒体传播中，传统意义上的传播者不再处于中心地位，传播者和接收者之间的地位是平等的，可以实现互相转换，接收者同样也可以贡献知识和见解，并参与二次传播。传播者不再是中心和权威的代名词。

视野微拓展

对于维基百科、百度百科而言，所有的用户都有机会成为编辑创作者，其文本始终处于更新和变化中，用户可以在使用过程中实现编辑和传播。

4. 用户自制的传播流程特点

（1）打破大众传媒时间和空间的线性结构限制

随着互联网海量内容的蓄积，如今完全可以实现由用户来决定接收什么样的信息内容，什么时候接收，以怎样的方式和设备来接收。目前互联网与传统广电媒体的本质区别，并非传统广电媒体没有能力在互联网平台上调整自身的节目呈现方式，或者突破时间和空间的线性结构限制，而是其在内容生产和发送的理念上存在着基于体制本身的不可和解性。

广播电视节目播出具有一定的限制，按照不可逆的时间流程方向来呈现媒体内容，用户必须在媒体指定的播出时段守候在电视或收音机前，收看或收听自己喜欢的节目。尽管后来电视出现了点播回放功能，且机顶盒中也出现了节目录制功能，但以传播机构为中心的节目内容释放方式，始终无法与互联网基于个体需求和渠道无限性的内容释放方式竞争。目前广播电台大都开发了自己的新媒体产品，拓展网络的内容搭载能力，但是此类产品与互联网原生属性层面的相容性仍然不够理想。网络信息的扩容性、范围的无限性，使得用户在互联网中获取信息的路径呈现非线性的特征。

（2）传播和接收信息几乎可以同时完成，传播者和接收者可瞬间进行角色转换

从个体对信息的需求上来看，独特和个性化的信息服务备受青睐。同时信息的加工和生产

愈加强调即时性，甚至几乎与事件的发生同步，这就使得一些事件的亲历者可能比专业的记者对时间和传播角度的把握更有优势。随着互联网信息传播模式的普及，人们对于信息符号层面的质量和新闻内容输出的专业化程度，表现出很强的包容性。人们更青睐在第一时间了解新闻信息，做到与事件的发生同步，至于其他的则可以先忽略。

（3）"把关人"理论的重新阐释

"把关人"理论最早由美国新闻传播学的奠基人之一卢因提出，他认为："在群体传播过程中存在一些'把关人'，只有符合群体规范或'把关人'价值标准的信息内容才能进入传播渠道。"传播学者怀特进一步提出了新闻筛选过程中的"把关"模式："'把关人'可能是特定的个人、媒介组织或社会群体。'把关人'依据各种标准或是自身的利益对信息进行加工、整理、筛选，决定信息是否可以进入传播渠道并最终传输给用户。"因此，在传统媒体运作过程中，"把关人"极具权威性和专业性。

视野微拓展

　　在自媒体传播中，"把关人"的地位逐步弱化。例如，在播客中上传的节目虽然有播客后台人员审核，中间控制的过程也存在"把关人"，但它的"把关"标准相对传统广播要宽松得多。播客作为信息的提供者，往往直接向社会发布信息，以简化信息的传播流程。

（4）用户自制内容多样化、非主流化

传统广播电视媒介是社会意识形态的一部分。专业人士从事广播电视节目的创意和制作，反映的是社会主流的声音和看法，节目也存在一定程度上的同质化。自媒体来自能够接入网络的任何一个社会个体，自媒体的生产者在不违反法律法规和道德等社会基本规范的前提下，可以生产并发布各种各样的信息内容，这些内容完全可以满足自媒体的使用者或接收者对媒体内容充满个性化的期待和想象。尤其是那些小众的、非主流的、充满感情和个人经验特色的，过去被大众媒体忽略的部分，更容易引起爆炸性的流量增长并吸引海量的围观人群。

1.2.2 社交化

互动的深度和广度是互联网"社交化"发展的基础。随着互联网的发展，当前媒体与用户对话的渠道更加广泛和多元。用户可以是积极撰写评论的人，也可以是沉默不语单击鼠标的人；网络社群打破了地域和边界的限制，用户之间的对话随之出现。用户与产品或者艺术本身的互动尤为突出，这一层面的互动也可以理解为用户的体验或传播的情景性，传播过程和内容要素在用户之间产生差异性的影响。互动的要点是代入，如前卫艺术的互动装置，英国泰特现代美术馆的现代艺术展览，均强调情景性的感受和体验，使用户身处其中。互动更多以社交的方式展开，如Spotify（声破天，在线流媒体音乐播放平台）、Deezer（法国的音乐流媒体服务提供商）、Tunein（网络收音机，在线音乐、广播和访谈，可以用播客订阅）、网易云音乐（网络音乐电台软件）。图1-1所示为网易云音乐及其评论互动功能，网易云音乐已成为中国年轻听众收听音乐的主要选择之一，其强大的用户黏性来自基于"兴趣"建立的社群，该社群体现了个性化选择及共同爱好的力量。这种基于互联网属性的互动性也延展到了大众媒体中。

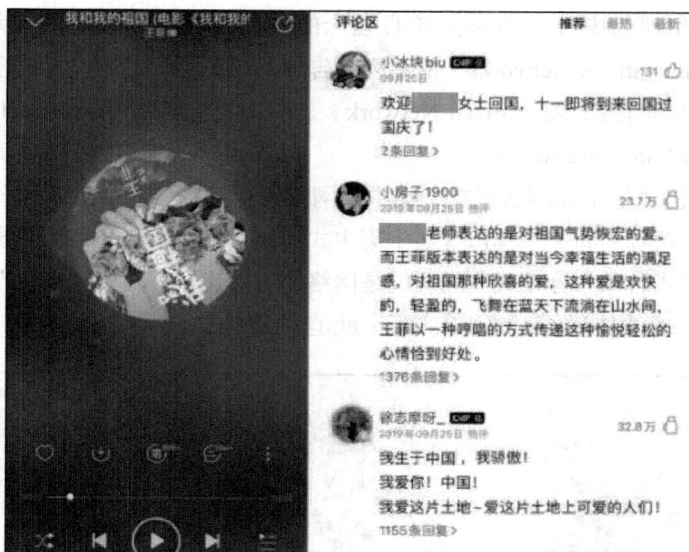

图1-1 网易云音乐及其评论互动功能

1.2.3 虚拟现实

狭义的虚拟世界指社交网络和网络游戏等构成的虚拟空间，广义的虚拟世界则是网络社会的生活空间。VR是近年来出现的新技术，其原理是利用计算机模拟产生一个三维空间的虚拟世界，为用户提供关于视觉、听觉、触觉等的模拟，让用户可以身临其境般及时、没有限制地观察三维空间内的事物。网络游戏领域是VR技术的重要应用方向之一。

1. 视频化消费

在新媒体传播内容层面，视频化将成为主要趋势之一。随着人们对信息消费品质和消费速度的不断追求，视频化消费将逐渐成为人们获取信息的主题。

2. 网络游戏层面的虚拟世界发展

虚拟世界可以从一般意义上的娱乐平台发展为集娱乐、生活、商业等于一体的多样空间，人们可以在其中工作、学习、交往、做生意等。

如网络游戏《第二人生》（Second Life）以VR技术构建的高度拟真体验，完全颠覆了人们对互联网社区的想象。该游戏中只有游戏规则，没有计算机预设好的情节，所有的情节都由用户自己创造，甚至游戏场景都是由用户自己制作，用户可以在其中进行真实的商业交易。网络游戏所营造的独一无二的时空体验，使语言和行动成为脱离了现实身份和身体的存在。与过去的大众媒体传播时代不同，与"媒介化"对于社会建构的理念不同，媒介信息交往重建了一个虚拟与现实边界之间的传播交流的世界。而"虚拟与现实"将对整体社会关系的建构产生影响，新技术建立起来的"中介"将进一步参与人与人、人与社会的交互与认知。

1.2.4 去中心化

去中心化既是互联网技术搭建的核心思想，作为一种基因，它也深刻地蕴含在一切基于互联网传播的形态和现象中，是新媒体核心理念的基础。在名为"分布式通信网络"（On Distributed Communications Networks）的系列报告中，巴兰给出了不同网络系统的示意图，并将其分别称为集中式网络（Centralized Network）、去中心化网络（Decentralized Network）和分布式网络（Distributed Network）。

图1-2所示为巴兰的不同网络系统，集中式网络有明确的中心节点，而分布式网络没有；去中心化网络介于两者之间——其包含数个集中式的星形网络节点，各节点通过附加链路构成环形网络。"集中式"和"分布式"强调的是网络的"形态"。"去中心化"的网络实际上就是"分布式"网络；"中心化"的网络实际上就是"集中式"网络。

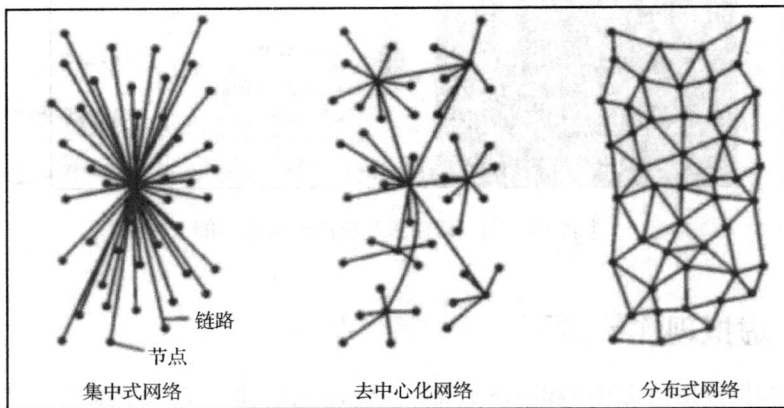

图1-2　巴兰的不同网络系统

视野微拓展

近年又有人提出了"再中心化"的概念，用以描述一个经历过去中心化变革的网络系统再次中心化的情况，其实际上仍是某种形式的"中心化"。

组织思想家奥瑞·布莱福曼对比了这两种网络，总结了属于去中心化网络的最重要的3个特征。

（1）无人总揽。一个"集中式"网络的稳定运作依赖于秩序和层级架构，一般情况下，"集中式"网络总存在一个等级金字塔，金字塔顶的人负责掌管一切；而"分布式"网络的结构是扁平的，没有哪一个人能总揽一切。

（2）没有总部。"集中式"网络总会在某个地方设立一个总部，总部甚至常常成为评估一家传统公司状况的依据。若是一家公司卖掉了自己的总部大楼，那它多少是遇到困难了。"分布式"网络不一样，它从不会停留在某个固定的地方或依赖某个总部，它会在任意一个地方视情况开展工作，到了某个阶段，可能又会转到另一个地方继续。

（3）头部可灭。如果毁灭一个"集中式"网络的头部，整个网络系统就会消失，而"分布式"网络是无法单凭摧毁头部来消灭的。

　　事实上，很多网络系统呈混合式形态，但它们去中心化的程度还是会有些不同。一个高度去中心化的"分布式"网络有着生命力强、适应性强的优势，但它的复杂度也比较低，同时有执行力较弱和消耗量较大的劣势。"分布式"网络的这些特点，使得其难以和"集中式"网络的发展速度相媲美。"集中式"网络和"分布式"网络各有长短，不能简单地认定哪一种网络"更好"，只能说针对某个特定问题，哪种网络更具优势。很多时候，一个"混合式"网络比纯粹的"集中式"网络或"分布式"网络表现得更好，但具体来说，一个"混合式"网络去中心化到哪种程度算合适，也是一个值得考量的问题。

1.3　新媒体的形态

1.3.1　信息获取

　　信息获取指围绕一定目标，在一定范围内，通过一定的技术手段和方式方法获得原始信息的活动和过程。信息获取涉及的新媒体形态包括门户网站、搜索引擎、信息聚合媒体，以及知识媒体等。

　　门户，原指正门、入口，现多指互联网的门户网站和企业应用系统的门户系统。门户网站是搜索的起点，向用户提供方便易用的用户化结构，便于用户找到相关的信息。门户网站是指整合某类综合互联网信息服务资源，并提供有关信息服务的应用系统。它集合众多内容，提供多样服务，以尽可能成为用户上网的首选网站。

　　常见的门户网站如图1-3所示。

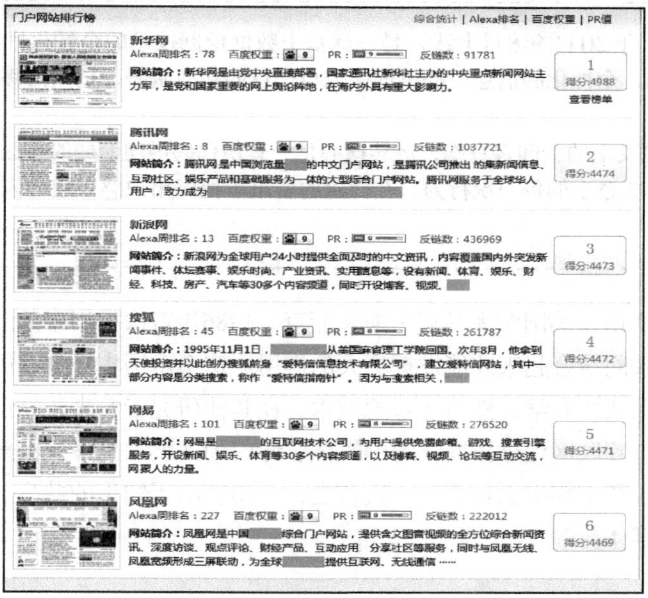

图1-3　常见的门户网站

搜索引擎是指互联网的信息检索系统。它为用户提供一个页面，供用户输入词语或者短语，用户输入后，系统将返回一个可能和用户输入内容相关的信息列表。搜索引擎并不真正在互联网中搜索，它搜索的实际上是预先整理好的网页索引数据库。搜索引擎的目的是帮助用户寻找信息资源。在互联网环境下，其典型的实现形式是基于关键词匹配的信息检索机制。搜索引擎主要由4个部分组成：搜索器、索引器、检索器和用户接口。

搜索器的功能是在互联网中发现和搜索信息，它要尽可能快、尽可能多地搜集各类信息，同时还要定期更新已有的信息，避免死链接和无效链接。索引器的功能是理解搜索器所搜索的信息，从中抽取索引项，用于表示文档及生产文档库的索引表，建立起自己的索引数据库。一个搜索引擎的有效性在很大程度上取决于索引的质量。检索器的功能是根据用户输入的内容在索引器中快速检索出文档，进行文档与查询的相关度评价，对将要输出的结果进行排序，并实现某种用户相关性反馈机制。用户接口的作用是供用户输入查询内容、显示查询结果、提供给用户相关性反馈。

信息聚合媒体是指通过各种网络技术将分散的内容加以整合，并通过多样化、个性化的方式推送到用户的手机、笔记本电脑、平板电脑等移动终端，使用户能通过一站式的访问获取所需的各种信息的媒体。其凭借丰富的内容、实时的发布、个性化的推送、随时随地的互动，被越来越多的用户所认可。近年来，从PC端互联到多种终端融合，信息聚合打破了不同媒体之间的壁垒，模糊了内容和渠道之间的界限，网络信息资源的真正价值不仅在于使相同信息被无数人消费，还在于这个消费的过程可能是新的生产过程。也就是说，信息或内容在传播的过程中会不断地被附加新的内容，或者附上新的关系。而对于信息本身而言，其被附加的东西越多，引发的思考越广泛，本身的价值也就越高。"今日头条"就是非常有代表性的信息聚合媒体。

视野微拓展

"今日头条"于2012年8月上线，是一款基于数据挖掘技术的个性化推荐引擎产品，它为用户推荐有价值的、个性化的信息，提供连接人与信息的新型服务，是国内移动互联网领域成长最快的产品之一。

它不是传统意义上的新闻客户端，运转核心是一套由代码搭建而成的算法模型。该算法模型会记录用户在今日头条上的每一次行为，在海量的资讯里挖掘用户感兴趣的内容，并将它们精准推送给用户。

知识媒体这一术语是美国学者马克·斯特菲克于1986年首次提出来的。当时他认为只有将人工智能技术和互联网结合起来才能发挥更大的作用。这个术语本身强调的是在远程教育中要优先考虑学习规律和认知科学，然后才考虑技术。在其他研究者看来，知识媒体指以学习者为中心的技术（如通过互联网促进协同学习的媒体、专门为残疾人士设计的多媒体学习环境、智能媒体、数字文件、科学模拟工具等）。换言之，一切有助于知识的共享、获取和理解的创新技术都可称为知识媒体。

▌1.3.2 交流互动

交互式媒体（Interactive Media）是在现代通信技术不断发展的媒体环境下，通过融合影视艺术、数字媒体艺术、游戏、移动互联网、人机交互、人工智能、大数据、区块链等进行信息承载与传播，以多种感官全方位进行信息交互的一种崭新媒体形式。下面将简要介绍即时通信软件、个人空间、虚拟社区。

即时通信软件是一种终端服务，允许两人或多人使用网络即时传递文字信息、档案，进行音视频交流。即时通信软件按用途可分为企业即时通信软件和网站即时通信软件，根据装载的对象又可分为手机即时通信软件和PC即时通信软件。

个人空间又叫个人主页，是用户用软件编辑出网页后，上传到指定位置的一种形式，可以以FTP或HTTP形式上传。网络中的个人空间，有些是全部人都可以看到的，有些是特定的某些人可以看到的，有些是只能自己看到的，这些都可以通过设定来实现。现在很多人都通过博客（多是免费的）来创建个人空间，在博客中，服务商已经设计多款模式或视图，用户要做的就是选择。通常情况下，在单一运营博客的网站中，直接登录账号就会进入自己的博客（个人空间通常也是这样）。在综合性较强的门户网站上，也不难找到博客登录途径，通常情况下它都会在网站的导航栏中出现。人们所熟知的个人空间有微博等。

虚拟社区主要由一群借由网络沟通的用户组成，他们在沟通中认识彼此，分享一些知识和信息，并在很大程度上如同对待朋友般关心彼此。

▌1.3.3 娱乐应用

互联网应用、VR、5G等技术的快速发展，使得媒体和娱乐行业进入蓬勃发展期。尤其是图像分辨率提高，4K/8K的内容创作日益普及，存储需求也随之激增。某调研机构预测，2024年媒体娱乐行业的存储容量将以420%的年增长速度达到264EB，其中云存储总量将达到105EB。娱乐应用类新媒体主要包括短视频和网络直播等。

短视频是指在各种新媒体平台上播放的、适合在移动状态和短时休闲状态下观看的视频。短视频的内容融合了技能分享、幽默搞怪、时尚潮流、社会热点、街头采访、公益教育、广告创意、商业定制等主题。由于时长较短，可以单独成片，也可以成为系列栏目。随着移动终端的普及和网络的提速，"短平快"的大流量传播内容逐渐获得各大平台、粉丝和投资者的青睐。

网络直播大致分两类：一类是在网上观看电视信号，如各类体育比赛和文艺活动的直播，这类直播的原理是将电视（模拟）信号，转换为数字信号输入计算机，实时上传网站供人观看，相当于"网络电视"；另一类是人们所了解的"网络直播"——在现场架设独立的信号采集设备导入导播端（导播设备或平台），再通过网络上传至服务器，发布至网站供人观看。

▌1.3.4 户外媒体

常见的户外媒体主要有LED电子屏媒体和楼宇新媒体等。

LED（Light Emitting Diode，发光二极管）是一种能够将电转化为可见光的固态半导体器件。图1-4所示为户外LED广告屏。广泛使用户外LED电子屏媒体是21世纪广告业发展的趋势，户外LED广告屏是具有音视频功能的户外广告展示设备，其面积可以随意调整，不仅能播放音视频广告，还可以加装固定灯箱增强展示效果。

图1-4　户外LED广告屏

LED电子屏媒体分为图文显示媒体和视频显示媒体，均由LED矩阵块组成。图文显示媒体可与计算机同步显示文本和图形；视频显示媒体由微型计算机控制，以实时、同步、清晰的信息传播方式播放各种信息，还可以显示二维/三维动画、录像、电视、VCD（Video Compact Disc，数字视频光盘）节目及现场实况。LED电子屏媒体显示的画面色彩鲜艳、立体感强，广泛应用于金融、税务、工商、教育等领域，以及车站、码头、机场、商场、医院等公共场所。

楼宇新媒体是在新媒体概念的影响下，围绕楼宇开展的一系列广告宣传活动。其中包括楼宇户外超大液晶电视、电梯等候区的楼宇液晶电视、电梯内部的框架广告等。

应用最广泛同时也最具代表性的就是楼宇液晶电视，其直达目标用户、发展迅猛。楼宇液晶电视是用液晶电视机在商业楼宇播放商业广告的新型媒体形态。将多功能、高清晰、超薄液晶电视安置于消费水平较高的白领聚集的甲级智能化办公楼宇，以及人流密集的中高档知名商厦的电梯轿厢内或电梯等候厅的电梯按钮上方，每天自动循环播放高品质的商业广告、各类娱乐信息和社会公益宣传片。

1.4　新媒体的管理与规制

1.4.1　我国新媒体法律规范

当前我国针对互联网的立法，从立法主体来看，可以分为4个层面。

一是全国人民代表大会常务委员会制定并通过的法律，这是位阶最高的立法，如2016年《网络安全法》和2015年《电子签名法》。

二是司法解释，如2000年《最高人民法院关于审理涉及计算机网络著作权纠纷案件适用法律若干问题的解释》、2004年《最高人民法院、最高人民检察院关于办理利用互联网、移动通讯终端、声讯台制作、复制、出版、贩卖、传播淫秽电子信息刑事案件具体应用法律若干问题的解释》、2013年《最高人民法院、最高人民检察院关于办理利用信息网络实施诽谤等刑事案件适用法律若干问题的解释》等。

三是国务院制定并通过的行政法规，此类法规也具有相当约束力，如1996年《计算机信息网络国际联网管理暂行规定》、1997年《计算机信息网络国际联网安全保护管理办法》、2000年《互联网信息服务管理办法》等。

四是部门规章，如公安部出台的规章制度就具有行业性和强针对性的特点。部门规章是中国互联网信息治理法律体系的主要构成，也是整个法律体系中发布条例最多的一类。

总体来看，虽然我国目前并没有制定一部系统的、专门的互联网规制法律，但是当前我国出台和发布的法律法规和政策已经涵盖互联网发展的方方面面，基本形成了互联网规制的法治框架。

1. 《网络安全法》

《网络安全法》总则第一条表示"为了保障网络安全，维护网络空间主权和国家安全、社会公共利益，保护公民、法人和其他组织的合法权益，促进经济社会信息化健康发展，制定本法"。这条法规显示了捍卫我国网络安全、国家主权的决心，为构建我国网络安全保障制度提供了法理依据。

《网络安全法》明确了网络运营者在维护网络安全方面需要承担的系列责任和义务。例如，第九条规定"网络运营者开展经营和服务活动，必须遵守法律、行政法规，尊重社会公德，遵守商业道德，诚实信用，履行网络安全保护义务，接受政府和社会的监督，承担社会责任"。《网络安全法》明确了网络运营者在保护和处理个人信息时的各种义务与责任。例如，第四十七条规定"网络运营者应当加强对其用户发布的信息的管理，发现法律、行政法规禁止发布或者传输的信息的，应当立即停止传输该信息，采取消除等处置措施，防止信息扩散，保存有关记录，并向有关主管部门报告"。除此之外，该法还制定了监测预警与应急处置方案，要求关键信息基础设施的运营者应当制定网络安全事件应急预案，并定期进行演练，同时要求"网络安全事件应急预案应当按照事件发生后的危害程度、影响范围等因素对网络安全事件进行分级，并规定相应的应急处置措施"。

2. 网络著作权

我国很早就开始关注网络著作权侵犯问题，先后出台了若干保护知识产权的法律法规、司法解释和行政规章，形成了我国网络著作权保护的基本框架。如《计算机软件保护条例》《音像制品管理条例》《信息网络传播权保护条例》《互联网著作权行政保护办法》等。

2005年4月29日，国家版权局和信息产业部联合发布了《互联网著作权行政保护办法》，这是我国第一部网络著作权行政管理规章。2020年11月11日第十三届全国人民代表大会常务委员会第二十三次会议通过《关于修改〈中华人民共和国著作权法〉的决定》，第一章总则第一条表明该法的目的是"为保护文学、艺术和科学作品作者的著作权，以及与著作权有关的权益，鼓励有益于社会主义精神文明、物质文明建设的作品的创作和传播，促进社会主义文化和科学事业的发展与繁荣，根据宪法制定本法"。

3. 知识产权

知识产权法律体系包括《中华人民共和国商标法》《中华人民共和国专利法》等。在新媒体平台上涉及的法律问题主要围绕商标权、著作权等，如博客、频道、账号等具有一定的知名度和商业价值，可以根据《中华人民共和国商标法》注册商标来保护自己的品牌形象。

创作者在新媒体平台上创作的文章、视频等作品，可以在创作完成后及时申请著作权登记，以便在侵权纠纷中维护自己的权益。但对新媒体平台而言，到目前为止还没有相应的配套手段保护原创作品的版权，没有采取切实有效的手段来遏制对标识有不允许转载声明的作品被转载的行为。新媒体平台有必要在推行实名制的基础上加大对侵权行为的惩罚力度，保护知识产权主体的权利。

1.4.2 新媒体时代的媒介素养

媒体行业正在经历又一次全新的改革，信息传播从单向线性传播演变为多渠道、高互动的现代传播，传统媒体与新媒体的媒介融合已是大势所趋。随着Web2.0时代的到来，人人都是传播者、个个都有自媒体，新媒体时代的媒介素养已然成为一项亟待普及的大众素养。因此，媒体从业者与媒体用户如何提高媒介素养，适应新时代的需求，已成为新媒体环境下必须面对的挑战。

1. 媒介素养的含义

媒介素养（Media Literacy）于20世纪30年代最先由英国学者利维斯等人在《文化和环境：批判意识的培养》一书中提出，以保护英国传统的价值观念和文化。1992年，美国媒介素养研究中心对其给出了定义：媒介素养是指人们面对各种信息时的选择能力、理解能力、质疑能力、评估能力、创造和生产能力，以及思辨的反应能力。国内学者张志安、沈国鳞认为，媒介素养是人们对各种信息的解读和批判能力，以及使用信息为个人生活、社会发展所用的能力。一般来说，媒介素养包括信息识别能力、图像处理能力、信息的组织和梳理能力、专注能力、多任务处理能力、怀疑精神及道德素养等。

媒介素养除了强调受众对媒介的使用、解读能力，还增加了利用媒介进行表达、传播的能力。在新媒体环境下，受众的主动性得到增强，媒介素养的内容由单向的获取信息向包括利用媒介主动表达的双向行为拓展，传播者与受众的界限开始模糊，双方身份出现相互渗透与转化。因此，传统上普遍针对作为受众的媒介素养开始向多元主体的方向拓展，媒介素养也成为媒体从业者精神的内在要求。新媒体的媒介素养以网络社区为基础，以参与式文化范式为要求，从关注个人表达转向关注社区参与，强调新媒体环境下大众应该具备的社会技能和文化能力。

2. 媒介化社会的大众素养

媒体不断发展，出现了全程媒体、全息媒体、全员媒体、全效媒体等，信息无处不在、无所不及，导致舆论生态、媒体格局、传播方式发生变化，新闻舆论工作面临新的挑战。当前的目标是培养出有理想、敢担当、能吃苦、肯奋斗的新时代好青年，围绕提高学生思想理论水平、心理健康品质、网络文明素养、文化品位等方面，促进学生全面发展、健康成长；大力发展素质教育，帮助学生丰富精神世界。

全员媒体即将成为现实，在丰富新闻信息、发挥公众监督作用的同时，给主流舆论场带来了严重冲击。全员媒体提高了人们参与社会公共事务的热情，有益于发挥公众监督作用，对营造透明、公平、公正的社会环境大有裨益。"人人都是记者"，也为媒体提供了更多信息。信息基础设施的全覆盖，使得更多来自一线或偏远地区的信息被大众知晓、关注，一些问题也由此得到解决。

案例小分享

四川省凉山彝族自治州的阿土列尔村，村民要走向外界，就必须顺着悬崖连续攀爬17条藤梯，其中接近村庄的两条几乎垂直相连的藤梯长度约100米。因道路危险，导致数起伤亡事故发生，该村被人们称为"悬崖村"。此事在2016年经自媒体披露后，引起了当地和全国众多主流媒体关注。很快，藤梯被清一色地替换成钢管，大多数路段都修上了铁梯，交通、通信、产业发展也被纳入规划。2019年11月，人民日报记者重访"悬崖村"时，看到当地的交通、通信、教育、医疗条件大大改善，村里还发展起了旅游产业。

当然，任何事物的存在和发展都具有两面性，"人人都是记者"全员媒体这一现象也具有两面性，值得关注和引导。无论是在微博、微信，还是快手、抖音上，人们都可以制作发布各种各样的文字、图片、音频、视频等信息。"人人都是记者"给了网民自由发表言论的空间，但是各种信息不经过滤、审核，其真实性常常经不起考证。

所以提高媒介化社会的大众素养，主流媒体有4点需要注意。

一是确保正确的政治方向、舆论导向和价值取向。在自媒体迅猛发展、各大媒体平台"抢新闻"的背景下，主流媒体要坚持发挥压舱石的作用，对信息应该反复求证，确保传播内容的可信度和准确性，以此提高主流媒体的公信力。

二是用优秀的新闻作品占领舆论场。在信息渠道众多、信息内容海量的情况下，主流媒体要持续开展增强"四力"的教育实践活动，不断提升记者编辑的综合能力，持续提高内容质量，创新传播手法，占领信息平台。主流媒体应推动文明培育、文明实践、文明创建，推进城乡精神文明建设融合发展。公共文化服务是丰富人民精神文化生活的重要途径，也是精神文明建设的重要渠道，主流媒体应创新实施文化惠民工程，办好歌咏、广场舞、"村晚"等群众性文化活动。

三是主动走进大众，听取意见和建议。主流媒体要持续改变作风，认真倾听一线呼声，深入开展"走转改""三贴近"，把更多版面、视角、内容留给普通大众和基层一线，更多反映乡镇、社区、街道丰富生动的生产、生活、学习情况，反映人民群众自己的事、身边的事，增强新闻内容的可接近性、生动性、可读性；要进一步牢牢守住人民立场、把握时代主题，实施好新时代系列艺术创作工程，引导文艺工作者深入生活、扎根人民；坚持线上线下融合、演出演播并举，组织丰富多彩的文艺演出、展览展示活动，让更多优秀作品与大众见面；加强文艺评论，发挥好引导创作、提高审美、引领风尚的作用。

四是加大批驳力度，敢于和善于反驳错误言论。自媒体发布的海量信息中，不乏失之偏颇甚至错误的信息。更有甚者，某些自媒体人、平台故意发布虚假、"三俗"、错误信息，误导大众，以达到不可告人的目的。针对这些不实、错误的信息和言论，主流媒体要及时发声、严正批驳、以正视听、引导舆论。自媒体人要充分认识到网络不是法外之地，不可随心所欲，而应该加强自我约束、遵纪守法，共同维护网络空间的健康有序。

3. 当代大学生媒介素养教育

当代大学生媒介素养教育应围绕提高学生思想理论水平、心理健康品质、网络文明素养、文化品位等方面，大力发展素质教育，帮助学生提高精神境界、丰富精神世界。

信息时代对我国社会的大学生提出了高层次的媒介素养要求。大学生除了做到自觉抵御媒介的不良影响，还要具有从纷繁复杂的信息表象中准确地找到有效信息的能力，以辩证的媒介批判意识对信息进行精准地判断，从而有效地利用媒介，并学会保护自身信息安全。此外，大学生还应当积极参与公共讨论，培养责任意识，引导正确的网络舆论走向。

（1）吸收新媒体教育知识

大学生需要正确认识新媒体，知晓如何从新媒体上获取所需的信息。新媒体技术随着科技革命不断推陈出新、革故鼎新，大学生必须对常见的新媒体的类型、性质、特点、用途等有一定的了解，不只是知道新媒体的浅层含义，更应该通过新媒体的知识教育深入了解信息背后的价值取向，科学准确地把握新媒体动向，从纷繁复杂的信息表象中获取真实的信息内涵，从而实现自我素养的提升。

媒介素养现已成为大学生必备的基本素质，必然要被纳入高等教育的范畴之中，按照一定的道德规范对大学生进行道德、价值引导。学校作为对大学生进行系统知识传播的专门场所，应该结合新媒体发展状况，灵活选择合适的提升新媒体能力的课程培养模式。如将其设置为必修课、选修课或其他课程类型，形成较完善的课程体系，并专门组织一支了解新媒体技术发展动态、具有较强新媒体使用能力的教师队伍；同时还应该从新媒体技术入手，对大学生开展主题教育，如运用教师的博文、班级贴吧的帖子等，以教师的"循循善诱"为先，使大学生能够在教育平台中提升自我素养。

（2）接纳新媒体教育价值观

对于新媒体信息传播价值取向的判断和把握是大学生媒介素养的核心。多元的传播途径、复杂的传播内容，都是新媒体和传统媒体的不同之处，这进一步增加了对新媒体信息价值进行分析判断的难度。要将培养大学生解读和分析信息的能力作为媒介素养价值教育的重中之重，使其面对纷繁复杂和良莠不齐的信息环境时能对信息价值做出公正、客观的判断，对信息所隐含的价值取向进行明确的剖析。

（3）创新新媒体教育能力

思想政治教育工作者要善于利用新媒体平台使大学生更好地接受思想政治教育，了解我国的优秀文化，并将这种文化一代代传承下去。加强新媒体的监管体系建设非常有必要，这就需要创立专门的机构和培养专业的人才，掌握新媒体中各种先进技术，最终为思想政治教育服务。只有在技术和心理的各个层面上做好工作，才能利用好新媒体平台，不断推进思想政治教育的创新。

（4）重塑新媒体教育理论

大学生的自我主体观念伴随着新媒体的发展而出现，特别是新媒体功能的开创性体验，让所有大学生都可以用新媒体传递信息，成为信息发布者，这就需要培养大学生的媒介素养和媒体道德素养。同时，人们也需要构建与数字媒体技术相匹配的新媒体道德伦理体系。媒介素养会因为手中的低俗媒体受到限制，在这样的情况下低俗媒体衍生的也只会是低俗受众，长此以往就会形成"马太效应"。这样的一种循环必定会对整个新媒体行业的成长造成极为负面的影响。新媒体行业需要净化整个媒介环境，传递正能量，培养大学生正面的思想观念、高尚的审美情操、优秀的媒介素养和道德观念，提升大学生的内在修为，促进新媒体行业更好地发展。

知识测验

一、不定项选择题

1. 下列符合新媒体特征的是（　　）。
   - A. 新媒体是建立在数字技术和网络技术的基础上的
   - B. 新媒体在信息的呈现方式上是多媒体
   - C. 新媒体具有全天候和全覆盖的特征
   - D. 以上全部都是

2. 以下哪一项不是去中心化特征？（　　）
   - A. 无人总揽
   - B. 没有总部
   - C. 头部可灭
   - D. 知识分散

3. 搜索引擎主要由以下哪部分组成？（　　）
   - A. 搜索器
   - B. 引索器
   - C. 检索器
   - D. 用户接口

4. 《网络安全法》总则第一条明确说明立法是"为了保障网络安全，维护网络空间主权和_____、_____，保护公民、法人和其他组织的合法权益，促进经济社会信息化健康发展，制定本法。"（　　）
   - A. 国家安全
   - B. 社会公共利益
   - C. 国家主权
   - D. 民族利益

5. 2020年11月11日第十三届全国人民代表大会常务委员会第二十三次会议对《中华人民共和国著作权法》进行第三次修正，第一章总则第一条表明该法的目的是"为保护文学、艺术和科学作品作者的著作权，以及与著作权有关的权益，鼓励有益于社会主义_____、_____的作品的创作和传播，促进社会主义文化和科学事业的发展与繁荣，根据宪法制定本法。"（　　）
   - A. 人文素质建设
   - B. 精神文明
   - C. 文化生活
   - D. 物质文明建设

二、填空题

1. _____是近年来出现的高新技术，其原理是利用计算机模拟产生一个三维空间的虚拟世界，为用户提供关于视觉、听觉、触觉等的模拟，让用户可以身临其境般及时、没有限制地观察三维空间内的事物。

2. 我国的作品著作权保护原则是自动保护原则，也就是说，在作品完成时，作品的_____就即刻得到保护。

3. 一般来说，媒介素养包括_____、_____、_____、_____、_____、_____等。

三、简答题

1. 请简述去中心化三大特征。

2. 请简述信息聚合媒体的定义。

3. 请简述如何提高媒介化社会的大众素养。

📖 技能实训

一、实训目标

1. 认知目标：能够通过讲解和讨论等环节掌握相应知识点。

2. 行为目标：能够初步了解社交化的基本概念，分析各软件在社交化方面的利弊。

3. 情感目标：能够初步形成独立思考能力和自主学习能力。

二、实训内容与要求

1. 教师说明实训目标、方式、要求，激发学生实训的主观能动性。

2. 教师介绍社交化的概念。

3. 教师建议3～5名学生为一组阅读下面的材料，并布置实训题目。

4. 所有学生相互评议，教师进行点评、总结。

> 这几年，你会发现除了腾讯，其他互联网公司的产品也都开始了"社交化"：
>
> 百度做了社交化的"百度动态"；
>
> 知乎做了社交化的"想法"；
>
> 得到做了社交化的"知识城邦"；
>
> 网易云音乐做了社交化的"朋友"；
>
> ……
>
> 社交在生活中占据的比例其实相当大，涉及与人交往的，都算社交。几乎生活的各个角落，都遍及社交的身影。
>
> **实训题目**：分析互动类网站社交化实例及其优劣势。

三、实训成果与评价

1. 成果要求

（1）形成分析报告：针对实训题目形成一份较为完整的分析报告。

（2）提交讨论记录：每组设组长1人、记录员1人，分析报告必须有小组各成员讨论的详细记录。

（3）撰写文字小结：内容可包括通过此次小组合作发现的不足之处和建议等。

2. 评价标准

（1）上课主动配合教师，积极思考并发言，拓宽分析问题的思路。

（2）认真阅读材料，积极参加小组讨论，分工合作较好。

（3）分析报告内容基本完整，能结合所学理论知识解答问题。

第2章 新媒体传播与受众

案例导入

"青春上海"是上海共青团的官方微信公众号，上海共青团希望借此塑造一个更接地气、更有活力的形象。"青春上海"作为上海群团改革的重要基础平台，在传递精神方面发挥着不可替代的作用。

"青春上海"曾在微信公众号上发布了一篇图文并茂的文章，名叫《这些上海的路名，第一次被读出浓浓的家乡味道》。这篇文章聚焦了年轻人远离家乡在大城市打拼的不易以及春节临近时浓浓的乡愁，让年轻人产生情感的共鸣，传递温暖。此文一经发布，就引起了广大网友的共鸣，有超过20万阅读量和2000多次朋友圈转发。"青春上海"在这之后延续亮点，推出《我在上海挺好的》原创视频，聚焦来自全国各地的在上海奋斗的年轻人。因为过年不能回家，视频中的他们站在家乡的路牌下，用家乡话述说这些年奋斗的青春和对家乡家人浓浓的思念，传递异乡的温暖，并鼓励自己继续努力生活，继续为青春奋斗。《我在上海挺好的》在各平台的点击量超过36万次，并且在大年初一登上了外滩大屏。此次活动充分体现了"青春上海"的创办宗旨，把青春、活力、温暖和正能量在社会中广泛传递。"青春上海"一方面将话题贴近人民生活，接地气，另一方面也让在外漂泊的游子感受到社会的温暖，增强了人民的幸福感。

"青春上海"依据年轻人的认知和接受习惯，聚焦热点事件和话题，寓教于乐，围绕青年，紧跟热点，创意巧妙，立足服务，让年轻人以容易接受的方式获得时代的正能量，并向年轻人传播了正确的价值观。

案例解读

这个快速发展的时代给了年轻人实现自己梦想的机会，但其中的辛苦只有年轻人自己知道。"青春上海"通过拍摄短视频的方式，聚焦过年时在外漂泊的年轻人，听听他们的心声，看看他们的乡愁，记录他们的青春，让他们在奋斗的路上不那么寒冷和孤单。小小的微信公众号传递大大的温暖，让"人民幸福"不光是口号，更体现在国家和社会对个人细小的关怀中。时代的大江大河奔腾不息，作为时代的"弄潮儿"更应当抓住机遇，乘风破浪！

思考问题

1．为什么《我在上海挺好的》视频会受到人们的欢迎？

2．从"青春上海"微信公众号的创办和其开展的活动中，我们能够学习到什么？

2.1 新媒体传播理论

2.1.1 新媒体传播理论的基本阶段

1．人际传播阶段

人际传播是人类最原始、最基本也是最重要的一种传播形式。研究人际传播的纵向演进，可以发现它是朝着人性化的方向发展的，即人际传播的发展是为了更好地适应人们的需求。从原始的肢体动作到口语传播、文字传播、电子传播，人际传播的方式随着生活需求不断发展变化。而如今的网络信息时代，人际传播又呈现出与以往不同的特征。

计算机的发明是网络传播时代到来的重要标志。在这个时代，人际传播手段得到最大限度的拓展，即时通信、网络通话、视频聊天、微信等新媒体媒介工具活跃在人们的生活里，为人际传播提供了更多的选择。

在新媒体环境下，人际传播也呈现出一些新的特征，主要表现为：无论是利用网络即时聊天工具还是用手机发送短信，发送的信息都可以被储存起来；只要用户不做专门的删除处理，这些聊天记录就会永久地储存在手机或计算机中。有些即时聊天工具还提供聊天记录上传服务，将聊天记录永久地储存在互联网虚拟世界中。新的人际传播打破了过去人际传播需要面对面进行的局限，不仅限于一时一地。新的人际传播不一定同时包含两个以上的参与者，也不一定包含同步的反馈。网络留言、离线文件传输、发表博客日记等可以帮人们实现与所有"不在场"的人进行交互。新的人际传播像大众传播一样，跨越了时间和空间的障碍，可以同时向许多人传播信息。

🎓 知识小助手

> 传统的人际传播是"我说你听""我传达你接受"，而Web2.0时代的人际交互则是"我说给你，你复制给他，他上传更多的交互信息到人际网络里，每一个参与交互的人通过分享体验来提供决策参照"。例如豆瓣网，人们可以在网站上针对书籍、电影、音乐等发表自己的评论，而这些评论也很可能会对他人的购书、买碟等行为产生影响。与此同时，它也为以共同兴趣交友等提供了服务。因此，它更像一个集博客、交友、小组、收藏于一体的新型社区网络。

2. 大众传播阶段

随着计算机和手机的普及，尤其是智能手机的快速发展，密集的网络信号将全世界的人们都联系在了一起，信息的传播方式也发生了巨大的变化，以往一言堂式的大众传播方式渐渐不适应社会的发展。而为了应对网络时代的挑战，传统传播方式也在尝试新的思路。大众传播方式是晚近的产物，是印刷术、光学、电子学等科学技术发明和发展到一定高度之后才出现的一种传播方式。它主要是指通过报纸、杂志、广播、电影、电视、网络等大众传播媒介来传播各种信息的方法和过程。大众传播具有以下特点：①传播者是从事信息生产和传播的专业化媒介组织；②运用先进的传播技术和产业化手段大量生产、复制、传播信息；③传播对象是社会上的一般大众；④信息既有商品属性，又有文化属性；⑤属于单向性很强的传播活动；⑥是一种制度化的社会传播。

相较于网络人际传播、网络群体传播、网络组织传播，网络大众传播（Computer-Mediated Mass Communication，CMMC）是规模较大的一种传播方式。互联网的兴起颠覆了传统的大众传播概念，个人也能够成为大众传播的主体，其传播手段也因数字化的引入而更加丰富多样。

网络大众传播的特点如下。

① 传播的周期更短。与其他所有传统媒体相比，网络大众传播的周期是最短的。

② 受众更主动，反馈更便捷。从由专业人员织网到所有受众参与织网，Web2.0技术为受众主动选择信息提供了广阔的平台，为受众及时反馈提供了便利的渠道，传播角色可以随时更替。在传统的大众传播中，传播者和受众之间存在很高的专业壁垒，在大多数情况下两者之间的鸿沟是不可逾越的，网络的出现则彻底打破了这些界限。在网络出现之前，各种传播方式之间有着比较明显的分界，网络的出现使以往传播格局中这些泾渭分明的界限变得模糊。

3. 融合传播阶段

（1）人际化的大众传播

大众传播实现了信息的即时复制、瞬间传播与持续影响，但它却忽视了受众对信息的接受程度与反馈，其实质是一种自说自话的单向传播。于是，以反馈、互动见长的人际传播理念重新开始影响大众传播。新媒体崛起于计算机技术和互联网技术在大众传播手段中的全面应用，但是真正引起社会重视却是因为它对人际传播特点的重视与吸收。人际化的大众传播就是指在借助新媒体工具更大量复制、更迅速传播的过程中，更加注重利用人际关系中的种种模式，达到信息的复合性传播，使其更具有广泛性与有效性。因此，这种具有人际传播特点的大众传播发展新阶段，就自然而然地成为"人际化的大众传播"。

人际化的大众传播相较传统的大众传播，最显著的变化就是更加注重互动。传统的大众传播只关注发布的信息内容、范围以及数量，很少会关心受众对传播的信息会有什么样的反应、什么样的意见。而实际上，受众的评价、感受、态度，往往决定了其内容是否真正适合传播、适合市场。发展中的大众传播必须考虑受众的人际化需求。

（2）大众化的人际传播

与人际化的大众传播同时兴起的，恰恰是与之相对应的大众化的人际传播。

在互联网时代，借助新兴技术工具，人际传播获得了前所未有的普及与兴盛。基于无线电语音传播技术的电话、手机开始普及，电子邮件、网络即时通信软件等成为装机必备。这种传播样式在微观上，似乎与过去的人际传播并无两样，但从宏观上来讲，却带有非常显著的大众传播因素。可以感觉到，人们身边存在着这么一个巨大的无形网络，虽然网络中的每一个人都只是与自己关联的一个或少数几个人进行着点对点的信息交换，但这庞大的规模却促使这些看似封闭的人际交流圈存在着隐含的、自然的，同时还是相互作用着的联动与影响。用以表述这种相关点联动与影响的著名理论，莫过于"六度空间"理论。

"六度空间"理论也被称为"六度分隔"（Six Degrees of Separation）理论，它可以简单表述为："世界上任何两个互不相识的人之间所间隔的相识的人不会超过6个。可以这么说，最多通过6个人，你就可以认识这个星球上的任何一个陌生人。"哈佛大学的心理学教授斯坦利·米尔格伦在进行"小世界实验时"，从实验结果中得出了该理论。

大众化的人际传播的产生必须满足两个重要的条件。

第一是技术上关联性的实现。传统的人际传播都是点对点的单一联系，无法形成关联。网络技术正是将那些从前没有的或者很弱的关联，悄悄地放大、积攒与累加，引发出最终的质变。正是由于新媒体通信技术的发展，任何一个简单的人际交流行为，都有可能成为"蝴蝶效应"中的一个触发因子，迅速地演化出大众传播的惊人效果。

第二是意见领袖的催化剂作用。意见领袖的产生与大众传播无关，他是人际传播过程中形成的特定圈子内的话题权威。意见领袖不是为了成为意见领袖而产生的，其本意只是为其他受众提供更多更有效的信息，并由于这一目的成功达到，从而产生对他人的种种"影响"。因此，意见领袖就在这些众多的、散落的人际交流海洋里成为一个个话题中心、信息中心，成为各种隐形的类大众传播式的中心。

当然，意见领袖自身并不掌握传播信息、复制信息的工具，他与其他信息受众处于一个平等的地位，只是通过自己相对优秀的能力获知信息，提前加以判断和甄别，再传播给周围的其他受众。对于意见领袖传播的信息，其他受众容易主动接收甚至无条件接收。同时，意见领袖还具有"单一领域性"的特点，即在某一个领域内是权威，但在另一领域可能就只是一个普通人。

2.1.2 新媒体传播者的特征和主要类型

1. 新媒体传播者的特征

（1）传播主体多元化

新媒体传播过程中，人人都可以充当信息发布者，人人都可以接收信息，这打破了只有新闻机构才能发布新闻的局限，充分满足了信息消费者的细分需求。与传统媒体主导受众不同，新媒体受众有更多的选择，可以发布新闻，可以自由阅读，可以放大信息，传播的主体与客体泛化而分散，人人皆可为传播主体。

（2）传播权力全民化

过去，信息主要由传统主流媒体进行单向传播；随着新媒体与科技的发展，传播者只需要具备基本的数码知识和网络工具，就可以建设自媒体平台，关注自己感兴趣的信息，发布个性化的消息。新媒体成为发布信息的重要渠道，推动了信息来源的开放化和信息的多向传播，产生连锁性传播效果。

（3）意见领袖突出化

随着新媒体的发展，新型意见领袖在网络上崛起，成为具有较大发声权的传播者。新型意见领袖在新媒体的多向互动传播中是能放大信息传播效果的节点，也是传播关系网中较主要、较大的交点。在当今网络民意起巨大作用的情况下，网络意见领袖往往具有较强的舆论引导作用和较大的社会动员力量，有时甚至让新媒体环境的意见观点稍有偏颇。新型意见领袖与传统、官方的意见领袖有所不同，其由新媒体受众自主选出、自主跟随，带有一定的草根色彩，以其作为传播主体的传播往往更能被新媒体受众所接受。新型意见领袖的出现是网络"去中心化——再中心化"的必然结果和该过程的典型表现。

2. 新媒体传播者的主要类型

（1）政府机构

政府机构是国家机构的重要组成部分，广义上的政府机构包括依据法律行使国家权力的所有机关。进入网络时代，政府机构通过网络发布政务信息、受理公共事务、提供公共服务和展示政府工作成效，成为新媒体的重要传播主体。政府机构运用新媒体进行传播的方式主要有政府门户网站、政府官方"微传播"平台等。

（2）媒体机构

媒体机构，如报社、期刊社、广播电台、电视台等，将传播业务扩展于网络，通过网络报道新闻、引导舆论、提供服务等，因而媒体机构也是新媒体的重要传播主体。

（3）网络服务商

1998年，"门户网站"的概念在我国开始得到了认可，国内的网络服务商开始对一些商业网站进行整合，新浪、搜狐、网易等大型商业网站纷纷建立，逐步成为众多网民获取资讯、使用网络的重要平台。网络服务商建立的商业网站，其服务内容包括新闻检索、搜索引擎、在线互动、无线增值业务、网络游戏、电子商务、企业服务等。商业网站是指网络服务商以商业化方式创办的用以提供商品、信息和服务的网站。商业网站是互联网技术与社会经济相互影响、相互作用的结果，是互联网技术商业化的直接表现。

（4）广大网民

广大网民是网络世界真正的主人，正是因为他们，网络世界才带给了人们无数的新奇和精彩。网民不是普通的网络使用者，网民也不是"网络受众"这样颇带被动色彩称谓的人群，网民是一群创造者，他们是"对网络社会具有强烈关怀意识，并愿意与其他具有相同关怀意识的使用者共同合作，以集体努力的方式建构一个对大家都有好处的网络社会"的群体。

2.1.3 新媒体传播媒介的特征和主要类型

1. 新媒体传播媒介的特征

（1）支持用户生成内容

互联网进入Web 2.0时代以后，自媒体得到迅速成长并产生了一系列深远影响。自媒体改变了传统主流媒体"点到多"主导信息传播的局面，使普通受众成为信息传播的主体。自媒体不仅具有"点到点"的传播优势，同时也是兼具私密性和公开性的内容生产、积累、共享的传播平台。在自媒体时代，人人都可以是记者，人人都可以是作家，人人也都可以当导演，每个人都可以把自己的作品呈现在网络上，展示给其他的网民，因而，用户生成内容不仅造就了网络信息的空前繁荣，也造就了前所未有的信息内容的多元化。

（2）具有调动"参众"积极性的内在机制

网络的去中心化使网络中的每一个节点都是对等的，网络中的每一个人都拥有相同的话语权，不再因社会背景、社会关系和社会分工的不同而导致表达机遇的不均等。新媒体为人们开辟了自由表达的空间和通道，在营建私人表达空间的同时，也构造了面向全体网民的全新的表达"公共领域"，打破了传统媒体由专门机构独占话语权的局面。人们不仅可以旁观和收藏别人的表达，而且可以评论、转发这些表达，这进一步激发了表达者的表达热情，是传统媒体难以实现的传播效果。

（3）聚众效应常态化

互联网创造了自己的文化特质，一种网络现象一旦被众多网民所认同，就不仅使网络世界内部激荡，还会在现实生活中被广泛接受，从而引发社会组织的重构。

当然，网络是全体网民的，各方面不同的思想认识和态度观点都会在网络的世界里相遇，引起网民之间的争议和讨论。但是网络缺乏对网民自由表达的过滤控制功能，因而，网民之间的对立和冲突也会影响人们在现实生活中的行为方式，导致社会群体分离和整个社会体系割裂的局面，考验着社会结构的韧性。

新媒体传播媒介的聚众效应不仅反映为由网络联系起来的民间文化的认同和社会归属感的形成，同时也反映为文化认同与社会归属意识引起的人民组织的重建和生活方式的调整。

2. 新媒体传播媒介的主要类型

新媒体既包括以互联网为传播媒介的新兴媒体，也包括以数字化技术从传统媒体中发展衍生出的新型媒体。

新兴媒体是新媒体的典型形态，以网络媒体、移动互联网媒体和互动性电视媒体为代表。新兴媒体依托全新的传播技术，以打破传统媒体单向的信息生产方式和传播方式为表现形式，强调受众感受，通过受众的参与和互动，使受众成为内容生产的重要组成部分。

新型媒体是传统媒体在新技术下催生出的新的表现形式，它是在传统媒体基础上发展而来的，沿用了传统媒体的信息传播形态。其生产方式和信息的单向传播特性并未改变，但在信息表现形式、受众定位及信息接收载体上呈现出新的特点，信息质量获得提高，受众定位更加明确，传播范围更为确定，并覆盖了以前传统媒体无法覆盖的区域，如电子书、电子报刊、户外电视、楼宇电视和车载移动电视等。

综合新兴媒体和新型媒体，新媒体传播媒介具体可以分为以下几类。

（1）网络媒体

①门户网站、搜索引擎与即时通信

门户网站、搜索引擎与即时通信都诞生于20世纪90年代中期，是我国网络用户最早接触和使用的网络媒体形态。正是通过门户网站的入门导航、搜索引擎的精准定位和即时通信的虚拟人际交流，人们开始以全新的视角认识互联网，并将其纳入媒体的行列，使其处于互联网的基础和核心地位。随着技术的不断进步，它们充分融合了Web 2.0的元素并成为移动互联网媒体的基础。

门户网站是网络用户上网的第一站。门户网站按提供的内容可分为综合门户网站与垂直门户网站。综合门户网站有新浪、搜狐、网易、腾讯等，垂直门户网站有中关村在线、汽车之家、东方财富、搜房网等。

搜索引擎是供网络用户查询信息的一种机制，它为用户在互联网海量信息中查询所需信息提供了帮助。目录式搜索引擎的代表有百度、谷歌、雅虎等，全文搜索引擎的代表有网易等，元搜索引擎的代表有360综合搜索等，垂直搜索引擎的代表有搜狐焦点网等。

目前即时通信的代表主要有QQ、阿里旺旺、微信等。

② 网络社区、SNS

互联网使人们得以跨越时空限制，依靠网络传输构建起一个有别于现实社区的全新的网络社区。在网络社区里，拥有共同爱好的人们或者拥有相同专业背景的人们，无论相识与否或距离远近，都可以通过网络组织起来，如利用公告板系统（Bulletin Board System，BBS）、新闻群组、聊天室或论坛等，组成一个个虚拟社区，使彼此能借此形式进行沟通、交流、分享。由于这种社区不需要固定的聚会时间及实体的聚会地点，而是建构在虚拟网络环境下的，因此，网络社区也被称为在线社区。

社交网站（Social Networking Site，SNS）是Web 2.0的主要表现形式之一。2003年，SNS首先从美国兴起，著名的SNS有MySpace、Facebook等。我国的SNS是从国外的Facebook等借鉴而来的，以2005年12月创办的校内网为起点，国内出现了许多SNS。在经历了初期模仿阶段后，国内的SNS通过服务细分、突出特色增强竞争能力，逐步演化出娱乐类、校园类、商务应用类、婚恋类、社群类等多种类型，以满足广大网民不同的社交需要。网络社区是人们对现实社会空间的延展，它通过发展出新型的人际关系而实现了对人们生存和生活空间的拓展。

③ 博客和微博

博客的正式名称为网络日志。博客为个体提供了内容生产、积累、共享、传播的独立空间，可以实现面向多数人的、内容兼具私密性和公开性的信息传播。博客是一种十分简易的信息发布方式，任何人都可以很轻松地完成个人博客的创建、发布和更新。博客可以使用户获取全球互联网中最有价值的信息、知识和资源，也可以将个人的工作过程、生活故事、思想历程等及时记录和发布，并以文会友，结识和汇聚朋友，与之进行深度交流沟通。

微博，就是微型博客，是一种通过关注机制分享简短实时信息的广播式社交网络平台。微博不仅继承了博客的各种特点，而且更加注重传播内容的直观性。微博用户可以通过微博客户端组建起个人社区，更新信息并实现即时分享。同时，微博还具有可单向也可双向的关注机制，从而具有了电子邮件、BBS及即时通信软件的诸多功能。与博客相比，微博更注重时效性，更能表达出每时每刻的思想和动态，因此它已经成为人们最为重要的信息交流工具之一。

（2）移动互联网媒体

移动互联网媒体是指信息传播者、信息受众以移动互联网作为信息传播媒介的新兴媒体。移动互联网是互联网技术和移动终端技术不断发展的产物，移动互联网的出现和发展进一步促进了新兴媒体形态的丰富和传播形式的演变，它使信息传播深入人类社会生活的各个层面，使信息在社会生活中的基础性作用得到进一步发挥，正引领人类全面进入网络化生存时代。

① 智能手机

智能手机之所以成为重要的传播媒介，主要是因为它除了具有强大的信息接收、处理与传播功能，还具有携带的随身性和联网的便捷性等性能。

智能手机拥有独立的操作系统，具有多任务处理功能，可以使用户根据自己的需要选择安装各种应用软件；加之其不断完善的拍照和摄像功能、音频录制回放功能，可以更好地提升用户在娱乐、商务、信息及服务等应用功能上的体验。此外，由于智能手机集成了重力感应器、距离感应器、气压感应器、光敏感应器以及声音感应器等信息传感器，因此具有了相对完善的信息感知能力，随着外设技术的不断进步，智能手机作为个人信息处理中心的作用将更加突出。

② 其他移动智能终端

其他移动智能终端包括平板电脑及可穿戴设备等。随着智能终端技术的发展，移动智能终端从"以设备为中心"的模式进入"以人为中心"的模式，集成了嵌入式计算、控制技术、人工智能技术及生物认证技术等，充分体现了"以人为本"的宗旨。

掌上电脑（Personal Digital Assistant，PDA）也称个人数字助理，主要提供个人信息的存储、备份功能，并具有有限的个人娱乐功能。平板电脑则具备了完整的计算机结构。2010年，苹果公司推出平板电脑iPad，在全世界掀起了平板电脑热潮，甚至给整个计算机产业、通信网络产业和消费电子产业都带来了革命性的影响。

平板电脑是一种小型的便携式计算机，通常以触摸屏作为基本的输入和输出界面。平板电脑并不是掌上电脑的放大版，其无论是结构还是功能都远比传统的掌上电脑复杂得多。作为信息电子产品，平板电脑定位于智能手机和笔记本电脑之间，提供浏览网站、收发电子邮件、观看电子书、播放音频或视频，以及玩游戏等功能，主要用于满足用户的娱乐生活需要。

（3）互动性电视媒体

① 数字电视

数字电视（Digital Television，DTV）是指从节目摄制、编辑、存储、发射、传输到信号的接收、处理、显示等全过程完全数字化的电视系统。数字电视的发展将电视产业带进了全新的发展阶段，正在对电视的内容生产和传播机制产生深刻的影响。

② 交互式网络电视

交互式网络电视（Internet Protocol Television，IPTV）是一种利用宽带网络，集互联网、多媒体、通信等多种技术于一体，向家庭用户提供包含数字电视在内的多种交互式服务的新技术。

（4）其他新型媒体群

① 楼宇电视

楼宇电视是指以数字电视机作为视听终端，以室内公共场所，如车站候车室、机场候机厅、医院候诊大厅、宾馆接待大厅等作为传播空间，传播各种信息的新型电视媒体形态。楼宇电视的传播特点表现在：一是受众目标的固定性，进入楼宇电视播放空间的受众都有一致的行动目标；二是接受传播的强制性，进入楼宇电视播放空间的受众都会强制性地受到楼宇电视的传播影响。影响楼宇电视传播效果的因素主要有对目标受众的精确定位、传播的内容质量和表现方法等。

② 车载移动电视

车载移动电视是采用数字广播技术，在移动交通工具内，如公交车、火车、轮船等播放电视内容的传播形态。车载移动电视与手机移动电视的主要不同点在于受众无权选择电视的播放内容。车载移动电视的传播特点有传播环境的封闭性、传播方式的强制性和传播受众的指向性等。影响车载移动电视传播效果的因素主要有：传输技术不成熟，信号接收不稳定；播出内容脱离受众，传播指向不明；传播环境嘈杂，分散受众注意力；等等。

2.1.4　新媒体传播内容的特征和主要类型

随着新媒体技术的不断发展，基于数字技术的传播媒体形态对传播内容产生了影响。新媒体在传播内容上改变了以往传统媒体传递信息的单一性，它将报纸、电视、广播的传播手段与传播方式融为一体，其形式的展现与内容的多样化是前所未有的。在内容自生维度下的新媒体传播模式，其传播内容的范围与外延空前扩大。加之新媒体技术下内容自生的低门槛，PC终端与移动终端让传播成为轻而易举的事情。总体而言，在新媒体视野下，传播内容呈现出广泛性、互动性等特征。

1.　新媒体传播内容的特征

（1）传播内容的多元化、广泛化

在新媒体时代，人人都是内容生产者。理论上而言，每个人、每个机构，只要打开自己的个人计算机、手机，在信号能够覆盖的地方就可随时随地创造内容，然后通过网络将内容传播到全世界。在新媒体的视野下，大众既是信息的接收者，也是传播者、发布者。

与以往的大众媒体相比，新媒体传播在内容形式上更加多元化，其将文字、图像、视频、音频、动画等多种内容形式融合在一起，通过PC终端或者移动终端传播出去。在新媒体时代，越来越多的普通大众积极参与社会新闻事件的讨论与传播，甚至不少网民通过网络搜索行为发表意见，集结成群，组合成一个新的社群，从而引起更多人的关注。

（2）传播内容的碎片化、娱乐化

在社交网络演变的影响下，人们在网络上发布的内容的长度日益缩短，信息呈现出碎片化的特点，进而产生信息缺乏深度、逻辑性等问题，影响着新媒体受众的阅读习惯。现代生活的压力和媒介内容的浅层化，加剧了受众对贴近生活的、轻松愉快的娱乐化内容的需求。

（3）传播内容的互动性更强

所谓互动性，是指传播者与受众之间的双向互动传播。在新媒体时代，自说自话的单向传播不再是常态，越来越多的信息传播者选取信息内容时更加看重互动性。互动性传播成为新媒体传播的常态，互动性成为新媒体传播的核心关键词。新时期的年轻一代网民在行为上正在发生转变，即非单纯地对媒介进行消费。例如，在观看在线视频时，年轻一代网民可以对所观看的视频发表自己的评论，将视频分享给好友观看或对视频进行排名和评价，同时也可以和世界上的其他网民进行在线讨论，分享自己的看法。

2.　新媒体传播内容的主要类型

（1）新媒体图文

随着移动互联网技术的快速发展，以智能手机为传播媒介的图文越来越注重可视化。长图是设计领域以长度来度量图片的统称，"一图读懂""一镜到底"是长图内容的属性。相对于文字，通过摄影、绘画、制图等形式得到的长图生动形象，有利于人们理解长图内容，有助于信息的有效传播。

一篇阅读量和转发量超100万的"爆文"，离不开精心挑选的主题内容，当然也离不开精美的图文素材排版及图文设计。内容的编辑和图文素材的排版，二者同样重要，且需相互配合，缺一不可。

（2）微视频

在移动互联网飞速发展的时代，影像的传播方式逐渐从传统的电影、电视"大银幕"向智能手机、平板电脑的"小银幕"转变。例如微信影像、微电影、短视频等，作为新媒体时代影像风格的代表，应该将对微视频传播的研究纳入人们的研究视野。微视频传播是指运用数字设备制作影像，并通过新媒体平台发布影像的活动。

（3）VR 直播

以高互动性为突出特点的网络直播，成为新的视频娱乐形式和网络社交形式。伴随着视频直播平台的火爆，网络直播越来越成为令人瞩目的传播现象。

VR是一种提供沉浸感、现场感，继互联网、智能手机之后出现的可能改变人类生活方式的高新技术。VR直播跳出了传统网络视频的视角框定，从直播方到用户都采取了不同以往的操作模式。在VR直播中，是由用户来决定看到的内容，而不是由内容决定用户的。VR直播目前的三大内容来源：一是体育赛事，二是泛娱乐节目，三是"网红"直播。

总之，新媒体时代，无论媒介形态、传播格局如何更迭，优质内容始终是新媒体传播的"硬通货"。新媒体内容一要坚持正确的政治方向、舆论导向，构建新媒体传播体系内容新生；二要坚持受众本位，深耕内容生产创新。内容供给要与受众需求有机结合，在及时性、准确性、权威性、专业性上下功夫，做强重大主题报道、做活媒体融合报道、做有调研深度的报道，不断推出一系列有价值、有内涵、有温度、有思想的优质新闻产品；三要创新内容"采编发"流程，提升内容传播的广度与深度，发挥新媒体的内容生产优势，强化先进技术驱动，加快推进新媒体采编流程再造，做到"一次采集、多种生成、多元传播"，实现单向传播向交互式、场景式、服务式传播转变，推动形成采编渠道丰富、呈现立体多样的新媒体内容传播新格局。

2.2　新媒体受众理论

2.2.1　新媒体受众理论的基本内容

人类社会的发展始终伴随着传播技术的进步，传播技术的发达程度决定了传播者与受众在传播过程中不同的地位。大众传播中，从报纸媒体到网络媒体的发展直接推动了传受关系演变，使二者关系从开始的"传者中心"发展到"传受互动"，再到"受者中心"，直至最后的"传受合一"状态。新媒体的高速发展，使"传受合一"的趋势更加显著。

1. 传者中心论

20世纪20年代，动乱的社会环境导致周围的信息急剧变动，而人们又受限于自身对信息变化的感知能力，想要在第一时间感知，就越发依靠报刊、电影、广播等大型权威媒介系统。关于这一现象，众多学者讨论和研究了如何取得媒介的强大效果，下面主要介绍以"魔弹论"为中心的传者中心论。

魔弹论，又称"枪弹论"，其将信息视为刺激因素，受众就是靶子，接触到信息的"魔弹"后应声而倒，被信息驱动，单向接受着信息的冲击，由此认为大众传播具有强力效果。魔弹论认为受众对信息毫无辨别和防御能力，其态度和意见可以被大众媒体所传递的信息左右。因此大众媒体所传递的信息"魔弹"所向披靡，威力巨大，一旦命中目标，受众毫无招架之力，他们接收到信息之后，像是被设计好一样，按照信息所制定的方式在一定程度上做出相似的反应，从而改变了自身原有的思考和判断，甚至其行为也被操控。他们受到的影响是有魔力的、无法抗拒的。

视野微拓展

在20世纪时，人们仅有两种认知世界的途径：一种是亲身体验，就是直接参与到事件中去，用自己的眼睛去观察，通过亲身体验来获得直观的感受；另外一种是间接经验，从他人那里获得相关的信息，这个过程需要与他人产生社会联系，包括亲人、朋友和大众媒体等。间接经验更依赖于从他人处获取信息，而且易受到他人的影响。

魔弹论对研究大众媒体和受众的关系仍然具有一定的价值，但也有一定的缺陷。魔弹论过于绝对化，而没有实事求是地具体问题具体分析，它忽略了传播的复杂性，过分夸大信息的传播效果。由于社会背景不同，时间阶段不同，地点和对象不同，大众媒体的影响力和信息传播效果自然也有所不同。这一理论也完全无视受众的自主性和能动性，忽略了在客观现实条件下，受众对于信息的选择性接受、选择性理解和选择性记忆。大众媒体所传递的信息和动态并不能客观地呈现完整的世界，大众媒体会先对事件进行加工，然后再传递给媒体受众，大众媒体往往会成为政府维护社会稳定的利器。

2. 传受互动论

20世纪50年代，许多研究学者提出有限效果论，即大众媒体的传播效果是有限的。传播不是单方面的行为，受众也非被动、孤立的个体，每个人都与社会网络中的其他人互相联系，并相互影响。其中社会学家拉扎斯菲尔德和香农提出了单向的"两级传播"理论、"选择性接触假说"等。尽管有限效果论代表学者们通过实证调查揭示了大众媒体传播效果形成过程中的许多制约因素，对理解传播效果形成的条件和复杂性是有意义的，但该理论过于强调大众媒体传播的"无力性"和效果的"有限性"，这就脱离了现代信息社会的实情，也忽略了受众的主观能动性和心理上的巨大潜能。

1954年出现了具有革命意义的研究，即奥斯古德-施拉姆的控制论模式。该模式把传播者和受众双方放在同等的地位上，他们都是一个既能发送消息又能接收消息的传播单位。在传播过程中，传受双方互为传播过程的主客体，都执行着相似的职能。传播者既是编码者、解释者，也是解码者，受众亦是如此。在任意两个传播单位之间，将两者连接起来成为一个系统的，就是信息。

奥斯古德-施拉姆的循环模式改变了单向的线性传播模式，突出了传播过程的双向循环性。它强调传受双方的相互转化，并且引入了反馈机制，认为信息会产生反馈，并为传受双方所共享，从而更客观、更准确地反映了现实的传播过程，较好地体现人际传播尤其是面对面传播的特点。同时受众作为研究对象也逐渐进入人们的视野，并且越来越受到重视。但这个模式的问题在于容易使人产生错觉，即认为各传播单位之间地位完全对等、机会完全平等，未能区分传受双方的地位差别。

课堂微讨论

从传者中心论发展到传受互动论，请思考这会带来怎样的积极和消极影响？

3. 受者中心论

受者中心论是在魔弹论和传受互动论基础上进一步强化了受众的主体地位，受众的态度和需求也逐渐被重视，把受众作为传播的主体进行研究。受者中心论认为，实践中媒介对受众的影响力是有限的，很少能够改变受众态度，只能对受众原有的态度进行强化，也就是说人们只会接受自己认同的观点。互联网时代的来临使受众有充分的条件参与到网络建设中去，而且能够找到自己的归属。下面主要讨论以使用和满足理论为中心的受者中心论。

20世纪60年代，使用和满足研究把受众看作有着特定需求的个人，把他们的媒介接触活动看作是基于特定的需求动机来使用媒介，从而使这些需求得到满足的过程。例如，广播媒介的使用基于获取知识、自我评价等需求；印刷媒介的使用基于获得社会威信、获取外界消息、闲暇休息等需求；电视媒介的使用基于情绪转换、人际关系、自我认知及对周边环境监测等需求；网络媒介的使用基于获取最新信息、进行娱乐消遣、扩展社交等需求。

使用和满足理论重点研究受众对媒介选择和使用的心理，认为受众使用媒介是有主体意识的过程，是为了达成自我满足。使用和满足理论以受众为导向，揭示了受众使用媒介的多样性，明确了既存的信息需求对传播效果的约束功能，有助于纠正当时大众社会中的"受众是被动的存在"这一观点。使用和满足理论虽指出了受众的某种能动性，但将受众的自主能动过程局限于对媒介提供的内容进行"有选择的接触"的范围之内，未能充分体现受众作为有着传播需求和传播权利的主体所具有的能动性。

知识小助手

1974年，伊莱休·卡茨首先提出使用和满足理论的基本模型，其主要观点如下。

• 使用和满足实际行为的发生需要满足两个条件：其一是媒介接触的可能性，即身边必须有可接触的媒介，如果不具备，受众就会转向其他替代性的满足手段；其二是媒介印象，即受众对媒介能否满足自己现实需求的评价，它是在以往媒介经验的基础上形成的。

• 根据媒介印象，受众选择特定的媒介开始具体的接触行为。接触行为的结果可能有两种，即需求得到满足或没有满足；无论满足与否，这一结果都将影响到以后的媒介接触行为，受众会根据满足的结果来修正既有的媒介印象，在不同程度上改变对媒介的期待。

• 受众从媒介中获得的满足一般来自3个方面：媒介内容、媒介接触与使用过程、社会环境。

4. 传受合一论

在传播学领域中，人们将受众理解为信息传播过程中的接收者，或是线下传播过程中的报纸和书籍的读者，抑或是线上信息传播过程中的广播听众、电影和电视的观众等。当前，随着网络的应用、手机的普及及各种应用软件的开发，传统线下媒体的受众覆盖率越来越低，受众的追求更加个性化，能够满足不同需求的新媒体，如微博和微信，让新媒体的受众范围越来越广泛。新媒体受众不再仅仅是信息接收者，还是内容生产者、传播者，他们按照自己的兴趣和需求对外来信息进行有选择的接触，同时能够形成舆论力量进而影响其他的社会大众，甚至对信息传播的过程与效果产生制约。

（1）观展/表演范式

如今互联网兴起并迅速发展，在媒体娱乐化倾向加强、媒介影像与商业相结合的特殊消费趋势下，受众不仅从自我出发解读文本，而且在消费中也试图展现自我、寻找认同和重构文本。英国学者阿伯克龙比与朗赫斯特在1998年提出观展/表演范式（Spectacle/Performance Paradigm，SPP）。

🎓 知识小助手

观展/表演范式的主要观点如下。

• 观展/表演范式中讨论的受众行为包括4个循环阶段：媒介渗透、日常生活、表演、观展。

• 现代社会是一个观展社会。这里的观展，既有"看/被看"与"观看凝视/公开展示"的双重含义，又是"作为主体的观看"和"作为被展示观看的客体"。

• 随着媒介影像大量进入日常生活，每个人直接或间接地成为受众，将自己呈现在他人面前，也同时想象他人如何看待自己。

该范式可以用来解释各类新媒体平台里虚拟社区的受众行为。随着虚拟社区和现实生活的界限逐渐消失，受众发照片、分享视频、发帖跟帖，在虚拟社区中进行自我展演，逐渐形成不同的社区圈层。例如，健身社群受众对着健身视频跟练，在健身社区分享健身的点点滴滴，回复别人的健身意见。这些自我展演建构出自我认同，也增强了其对健身社群的归属感。通过这种表演，受众将部分自我展现给外界，从其他受众的评论里来建构自己在他人眼中的形象。当然，不同媒介、不同受众对于自我认同的建构会不同，同一受众群体内部也有个体差异性。

新媒体时代，观展/表演范式作为分析框架解读了特定受众群体的媒介使用行为和主体认同建构过程，其研究焦点在于受众的主体认同。

（2）新媒体时代的涵化理论

涵化理论，又称培养理论，是从格布纳等人所做的关于电视上的暴力内容对青少年及整个社会的影响的研究中得出的。他们认为大众传媒所提示的"象征性现实"对人们认识和理解现实世界具有巨大影响。由于大众传媒的某些倾向性，人们在心中描绘的"主观现实"与实际存在的"客观现实"之间出现了很大的偏差。同时，这种影响不是短期的，而是一个长期的、潜移默化的"培养"过程，它在不知不觉中制约着人们的现实观。尽管涵化理论是基于电视研究而得出的，但随着网络技术的普及与发展，网络电视、数字电视、网络社交媒体等新的媒体形式出现，使该理论内容有了新变化，出现了一些新的表现特征。

① 受众对传统传播渠道的依赖性减弱

在以电视为代表的传统媒介环境之下，人们对于现实世界的认知、理解与价值观的倾向来自电视所构筑的"符号现实"。正是这种统一的传播介质培育了人们相似的认知。然而，新媒体技术的发展与普及带来了前所未有的多元的传播渠道与方式，电视不再是影响人们对现实世界的认知与体会的主要渠道，受众可以根据自己的兴趣，在网络端口自由选择频道和节目，这表明受众对传统传播渠道的依赖性正在逐渐减弱。

② 受众参与感增强

传统的传播格局下，电视这一媒介处于传播文化价值观念的主导地位，因此受众需在固定的收视时间接受特定的收视体验。新媒体环境下，受众不再是被动的信息接收者，而是拥有信息传播权与发布权的新型受众，通过开展UGC模式，能在整个过程中拥有自我赋权的传播体验。新媒体环境下，受众拥有了更大的自主权与话语权，可以随时随地在多元的渠道传播自己的观点或想法，也可以根据自己的喜好和兴趣加入或创办各种虚拟网络社区。

视野微拓展

UGC是新媒体时代最鲜明的标志之一。UGC使得"微内容"兴起，以微博为例，每个微博用户都可以发布信息，分享照片。微内容的传播使受众拥有了自主话语权，造成了信息生产的"去中心化"态势，并逐渐呈现出个性化、碎片化的整体特征，也使传播主体拥有了多样化的传播渠道。

③ 媒介与受众双向反馈

早期涵化理论认为，作为信息接收者的受众是单向的个体，电视能通过主流化的培养过程使人们形成对于现实世界的趋于一致的认识。新媒体时代的涵化理论更强调计算机、手机等媒介的作用，受众可以根据自己的理解对媒介营销的象征性环境能动地表达反馈。移动通信时代，随着云计算和大数据等新技术的应用，受众所收到的资讯已不再与媒介所提供的相同。相反，当受众浏览信息时，他们会生成自己的个性化标签，媒介会根据受众的喜好提供对受众而言更有吸引力的信息，这种变化可以让受众更多地了解他们感兴趣的东西。

2.2.2 新媒体受众的特征

1. 新媒体受众需求特征

使用和满足理论中谈到人们接触媒介是主动的，也是带有目的的。对于此理论，施拉姆打了一个比方，人们使用媒介就像顾客去餐厅用餐，点什么及点多少都是由顾客自主决定的。媒介只是人们为了满足自身需求所借助的工具，不应该强迫人们接受媒介传递的信息，而是应该根据人们的喜好来推送信息。根据美国学者丹尼斯·麦奎尔对受众使用媒介的动机和目的的研究可以归纳出以下4点受众需求。

（1）娱乐释压

人们可以借助网络媒介来暂时从生理和心理上摆脱烦恼，消除疲劳，释放情绪，放松神经。现有的娱乐释压媒介包括手机游戏、综艺节目、真人秀等，娱乐释压媒介的开发仍然有很大的空间。

（2）人际交往

新媒体环境中的人际关系包括两种，第一种是受众通过节目认识到的出场嘉宾和主持人等，或者通过其他社交媒体进行关注互动之后，对其产生的一种熟悉的感觉，这是一种虚拟的人际关系，只是单方面的；而另一种是现实的人际关系，受众可以参与现场谈论节目或者娱乐节目，从中获取信息、学习经验并应用到现实生活中，从而产生良好的效果。

（3）自我认知

媒体会报道各类来源于生活的新闻事件，同时解决各种各样的矛盾和冲突。这些新闻为新媒体受众的生活提供了经验和自我评价的参考框架。通过对外界社会的了解，受众会对自我的生活进行对比和反思，并在此基础上重新认识自己，协调自我生活，让自我的认知和外界达成一致。

（4）环境监测

通过媒介，受众可以获得与自我生活相关的各类辅助信息，及时把握环境的变化，努力把生活变得更加美好。例如，一个年轻人想要买房，那么他就要考虑诸多因素，包括交通、医疗条件、教育条件和商圈等。而要了解这些就需要关注楼盘行情，现阶段的经济增长趋势，以及该地区未来的发展等因素。这些信息日新月异，会随着社会经济的发展、国家政策的变化而变化，所以关注这类信息时还要考虑其时效性。

2．新媒体受众行为特征

（1）时间碎片化

当今社会，有人的地方就有互联网，再加上各种软件的迅猛发展，受众群体的阅读习惯发生了深刻的变化。人们普遍忙于工作，欠缺完整的时间，而方便携带的手机可以让大家利用碎片化时间了解时事新闻并阅读相关信息。阅读的场所也更加广泛，如卧室、客厅、餐厅、地铁、车站等。而从阅读的内容来看，优质的资源更受人们欢迎，再加上大数据的支持，个性化推送的内容更加让人目不转睛。从阅读的形式来看，携带丰富信息的短视频以其生动和便捷的特点让广大网友记忆深刻，活跃在大众视野里的短视频平台有抖音、快手、小红书和梨视频等。

（2）互动常态化

微信和微博是广大网友手机里的"标配"，而"刷"朋友圈和在微博平台发布自己的生活状态也成了常态。大家会在朋友圈转发、点赞、评论来满足自己的表达欲望，同时发布自己生活的点滴来满足分享的需求，而发朋友圈和"刷"朋友圈已经成为良性的互动循环。此外，在线上阅读新闻的时候，人们也会参与评论，下方的评论内容也将成为新闻阅读的一部分，为他人的评论内容点赞或再评论也将成为互动中不可缺少的一部分。越来越多的直播平台，如虎牙、斗鱼等都给受众提供了发弹幕的机会，方便主播和受众跨越时空进行交流，同时也给其他受众提供了交流的机会。

视野微拓展

（3）注意时限化

在最初进入媒体平台这个小型社区时，受众总是会选择自己感兴趣的话题，或者价值观相似的群体。大数据为了迎合受众兴趣，会对搜索的结果进行过滤，降低了受众看到不感兴趣的话题的概率。通过这种个人偏好的经验推荐，受众就会只阅读自己想阅读的，接受自己能够接受的，听到自己想听的观点。对于感兴趣的新鲜事件，受众快速"围观"后又快速散去，或者去"围观"下一个，表现出强烈的时限性。

3. 新媒体受众心理特征

（1）匿名心理

在互联网的加持下，新媒体重新构建了一个虚拟世界，受众在网络上可以塑造另一个自己。虽然受众在网络中可以匿名，也可以创造更为自由的言论环境，但这一切须以不侵害他人权益为前提。时下网络实名制大力推进，新媒体环境中的受众实际上比现实社会中更加公开和透明。一旦发生侵权或破坏社会公序良俗的事件，都可以借助实名制展开调查。这一方式在查明被刻意隐瞒真相的公共事件时常常起到意想不到的作用。

（2）社交心理

以微博和微信为代表的社交平台诞生之后，网友可以对感兴趣或赞成的内容点赞或评论，并且在社交平台上与其他网友讨论或转发他人观点。这表明网友在获取信息的同时也可以阅读他人观点，并由此表达自己的观点。观念相同或兴趣相同的网友甚至可以互加好友，约定线下见面。由于获取信息和反馈信息的即时性，网友都有极大的参与互动的热情。例如，对于某个社会热点事件，网友对此进行阅读、转发、评论，但是他们观点不一，有的网友认为是真，有的则认为是假，有的则认为不可随意猜测。他们都有自己的观点和立场，有的甚至会引用以前的视频或图片作为证据来证实自己的观点。

（3）质疑心理

在新媒体环境下，人人都可以既是信息的接收者又是信息的传播者。一般来说，信息传播者不同，信息的权威性也有所不同，社会影响程度也会有所不同。而随着信息化的快速发展，以及社会文化的急剧变化，受众迅速成长，对许多信息也不再盲目信服，并不再认可"发布即真实"。

（4）思维碰撞心理

新媒体的受众群体十分广泛，有网络的地方就有该群体存在，但是群体的庞大也导致整体素质不一。有的受众有较强的分辨力和判断力，并可以理性平等地与他人交流讨论；有些受众则观点过激，不能理性表达，不愿意接受异于自己的观点。

2.2.3 新媒体受众的主要类型

受众是互联网这一新媒体形态未出现前，传播理论中对于信息接收者的总称，报纸的受众称为读者，广播的受众称为听众，电视的受众称为观众。从报纸、广播、电视等大众传播过程的单向性和社会功能而言，受众之于制度化的传播机构，相对处于弱势地位。而互联网及移动互联网的兴盛，新媒体的崛起，彻底改变了受众的弱势地位。

1. 大众型

新媒体打破了传播机构生产信息的特权，或者说打破了传播机构的话语"霸权"。新媒体准入门槛不高，不需要受众有很高的文化素养，即使受众文化素养较低，依然能够拍照发朋友圈，并不妨碍受众自由地表达思想感情。

2. 能动型

受众到用户的概念转变，以及社会、学界、业界对于受众认识的转变是新文化的表征。网络用户获取信息的方式完全不同于既往大众传播媒介所采取的信息推送方式。互联网创造了互动的场景，人人都可以是信息传播者和信息接收者。信息传播由单向传播变成交互传播，由一对多的传播变成一对一、一对多和多对多的网状传播，从根本上改变了受众被动接收信息的局面。

3. KOL型

关键意见领袖（Key Opinion Leader，KOL）指在特定群体中具有较大影响力和话语权的人，该群体的范畴没有绝对界限，大到一个行业、一个文化圈，小到一个兴趣小组。KOL传播属于比较典型的网络群体传播方式。

KOL在人类社会中一直存在，通过KOL展开营销活动触及特定群体的方式也不是互联网时代的产物，但随着媒介技术和媒介环境的发展，KOL概念逐渐从线下群体过渡到线上群体，并且不断衍生出更加丰富的内涵、形式和特征。在传统媒体时代，KOL更多以社会名人的形式存在，基于大众媒介有着较广的影响范围；在新媒体时代，各类新兴媒体层出不穷，KOL的存在形式也愈加多元，职业化和娱乐化成为当前KOL的重要特征。

知识小助手

关键意见领袖又叫舆论领袖，是指在人际传播网络中经常为他人提供信息，同时对他人施加影响的活跃分子。他们在大众传播效果的形成过程中起着重要的中介或过滤的作用，由他们将信息扩散给受众，形成信息传递的两级传播。

2.3 新媒体与受众的关系

在一定的社会文化背景下，受众和媒体本质上是一种协商、互动和交流的关系。受众的细化，其实是媒体渠道增加和信息内容多样化的结果。新媒体所具有的更大的交互潜能将起到巩固传统受众的作用，又能为传播者和受众之间建立积极的互动关系提供机会。

2.3.1 新媒体与受众的互动关系

新媒体以其开放、交互、实时的传播特征及无限扩展空间的能力消除了时间和空间带来的隔阂，并以手机和网络为主要传播介质，实现多种媒介传播手段与形态的融合，使传播更具有互动性，这种互动更离不开受众的参与。传统的传播学对受众的解释基本上是基于报纸、广播、电视等传统媒体，受众被认为是被动的信息接收者。然而，随着信息传播过程中各类要素的发展，受众逐渐从原本被动的地位中解脱出来，成为活跃的消费者、传播者、生产者、推动者。

1. 消费者

受众的消费有明确指向，既可以指向物质性的媒体产品，也可以指向这一传播活动的结果，以及媒体传播内容所带来的满足程度。媒体市场与受众的消费需求是相辅相成的。一方面媒体正是为了满足受众的消费需求而产生的，其内容和形式的发展也受到受众消费需求的制约。另一方面媒体除了通过自己的媒体产品和服务来满足受众的消费需求，还能影响和引导受众消费需求的发展方向。不同受众既有相同的消费需求又有不同的消费需求。

2. 传播者

网络媒体的兴起赋予了受众话语权，催生了KOL，改写了传播者的格局，同时也使传统的线性传播模式向兼具单向与双向互动的网状传播模式转变，受众的权利增强，主体地位凸显。其中网络舆论监督的兴起、网络媒介事件的发展都体现了草根的传播力量。

3. 生产者

新媒体环境下，受众角色发生了重要变化，从单一化的角色向多元化的角色转变，这将加速用户自制文化的形成，改写自上而下的传播形式。新媒体时代赋予受众的信息参与机会及搭建的多元化平台，将进一步激发受众的主动性，使受众从被动参与转变为主动参与。因此，媒体生产向受众制造转变已成为必然趋势，它集中体现了群体智慧，从而赋予文化内容以多元性，也使文化内容更加丰富。

4. 推动者

新媒体技术赋予了受众最大的主动权，他们已经不再是单纯被动的信息接收者。他们是围观者、转发者、评论者，甚至是新闻生产或新闻事件发展进程的推动者。新媒体时代，任何受众都可以成为信息的传递者，他们利用摄像机和相关软件，拍摄、制作自己感兴趣的信息并上传至网络，与网友共同分享信息，该信息甚至会反过来影响着现象级事件的发生。

案例小分享

鸿星尔克的走红要从2021年7月21日说起，其官方微博账号发布消息称，鸿星尔克通过郑州慈善总会、壹基金紧急捐赠5000万元物资，驰援河南灾区。对于此次捐款，鸿星尔克并没有大肆宣传，只发了这一条微博。而这一情况在第二天被热心网友发现后，开始引起热议。"鸿星尔克的微博评论好心酸"的话题在第二天登顶微博热搜。该话题短时间内已有超10亿次阅读，17万次讨论。之所以引起如此大的讨论，是因为网友发现鸿星尔克在公司业绩不佳甚至大幅亏损的情况下，仍捐出一笔巨款。这让网友替鸿星尔克鸣不平："鸿星尔克是一家濒临倒闭的企业，捐款是'破产式捐款'。""感觉你要倒闭了，还捐这么多！"

因为热度瞬间暴涨，7月22日晚，平时只有几千人观看的鸿星尔克直播间，突然涌入了上百万人"扫货"，每一件商品一上架就被"扫空"。两位主播甚至不停地劝说大家，不要冲动消费，不让大家"刷礼物"。7月23日凌晨，鸿星尔克总裁出现在直播间，呼吁网友"理性消费"，但网友热情不减，仍然持续"扫货"。数据显示，7月22日，鸿星尔克仅抖音直播间的销售额就达到了1.3亿元，23日当天线上销售额甚至同比暴增了52倍。鸿星尔克线下门店也有被购买一空的现象。

以互联网为代表的新媒体正在影响和改变着人们的生活和交流方式，今天的受众不再只是单纯的信息接收者。受众面对海量的信息、多元化的内容，会更需要也更关注与个人联系程度较高且有帮助的信息。受众的需求决定着媒体的改变。伴随着受众对媒体认识的加深、依赖程度的加强及选择余地的增大，在不久的将来，媒体的样式会更多，信息提供会更人性化，操作也会更便捷。可以预测，受众将不需要储备任何终端使用知识，只要利用特定的设备就可以轻松实现与媒体深入互动。

2.3.2 新媒体受众的价值创造

随着新媒体市场竞争越来越大，新媒体要想实现自身价值，满足受众的需求是关键。新媒体受众的价值创造在于改变媒体角色，提供媒体产品和服务，以及重塑盈利模式。

1. 改变媒体角色

新媒体时代，任何一种单一的产品和服务越来越不足以满足受众的多样性需求。单独的供应商不能独立完成满足受众需求的重任，这也使媒体必须加大与其他各种产品和服务供应商的合作。媒体只有和作为通道提供者的移动运营商们合作，才能满足手机受众获取新闻、信息的需求；而当受众希望通过手机看电视时，媒体就不仅需要与移动运营商合作，还要与手机制造商、相关行业主管部门等合作；当受众希望通过手机购买商品时，媒体还需要与银行、经销商，甚至是物流服务商等合作。

案例小分享

IPTV的移动运营商们发现，用户对IPTV的要求正在逐渐超出电视节目本身，转变为对更多互动服务的需求。百视通公司预测，互动的消费需求还将随着时间的推移更加突出。根据这种判断，百视通公司越来越多地关注与用户生活相关的互动体验和商业模式，并为此专门增加了"电视理财""IPTV购物""互动生活"等内容或平台功能。在IPTV的平台上，百视通或将提供医院挂号、银行转账、出行、餐饮、房产信息查询、电视应用等服务。这些服务早已超出传统的新闻信息范畴，在这里，媒体更像一个各种服务的集成提供商和平台运营商，将信息与服务紧密地连接在一起。

新媒体事实上增加了受众获取信息的渠道，这些渠道并不像传统的报纸或电视那样由媒体直接控制，传统媒体只有加强与相关各方的合作才能充分利用这些新渠道，并在集成合作中实现自身价值。

2. 提供媒体产品和服务

当今社会，人们的个性化需求和传播动机越来越复杂多变，受众分散性和多样性趋势不断加强，原本模糊存在的受众集合体逐渐分化为不同阶层、不同生活状态下的小众群体。从广播到窄播，从大众到分众，从"传者中心"到"受者中心"，为迎合受众碎片化态势，信息生产者想要挽留数量有限的目标受众，其方法有以下两种。

（1）细分受众市场

新媒体在实际应用中已经出现了有趣的现象。例如，在直播"带货"中，零食、美妆等类目的收视率远高于家用电器；在短视频平台中，人们对各种生活实用信息的需求也非常突出，这些在传统媒体上并非主流的内容变得越来越重要。这从侧面要求新媒体提供海量的内容，各种信息应有尽有，以使每位受众都可以从中找到自己需要的东西，满足个性化需求。为了实现这一点，新媒体平台必须尽可能多地增加原创性内容，同时加大与各种内容提供商的合作，切实将受众需求细分，才能网罗到这一新兴市场。

视野微拓展

个性化需求虽具有巨大市场，但它并不排斥主流需求，相反，主流产品还是引导受众探索其个性化需求的门户。因此，在做好主流产品、满足受众共性需求的同时，又为受众的个性化需求开辟路径，是新媒体受众的价值创造与运营的有效途径。

（2）新媒体与传统媒体互补

新媒体的产品形态广泛而多样，传统媒体如果只依靠自身的力量往往事倍功半。报纸、广播、电视都有自己的生存空间，新媒体也同样满足不了所有受众的需求。可以说传媒业发展至今，还没有任何一种媒体可以完全取代其他媒体。于是，发掘传统媒体的空白区域，使之与现有区域形成互补，可谓是一条可行之策。

在传统媒体主导的时期，受众先通过媒体找到某条信息，然后根据这条信息去寻找到目标产品和服务。而新媒体技术的出现则使这些环节得到简化和整合，在经过整合后的媒体平台上，用户找到某条信息就意味着同时获得了某项产品和服务。媒体也从纯粹提供信息内容，转为既提供信息内容，又提供相关服务。

3. 重塑盈利模式

随着互联网、移动通信网的快速发展，社交媒体、自媒体、视频网站、短视频平台、网络直播平台等新的媒体形态出现，新媒体的盈利模式呈现多元化态势。

（1）增值服务模式

增值服务模式是新媒体的重要盈利模式之一，包括会员增值服务、账号认证服务、虚拟商品销售等。增值服务的变现方式千姿百态，但其本质不外乎两类：一是对核心产品的系列化，二是在核心产品基础上开发衍生品，如表情包、玩具等。图2-1所示为某宠物自媒体衍生的抱枕。

图2-1　某宠物自媒体衍生的抱枕

（2）内容付费模式

人们在移动社交体验中容易遇到知识和经验不对称的问题，糟糕的免费内容太多、太杂乱，促使了人们产生了对精品内容的付费意愿，从而衍生出一系列相关的新媒体平台，如知乎、得到、喜马拉雅、开氪等。

内容付费有强制性和非强制性之分。微博问答属于强制性内容付费，人们只有付费才能获取内容。虚拟礼物打赏属于非强制性内容付费，也是付费打赏的变体。虚拟礼物各式各样，但都需要用真实货币来兑换。例如，网络直播的观众付费购买虚拟礼物打赏给主播，平台会把礼物转化成虚拟币，主播可以将这些虚拟币提现，但平台会从中抽成。

🎓 **知识小助手**

付费打赏模式是一种非强制性内容付费模式，如自媒体因产出优质内容，获得受众赞赏并主动付费。与强制性内容付费模式相比，付费打赏模式的变现形式虽有创新，但付费打赏需要有一定的粉丝基础才能取得较好的效果。

（3）广告流量变现模式

广告流量变现模式主要是在一些第三方平台（如广告联盟等）接入广告，并利用流量来获取对应收益的模式。以下两种广告流量变现模式都是对受众注意力资源的开发利用。

一是广告流量分成。例如，短视频因其所耗费的流量不多，被点赞转发、观看的概率大为增加，这些短视频聚少成多，源源不断地形成巨流量，平台就通过流量与移动运营商进行利润分成。这是典型的以流量为主的变现方式，也是目前最为普遍的方式之一。值得一提的是大数据广告模式，其广告效果更好，收益更为可观。

二是广告流量引流。例如，微信平台在个人或组织微信公众号推文底部投放的广告，如图2-2所示，能将巨流量引流至电商或游戏平台。流量即访问量，是网站受众注意力的衡量指标之一。

图2-2　微信公众号推文底部投放的广告

（4）电商模式

电商模式能将新媒体受众的注意力转化为购买力，如"社交+电商"模式，是社交媒体平台为电子商务网站提供导流入口而获得收益的模式。腾讯入股京东后，为京东在微信上添加导流入口，微信用户只要在微信"发现"中点击"购物"标签就会直接跳转到京东购物小程序，如图2-3所示。这一模式从表面上看是前所未有的崭新模式，其产品的销售实现了入口的变化，但不变的是销售的本质。

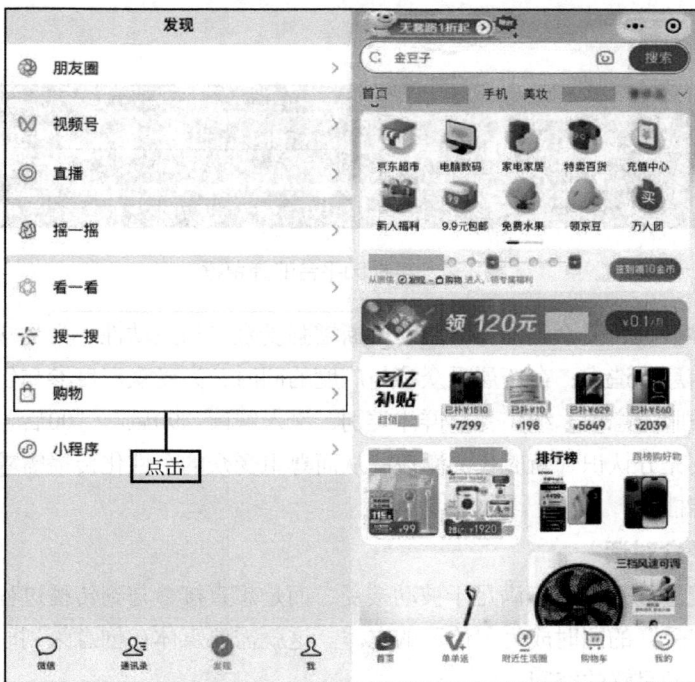

图2-3　跳转到京东购物小程序

电商模式主要有两种。一是品牌自营电商，顾名思义就是自己进行产品的售卖，产品的成本、价格等都是由品牌方控制的，没有第三方介入。这种电商模式目前来说比较普遍，如网易云音乐等。二是电商代运营，即商家把产品放到平台上进行售卖，平台不需要付出成本，相当于提供了一个产品的展示框架，用户在平台上购买后，平台就能获得相应的收益，从而实现变现。

2.3.3 新媒体受众的双维管理

1. 增强受众主动性

新媒体环境下，受众获得了参与信息制造的机会，而多样化的平台为受众创造了更加广泛的信息制造机遇。目前，主流媒体都在为受众创造信息传播的机会，如今日头条、新浪新闻等，这就使受众参与信息传播的主动性得到增强。再加上微媒体的快速发展，信息传播的时效性和便捷性得到进一步的增强，这样就使得受众发布信息的平台更加多样化，且信息的内容富有个性。

受众主动性可体现为参与信息制造。受众主动性的增强，无疑将提升受众信息制造力。受众信息制造力的提升将推动传播进入新的时代，不仅仅是向人们传达某种活动，也传递着某种信念，并可能会产生一定的传播效应。这些效应的形成又将经第三方受众认可后，扩大受众信息传播的话语权，形成强大的循环传播效应，传播的定位从而被改写。

受众主动性也可体现为参与信息互动，如弹幕互动（见图2-4）。受众可以针对自己感兴趣的信息进行互动，发表自己的看法和见解。这些看法和见解有相同的，也有不同的，一些受众在这之中可能处于静观状态，但是这些观点对他们的影响是客观存在的，不因其是否参与而改变。

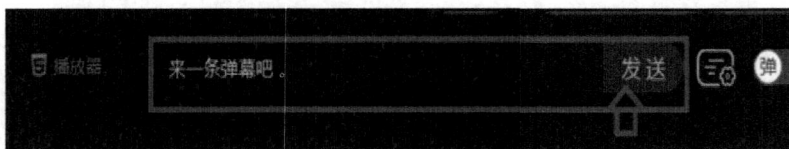

图2-4 某视频平台的弹幕框

因此，新媒体要迎合受众的参与需求，不断增强受众参与主动性，为受众创造更多参与的机会，激发受众信息制造力；在拓展受众参与广度的同时，为受众深度参与创造机遇。新媒体平台要进一步增强服务意识，细化受众群体类别，深入解读"90后""00后"受众的信息传播心理和特征，还要充分认识到新时代的潮流，从而尊重受众的个性化传播需求，使受众更乐于参与信息制造和传播。

2. 主动与受众对话

在新媒体环境下，受众已不满足于被动接受，而是想直接参与到传播过程中，发表自己的观点与主张，在"受"的同时成为"传"的主体。这就需要媒体在创意策划时考虑到受众表达诉求的渴望，给他们足够的空间。

案例小分享

> 　　浙江卫视最早开播的新闻节目之一——《浙江新闻联播》，一改以往主题报道的生硬、枯燥，转而选取普通人的视角，立足普通人的切身感受，推出了"我要上联播""我来自基层""我们的节日""我们的村晚""文化礼堂我的家"等节目，不要小看了这里的"我""我们"创意元素，它所呈现的不仅仅是节目语态的改变，更承载着一档"高龄"新闻节目为贴近当下受众所做的努力。
>
> 　　《较真》是腾讯网新闻频道的一档栏目，致力于打造一个全民新闻查证的平台，对人们感兴趣但缺乏可靠性的消息进行溯源并探查真相。例如，"有斑点的鸡蛋吃了要人命？"这一论点，查证者最后通过6个证据进行了驳斥，说明鸡蛋长斑只是蛋壳异常的一种表现，跟是否感染沙门氏菌没有直接联系。《较真》节目基于事实核查，将调查报道和新闻生产的过程全部向公众公开，带领公众抽丝剥茧，一同揭开事实真相。

　　新媒体时代，信息传播不再是传统意义上的"传受关系"，而是一种"对话关系"。受众不是讲台下的学生，而是对话者。正如美国学者所言："新闻不再是讲授，它更多是一种内容更加丰富的对话。"因此，媒体能在多大程度上把握这种"对话"的主动权，也就能在多大程度上把握自身生存、发展的主动权。

2.3.4　受众角色转变之后的隐忧

　　随着互联网的普及，公众意见有了新的出口，人们的意见表达、利益诉求、情感态度大都在互联网空间体现，人们表现出参与公共话题讨论、提出政策建议等的热情，不同的声音在网络聚集并形成舆论。

1. 谣言传播

　　谣言即虚假信息。一些不法分子利用新媒体传播虚假信息，造成了互联网社区甚至现实社会的恐慌，网络谣言会影响人们的认知，容易引发较大范围的恐慌，同时也会造成经济损失、损害他人名誉。

2. 侵权频发

　　新媒体舆论中的侵权事件主要包括侵犯名誉权、隐私权、著作权、肖像权等。在网上未经同意就公布他人的姓名、电话、地址等个人信息，这干扰了他人的正常生活并侵犯了其隐私权。在网络上随便公布他人照片，甚至进行恶搞，这侵犯了他人的肖像权。

3. 负面情绪

　　网络的匿名性、离散性、碎片化、便捷性等很容易与网民的非理性特征联系起来，网民负面情绪便是一种非理性特征。网络上的负面情绪主要是通过讽刺和宣泄等网络语言来表现。由于新媒体的匿名性、开放性等特征，有人会把新媒体作为发泄情绪的途径，形成一种情绪性舆论。新媒体上非理性的、消极的信息传播，可能使新媒体舆论逐渐走向"群体化"，从而容易发生网络暴力行为。

4. 逆反心态

　　传统社会中信息通道单一。互联网普及以后，信息变得更加丰富多样，受众可以在不同的新媒体平台寻找不同的声音，并与传统电视传播所传达的观点相比较。人们不再轻易相信媒体上说的，质疑声、求证声不绝于耳，探求真相的、提供证据的、分析性质的、追问背景的人不断出现，大有不达目的不罢休的态势。然而，网络不是法外之地。相信随着社会主义精神文明建设的深入发展，公众的思想理论水平、心理健康品质、网络文明素养、文化品位等方面会得到有效提高。

课堂微讨论

除了以上几种隐忧，还有哪些方面令人担忧？又该如何有针对性地解决呢？

2.4 新媒体传播渠道的特点、新媒体传播的载体和特点

2.4.1 新媒体传播渠道的特点

1. 新媒体传播渠道多元化、复合化

新媒体时代，多种新媒体工具蓬勃发展，各自发挥媒介的特性，从不同角度、以不同形式来传播信息。新媒体传输设备同样呈现出复合多元的特征，手机、平板电脑等移动设备与传统的电视、广播等媒介逐渐将影音内容与报纸、杂志上的文字内容相融合，形成信息的汇通；计算机等新媒体设备与传统媒体相结合，催生了网络电台、网络电视台等多种传播渠道。不同媒介不再像从前那样分工明显，跨媒介融合的传播趋势越来越显著，新媒体传播渠道向多元化、复合化延伸发展，实现了互惠发展、信息联动、优势互补、资源共享，革新了内容的生产和消费方式，推动着新媒体时代信息的海量化、多样化，大众生活的便捷化。

2. 新媒体传播渠道数字化、智能化

新媒体的特性决定了新媒体信息可通过简洁的数字化渠道进行传播。信息脱离了传统媒介平台，以数据的形式，依靠新技术催生的网络设备进行传播。这为信息的存在、编辑、复制和传播提供了便利：信息量增加，信息的保存更加简单、精确，能够有效地拓展新媒体信息传播的范围，突破时空局限，受众可以方便地筛选和重组信息。

新媒体信息依靠多种智能化软件、应用元素组合为渠道进行传播。在新媒体平台中，受众可以主动发出指令，新媒体信息随之做出智能化的调整。随着计算机与编程技术的发展，新媒体传播渠道的智能化程度会越来越高。

3. 新媒体传播渠道立体化、个性化

传统媒体往往利用文字和图片等平面媒介传递内容信息，而新媒体的数字化、多媒体化、宽带化改变了这种传统模式，在传播方式上沿着立体化、个性化的方向迈进。

第一，新媒体集文字、图表、数据、声音、影像等多种通信媒介为一体，是具有集成性、兼容性、立体性的通信方式。这种超文本的传播手段改变了人们的阅读方式，使大众阅读呈现

出快餐式、跳跃式的浅阅读特质。新媒体在进行内容传播的时候，往往将社会中的热点焦点问题及难点疑点问题分解成若干个经典片段，并配上图片或短小精悍的视频，进行声情并茂的感性表述。这种立体式的传播手段既抚平了不同年龄段受众的知识语境鸿沟，又实现了抢占受众注意力的目的。

第二，新媒体时代，传播者往往利用新媒体进行分众传播、小众传播，通过"点餐式"个性服务来吸引更多的受众，不断扩大自身的社会影响力。例如，传播者利用信息技术设立门户网站、微博账号、微信账号等。在这些新媒体中，传播者提供各种检索工具，使受众在海量信息中各取所需。与此同时，受众还可以自主选择信息接收的时间、地点及媒介形式。

4. 新媒体传播渠道网状化、裂变化

传统的社会思潮传播是自上而下的倒金字塔式单向传播，在这种"传播者本位"的传播路径中，多数在场受众是被屏蔽的，受众仅仅是作为社会思潮传播的消费者而存在，不具有传播主体的地位和价值，被视为没有发言权的草根。与上层大、下层小的线性传播路径相比，新媒体环境下的社会思潮传播是中间大、两边小的橄榄式网状、裂变传播。

当社会热点事件出现时，各种意见的交流、对话和冲突在网上形成强烈的"舆论场"。传播者根据点击率、回帖率、转发率把社会舆论的中心和引发心理共鸣的焦点整合出来，造成舆论力量的互动和共振，形成强大的聚焦功能。这种强大的聚焦功能又会形成巨大的舆论冲击波，形成社会思潮传播网。

2.4.2 新媒体传播的载体

1. Web时代

从Web1.0到Web3.0，不同的新媒体承载着不同的功能，发挥着不同的作用。微博、博客、播客、SNS主要实现人际传播的功能，BBS论坛、社区主要实现群体传播的功能，内部网、局域网主要实现组织传播的功能，各种新闻门户网站、综合型网站、数据库、视频中心主要实现大众传播的功能。多种多样的新媒体传播形式并未各自割裂开来，而是相互联系形成巨大的网络，产生新媒体自身的复合、信息的共享与互动。

2. 微信

微信传播的信息形式多样，如文字、语音、图片等。微信承担着"大媒体"的角色和功能，是信息交流与中转的媒介平台。它是沟通交流的通路、内容分享的平台、信息接收的终端等。在微信传播的聊天场景下，受众的回复即反馈；在接收朋友圈和公众号发布的信息时，受众的点赞、评论、分享即反馈。在微信传播中，传播者、受众、信息、传播媒介和反馈在技术支持下协调运行，构成一个完整的传播过程。

3. 富媒体

富媒体（Rich Media）是依托一系列网络技术，以二维/三维动画影像及声音为表现形式的一种应用，它包括HTML、Real Video、Real Audio、Flash等。

富媒体可应用于各种网络服务中，如网站设计、电子邮件、弹出式广告、插播式广告等。富媒体之"富"，是建立在宽带网络基础上的，是相对于窄带网络较为贫乏的信息而言的，是一个建立在多媒体基础上的概念。富媒体本身并不是信息，但它可以加强信息，将富媒体应用

于广告就产生了富媒体广告。其特点是尽可能应用最生动、最具感染力的表现形式来展现广告创意，帮助广告主更好地与受众沟通与互动。

4. 物联网

物联网这一概念最早由美国麻省理工学院明确提出，指的是将各种信息传感设备，如射频识别装置、红外感应器、全球定位系统、激光扫描器等与互联网结合起来形成的一个巨大网络。具体而言，物联网是通过在物品上嵌入电子标签、条形码等实现存储物品信息的标识，然后通过无线网络将物品信息发送到后台信息处理系统，各大后台信息处理系统可互联形成一个庞大的网络，从而达到对物品进行跟踪、监控等智能化管理的目的。换句话说，物联网可实现人与物之间的信息沟通。

从本质上来看，物联网是互联网在形式上的延伸与扩展，它传承了互联网的普遍性特征，也并非只是将传感设备连接成网这样简单。物联网的关键不在"物"，而在"网"。这张网几乎可以把所有媒体的特质都网罗其中。物联网通过信息技术手段的扩张，重新定义了网络的含义，实现了人与物之间的相融与互动，甚至是交流与对话。

5. 大数据

大数据又叫作巨量数据、海量数据，通常是指所涉及的数据信息规模一旦庞大到无法借助人工方式提取的地步，就采用一些电子常规软件工具对其阐述的内容进行捕捉、获取、筛选、处理和管理，此时巨量数据将演变成个体所能解读的信息。

新媒体平台能获得的数据包括新闻内容数据、历史数据、媒体资讯数据、用户行为数据、生产流程数据、内容传播数据、媒体云数据、互联网新闻数据、公众热点数据、政府数据等。新媒体平台一方面要建立起自身的用户体系，逐步将受众数据变为用户数据；另一方面尽快把现有静态的存量内容资源转变为动态的、互动的数据资源。

大数据除了能够存储和收集大量数据，最具有价值的功能就是能够帮助处理相关的数据，为行业提供更加具有针对性的意见和建议。但是庞杂的数据带来了更大的数据噪声，严重干扰了数据分析的过程，所以在进行数据处理的过程中要综合各种环境因素，这本身对于大数据处理设备也是一个考验。随着时代的不断发展，新媒体行业和个人对于数据处理的时效性要求将会越来越高。大数据的发展也带来了一定的数据安全问题。当前数据的价值已经逐渐被各行各业人士所重视，大数据技术离不开与互联网的连接，这就很容易造成用户数据的泄露或遭受黑客的攻击。

6. 人工智能

人工智能（Artificial Intelligence，AI），主要是对人的智能行为进行延伸，是集合了生物科技、电子科技等的一项新的科学技术。人工智能是通过模仿人的智能和人的思维模式，研究出与人类似的机器。人工智能中的数据处理、语音与图像识别、机器学习/深度学习、算法等在新媒体传播中已具备普遍适用性。

在编写新媒体内容之前，人工智能可以根据关键词对素材进行自动搜索，对错别字和歧义词进行甄别和改正，根据板块的要求鉴别内容是否符合要求。在面对爆炸式激增的新媒体信息时，新媒体平台需要安排大量的人员对内容进行相关的审核。人工智能可以代替部分人力对内容进行审核，如设置一定的关键词，对带有类似关键词的内容进行下架和屏蔽。人工智能能够记录人工审核的行为，并模仿和做出类似的审核行为，以提升自身的审核能力。

在人工智能发展的过程中，其应用的领域也越来越广阔。未来我们有理由相信人工智能将会给人们的生活带来更多的便利，成为人脑智慧的延伸。但是人工智能不是对人的行为进行单纯的复制，其涵盖的知识系统非常复杂，研制人工智能的相关人士必须要精通计算机知识，同时还要了解人脑思考和反应的机制，以及心理学知识等。

2.4.3 新媒体传播的特点

新媒体时代下，各类信息以移动互联网为依托，实现微型化、即时性扩散，新媒体传播有以下几个特点。

1. 传播时效性增强

在新媒体时代，人类"地球村"的梦想变为现实。人们可以通过新媒体，零时差、全天候地接收世界各地的信息。新媒体突破了传统媒体传播时效的壁垒，实现了高效化、全球化的通信。

一方面，传统媒体在社会思潮的传播上存在成本高、周期长的问题，其传播、发行等均受到不同的限制。但在新媒体时代，数字化、智能化的传播渠道对信息的解读与编码在短短数秒之内就能完成，简单化、生活化的内容大多不再需要复杂、烦琐的后期制作与排版，有效地降低了成本，这使社会思潮的内容信息可以做到即时传送、随时刷新。

另一方面，新媒体穿越了空间的阻隔，受众通过各种新媒体设备可以随时随地地接收信息，并通过受众的人际传播或网络共享等扩大信息的传播范围，使信息实现了真正意义上的全球共享和国际传播。新媒体信息发布趋于零时间障碍，真正实现无时间限制，随时可加工发布信息。因此，新媒体空间的开放极大地推动了新媒体在地域上的全球覆盖，拓展了信息传播的广度和深度。

2. 投放信息更加精准，信息到达率高

当前，各式各样的社交媒体在信息传播方面有着超乎寻常的作用。任何新媒体在运行过程当中，必须具备一定的商业价值。新媒体能根据受众浏览的情况，对受众的关注倾向进行分析，进而得出受众有可能感兴趣的内容。例如，很多购物平台就看中大数据技术在新媒体传播中的应用，采取与网站合作的方式向受众推荐相关的商品，以增加浏览量和购买量；社交媒体会获取和整理受众的数据，并对这些数据进行详细分析，寻找受众潜在的消费需求，然后进行有针对性的投放。根据受众的浏览痕迹，新媒体既能够有针对性地拓宽自身的传播渠道，还能提升自身的商业价值，具有较强的实用性。

另外，新媒体传播不再强迫受众在传播者指定的时间接收信息，受众可以在任何时间上网查询相关报道。这和传统媒介按顺序播出、过时不候的传播方式相比，显然传播权再次从传播者手中转移到了受众手中，在高速的信息网络中实现信息到达率的最大化。同时由于庞大的、积极主动的受众群体，信息的快速传播也极大地提升了信息到达率，产生了传统媒体不可比拟的强有力的传播效果。

3. 传播秩序重建，话语权重新分布

新媒体传播"去中心化"的特点极大地改变了传统媒介环境，导致传播过程中媒介话语权的重新分布。传统媒体曾经拥有的强势的主导权被日益削弱，平民化、草根化、个性化主体的

作用越来越突显。

传播过程中传统的等级区分在平等的新媒体平台上不复存在，新媒体传播营造了更加平等的传播氛围，个体也拥有了更大的传播权力。以新媒体为中心的新传播秩序正逐渐被构建并完善起来，新传播秩序复杂、多层次、自由的特点更加明显，同时媒介之间的竞争也越发激烈。

4. "蝴蝶效应"明显，干扰强烈

新媒体传播呈现出明显的"蝴蝶效应"，具有互动性、开放性、主动性、跨地域性、草根性等特点，好的、正面的东西固然能积极传播，但新媒体更是危机的放大器，任何人都可通过新媒体发表意见，这使得危机传播的风险性成倍地放大。突发事件具有瞬间性、非预期性、破坏性等特征，处理得好可能转危为安，处理不当则会演变成一场严重危机。网络舆论发生的原因很多极为偶然，有时甚至是主观的推测。网络舆论容易呈现群体极端化的特征，从而很可能向不合理的极端方向发展，对社会造成不利影响。

知识链接

美国气象学家洛伦茨在实验过程中发现，由于误差会以指数级增长，所以随着时间的推移，一个微小的误差将会造成十分严重的后果，他称其为"蝴蝶效应"。通俗的解释是：南美洲的蝴蝶拍拍翅膀，结果可能使北美洲在几个月后出现一场龙卷风。今天，"蝴蝶效应"的内涵不断扩展，指对于一切复杂的系统，在一定的阈值条件下，其初值稍有变动或偏差，将导致未来结果的巨大差异，这往往是难以预测的或带有一定的随机性。

知识测验

一、不定项选择题

1. 传者中心论中最具有代表性的是（　　　）。

    A. 使用和满足理论 　　　　　　　　B. 魔弹论

    C. 两级传播论 　　　　　　　　　　D. 传授合一论

2. 新媒体时代涵化理论的内容有了新变化后，出现了哪些新的表现特征？（　　　）

    A. 受众对传统传播渠道的依赖性减弱

    B. 受众参与感增强

    C. 媒介与受众双向反馈

    D. 自我出发寻找认同

3. 新媒体受众需求逐渐呈现多元化，包括下列哪些选项？（　　　）

    A. 人际交往 　　　　　　　　　　　B. 环境监测

    C. 娱乐释压 　　　　　　　　　　　D. 自我认知

4. 新媒体受众创造出的重塑盈利模式包括（　　　）。

    A. 内容付费模式 　　　　　　　　　B. 增值服务模式

    C. 电商模式 　　　　　　　　　　　D. 广告流量变现模式

5. 新媒体传播的载体包括（　　　）。

    A. 微信　　　　　　　　　　　　B. 富媒体

    C. 人工智能　　　　　　　　　　D. 大数据

二、填空题

1. 新媒体传播理论的基本阶段包括_____阶段、大众传播阶段和_____阶段。

2. 新媒体受众心理包括社交心理、_____、_____和_____。

3. 新媒体受众行为以_____、_____、_____和群体极端化为特点。

4. 随着信息传播过程中各类要素的发展，受众逐渐从原本被动的地位中解脱出来，成为_____、传播者、_____、_____。

5. 常见的新媒体传播内容类型包括_____、_____和_____。

三、简答题

1. 传统媒体理论在新媒体时代下会有新的改变，请谈谈还有哪些受众理论在新媒体环境下有所延伸以及如何延伸。

2. 新媒体受众的管理还可以有哪些维度？请简要论述。

📖 技能实训 ●●●● · · ·

一、实训目标

1. 认知目标：能够通过讲解和讨论等环节掌握相应知识点。

2. 行为目标：能够初步了解用户画像，学会分析用户的不同属性。

3. 情感目标：能够初步形成独立思考能力和自主学习能力。

二、实训内容与要求

1. 教师说明实训目标、方式、要求，激发学生实训的主观能动性。

2. 教师介绍用户画像的概念、作用。

3. 教师建议3~5名学生为一组阅读下面的材料，并布置实训题目。

4. 所有学生相互评议，教师进行点评、总结。

    所谓用户画像，即用户信息标签化，通过收集与分析用户的主要信息数据，抽象出用户的商业全貌。用户画像能够帮助商家快速定位用户群体并了解用户需求，进行精准的广告投放，为活动选品、推广、促销及仓储安排等提供参考，进一步提高转化率及客单价。

    用户画像的作用包含以下3点。

    第一是用户分析。用户画像是了解用户的必要途径。早期可以通过用户调研和访谈的形式了解用户。在用户量扩大后，就可以辅以用户画像配合研究，方向包括新增的用户有什么特征，核心用户的属性是否变化，等等。

第二是广告精准营销。商家通过定义规则，将用户浏览、下单、消费等行为轨迹转化为标签，用标签将用户群体细分，辅以短信、推送、活动等手段，实施关怀、挽回、激励等策略。

第三是个性化推荐。商家将用户主动填写的信息转化为标签，通过算法建模，利用机器学习去预测用户的标签，做到精细化运营。

业内有很多创建用户画像的方法值得借鉴和学习，如"7步人物角色法""10步人物角色法"等。简单来说，构建用户画像可分为3步：数据采集、目标分析、数据建模。用户画像所采集的数据来自与所有用户相关的数据，用户数据划分为静态数据、动态数据两大类。用户画像的目标是通过分析用户行为，最终为每个用户贴上标签，明确该标签的权重。用户画像的模型可以详细描述为：什么用户，什么时间，什么地点，做了什么事。

用户画像一般按业务属性划分为多个类别模块。除了常见的人口属性、社会属性，还有消费属性、行为属性、兴趣属性等。用户画像包含的内容并不完全固定，行业和产品不同，关注的重点也不同。大部分互联网公司绘制用户画像时会包含人口属性，其中人口属性主要指用户的年龄、性别、所在的省份和城市、教育程度、婚姻状况、生育情况、所从事的职业等维度。

实训题目：分析阅读类网站、社交媒体、电商平台、金融平台等不同领域所需要的用户画像有哪些属性，以及每个属性包含哪些维度。

三、实训成果与评价

1. 成果要求

（1）形成分析报告：针对实训题目形成一份较为完整的分析报告。

（2）提交讨论记录：每组设组长1人、记录员1人，分析报告必须有小组各成员讨论的详细记录。

（3）撰写文字小结：内容可包括通过此次小组合作发现的不足之处和建议等。

2. 评价标准

（1）上课主动配合教师，积极思考并发言，拓宽分析问题的思路。

（2）认真阅读材料，积极参加小组讨论，分工合作较好。

（3）分析报告内容基本完整，能结合所学理论知识解答问题。

第3章 新媒体技术

2019年，媒体行业进入深度融合时期，互联网、大数据、云计算、5G、人工智能、AR/VR、区块链、物联网等技术为媒体产业打造了全新的想象空间。为加快先进技术在传媒行业的融合应用，促进融媒体产业生态闭环的形成与发展，由浙江日报报业集团联合有关部门举办的"2020中国（杭州）传媒技术生态高峰论坛"，于2020年9月在杭州召开。论坛邀请了全国传媒报业集团、浙江省各市区县宣传部、浙江省各市区县融媒体中心、全国优秀科技企业、权威科研院所、知名投资机构等共聚一堂，构筑起传媒、技术、专家、资本和政府的多方对话平台，探讨共建一个"生态共享、产品对接、资金支持和渠道推广"的产业生态闭环，做大做强整个媒体技术产业。

案例解读

2020年9月，"2020中国（杭州）传媒技术生态高峰论坛"召开，邀请了传媒行业及相当一部分新媒体行业人员，新旧媒体行业的分享与碰撞让新媒体技术在传媒行业里也能绽放异彩。技术推动着媒体融合进入新阶段，这需要转换新视角、实现深转型以应对瞬息万变的世界，唯有如此才能创造和传播好人民的艺术。在信息时代推进媒体融合发展，既要牢牢坚守内容这个根本，也要始终保持对新技术的敏感，用先进技术推动发展。

思考问题

从"2020中国（杭州）传媒技术生态高峰论坛"活动中，我们能够学习到什么？

3.1 新媒体技术引论

提到新媒体技术，首先必须明确数字媒体的概念。数字媒体是指将信息传播技术应用到文化、艺术、商业、教育和管理领域的科学与艺术高度融合的综合交叉学科，已成为信息社会中最新、应用最广泛的信息载体之一，几乎渗透到人们生活与工作的方方面面。新媒体技术是一门综合计算机技术、通信技术、视听技术和信息技术的技术，是信息社会发展的一个新方向。其涉及的关键技术及内容主要包括数字信息的获取与输出技术、数字信息存储技术、数字信息处理技术、数字传播技术、数字信息管理与安全技术等，同时包括在这些关键技术基础上综合而成的技术，例如，基于数字传输技术和数字压缩处理技术的流媒体技术，基于计算机图形技术的计算机动画技术，以及基于人机交互、计算机图形和显示等技术的VR技术。

3.1.1 新媒体技术的定义

如第1章介绍新媒体定义时所讲，目前世界范围内对于新媒体的定义还未统一，专家和学者们也是仁者见仁，智者见智。先前联合国教科文组织对新媒体的定义是，新媒体就是网络媒体，但随着时间的推移，这个概念得到了进一步的拓展与延伸。与传统媒体不同的是，新媒体一词极富弹性，是一个相对的概念。随着数字技术的飞速发展，几乎每隔几天就会出现一种新的媒体产品，这些产品未经定位就都被归入新媒体一类。因此，可以认为由现代信息技术促成的新的信息载体，就是新媒体。

新媒体技术作为一种新兴技术正得到方方面面的重视，甚至被誉为经济发展的新引擎。它包括图像、文字、音频、视频等各种形式，以及传播形式和传播内容的数字化，即信息采集、存取、加工、管理和分发的数字化过程。

🎓 知识小助手

数字媒体是以二进制数的形式记录、处理、传播、获取过程的信息载体，这些载体包括数字化的文字、图形、图像、声音、视频影像和动画等感觉媒体，用电子信息表示这些感觉媒体的逻辑媒体，以及存储、传输、显示逻辑媒体的实物媒体。在当今以数字媒体为主流的背景之下，新媒体的产生与发展更多得益于数字媒体技术的发展与支撑。如今的新媒体更应该是一个宽泛的概念，它是利用数字技术、网络技术，通过互联网、宽带局域网、无线通信网、卫星等传播渠道，以及计算机、手机、数字电视机等终端，向用户提供信息和娱乐服务的传播形态。因此，当今的新媒体应该被称为数字化新媒体，即数字新媒体。

▎3.1.2　新媒体技术的特征

数字媒体制作技术的发展与普及，正在引发内容制作方式的变革。今天的数字媒体制作技术已经能提供优质、简便的数字媒体制作与传播平台。各种数字摄录像机、数码录音笔等信息获取设备，各种数字媒体制作、处理软件，各种光盘、硬盘、磁带等大容量数字媒体信息的存储工具，以及各种网络技术和流媒体技术等数字媒体信息的传播手段，在不断丰富和提高数字媒体内容制作与发布的途径与水平的同时，使得数字媒体信息的制作和传播不再是诸如电视台、出版社和网站等专业部门的专利，而是每个爱好者都可以自己制作和发布相应的数字媒体作品。数字媒体传播和存储技术的广泛应用也使得新媒体信息传播的服务形式日趋多样化、多元化和个性化。电信网、广播网和计算机网络等数字媒体传播平台，由于技术的相互融合，使得它们都在不同程度上具备了原来电信网的点对点对称交换传输方式、广播网的点对面传输方式和计算机网络多点对多点传输方式的优点。正是这种技术上的融合，使得数字化电信网、广播网和计算机网络成为新媒体运营的技术基础。

新媒体技术给信息传播方式带来了深刻的变革。从信息传播方式的角度看，新媒体技术是计算机综合处理声音、文字、图像、视频信息的技术，具有以下3个特征：多样性、交互性、集成性。这也是区别于传统媒体技术的特征。

1. 多样性

（1）信息的多样性

人们对于信息的接收主要依赖于5种感觉，即视觉、听觉、触觉、嗅觉和味觉，其中前三者占了95%以上的信息量。借助于这些多感觉形式的信息交流，人们对信息处理达到了得心应手的程度。互联网将全世界的计算机和计算机网络连接起来，从而形成了一个巨大无比的数据库。互联网可以说是无所不包，互联网的信息量在理论上可以做到无限量。而传统媒体的容量有限，报纸有版面限制，广播和电视有播出时限。新媒体改变了以往媒体信息严格受控的局面，使信息的传播流通更为自由，改变了以往众多媒体地域性传播的特点，使传播的范围扩大至全球。只要有互联网，任何人在任何地点、任何时间都可以与其他人就任何形态信息进行沟通交流。新媒体的内容空间宽广无际，互联网传播的新闻信息可以实现全球共享。新媒体空间的开放性导致了传播地域上的全球覆盖。时间与空间的开放性导致了信息的海量存储，可以横向容纳世界各地的信息。世界上任一时间任一地点发生的任一事件，都有可能成为互联网中的信息并被广泛传播。互联网的普及为世界各个角落的机构和个人获取信息、输出信息提供了前所未有的便利。

（2）处理方式的多样性

数字媒体计算机在处理输入的信息时，会根据人的构思、创意来对信息进行变换、组合和加工处理，极大地增强了信息的表现力，达到更生动、活泼和自然的效果。这些加工处理不仅包括对信息数据的处理，还包括对设备、工具和网络多种要素的重组和混合，其目的都是更好地组织、处理信息，从而更全面、生动、多角度地表现信息。

报纸通过纸质媒介利用文字和图片传递新闻，广播以声音发送信息，电视借助声画播放节目。新媒体则兼容了文字、图表（片）、声音、动画、影像等多种传播手段保存信息、表现信息、发送信息。由于运用了综合处理文字、图形、声音和图像的多媒体技术，新媒体将传统媒体的长处集于一身。对于用户来说，信息最终以何种媒体形式出现，是文字、图片、声音还是影像，完全由用户根据信息的内容、自己的爱好及接收条件自行决定。

网络传播的多媒体特点最大限度地实现了各种传播形式的"兼容并包"，丰富了新闻传播的手段。用户也有了较大的选择自由，他们可以选择有字无声、有声有像、图文并茂等多种形式，使各种感官得以充分调动。与报纸对信息的处理是传统的文本形式不同，新媒体是通过多媒体展示，是以节点为单位的超文本呈现。报纸对信息的处理是以线性形式进行组织的传统文本，而网络传播是建构在超文本、超链接之上的全新传播模式，它不是以字符，而是以节点为单位组织各种信息的。一个节点是一个"信息块"，节点内的信息可以是文本、图像、动画、声音或其组合。网络传播在组织信息时采用网状结构，节点间通过关系链加以连接，从而构成表达特定内容的信息网络。它对信息的存储主要按照交叉联想的方式，从一处迅速跳到另一处，打破了原本系统只能按顺序、线性存取的限制。它有良好的编辑功能，可以进行多窗口编辑，使得新媒体编辑可以方便地编辑更多元素。

2. 交互性

交互性是指用户和设备之间的双向沟通。用户使用键盘、鼠标、触摸屏、话筒等多种设备与计算机进行交互，这种新的交互方式为用户提供了更加有效地控制和处理信息的手段，使用户可以改变信息的组织过程，加深对信息的理解，从而获得更多的信息，形成一种全新的信息传播方式。

交互式传播是新媒体的本质，也是新媒体与传统媒体的根本区别之一。在交互式传播中，人与计算机、人与人之间处于相互对话和交流的状态。尤其是伴随着互联网和移动通信技术的高速发展，交互式传播平台日益多元化，人们可以通过各种便携式的智能终端实现即时的在线互动。

　　交互式传播改变了传统媒体单向、被动的传播结构，赋予了网络用户极大的自主权。在互联网的世界中，网络用户不再是被动的信息接收者，他们不仅可以自由地选择阅读、收听和观看内容，还可以随心所欲地发表评论，与其他网络用户沟通互动，甚至可以自主地生产和传播内容。交互式传播作为新媒体最为关键和核心的特征，启示着传播者无论在新闻内容的生产与传播上，还是在营销传播的创意与呈现上，都要想方设法地去扩大和创新这一特征，只有这样，传播者才能领会新媒体的实质并运用好新媒体。

　　传统媒体传播是"点对面"的单向线性传播，而新媒体传播是交互式传播。尽管传统媒体有时也有一些互动，但不像新媒体一样是一种常态，不如新媒体互动得便捷。传统媒体与受众的互动主要是通过热线电话、来访、来信等，而有了新媒体，受众通过互联网发表自己的见解更为便捷、成本更低廉，草根话语权获得了前所未有的尊重。网络的交互性体现在很多方面，比如QQ聊天、BBS，又如互联网的新闻标题常常在末尾突出显示"评""网友签名"等字眼，网友单击一下，即可在弹出的页面上针对此条新闻或标题发表言论。某些重要的新闻事件，网友还可以实时地在线提问和交流。传统媒体虽然也可以开办"热线"等栏目，但互动性有限。网络的互动性是网络上信息发布的低门槛和信息传播方式的灵活性所带来的直接结果。

　　互动性不仅仅体现在传受双方交流的增强，还体现在整个信息形成过程的改变。在一个真正互动的环境中，信息不再依赖于某一方发出，而是在双方的交流过程中形成。也可以这样说，网络上不再有信息传播控制者，而只存在信息传播参与者。在传统媒体的传播理念中，传播者和受众是严格区分的，而新媒体的受众除了可以在极大的范围内选择自己需要的信息，还可以参与信息的传播。有些实时发生的事件都是受众首先发布的。新媒体最大的吸引力就是受众的主导性、自主性得到了空前的增强，以至于有人认为新媒体中没有受众，只有"用户"，因为受众总是意味着被动。与此同时，网络的互动性不只体现为网站与用户的互动，用户之间的互动也是其中的一个重要部分。

　　总的来说，新媒体技术的总体特征是它的消解力量，新媒体正在消解信息传播者与受众之间的界限，正在消解电视、广播、报纸等传统媒体之间的界限，正在消解国家之间、产业之间、社群之间的界限。

3. 集成性

　　新媒体技术的集成性是指将不同形式的媒体综合起来，共同表示某个内容，并根据传播的需要由受众集中控制各种媒体的演示方式，从而取得更佳的传播效果。也就是说，新媒体技术对各种不同电子信息的集成，即把声音、文字、动态图像等有机地集成在一起，把结果综合表现出来，使展示内容能够更加生动形象。例如，要展示自然界中碳的循环过程，传播者可以根据受众的年龄特点，将所要展示的内容配以相应的动画和声音，以动态的图像表现出来，让受众在观看的同时产生兴趣，从而将知识更好地传播给受众。

课堂微讨论

　　除了多样性、交互性和集成性，请思考新媒体技术在日常应用中还表现出哪些特征？

3.1.3 新媒体技术对传统媒体的影响

新媒体技术对传统媒体的影响是非常巨大的。在延续传统媒体生命力的同时，新媒体技术也开始对传统媒体有所渗透。传统媒体虽然存在一些传播劣势，但其仍然是未来一段时间的主流且难以取代，毕竟传统媒体的内容优势短时间内不可动摇，而人们对传统媒体信息质量的信任也是其能长期受到青睐的根本原因。对于一种媒体而言，大众化才能主流化，即只有被大多数人接受的媒体才能被称为社会的主流媒体。

1. 互动多元化

互动多元化体现在适当对网络和手机的特点进行借鉴和移植，这有利于电视、广播和报纸更好地在信息时代生存和发展。针对新媒体的互动性，电视和广播均可以通过插播热线或制作互动专题来实现，即使互动性最差的报纸也有许多提升的途径。例如，现在各大报纸均将读者有奖提供线索的热线新闻作为社会栏目的一个重要组成部分，此外还引入一些读者直接参与的评论栏目，并以此与网络进行竞争；谈话类栏目也是报纸的一种大胆尝试，其利用自身相较于新媒体更高的信息公信力和权威性，弥补信息传播时效性差和互动不够深入的弱点，等等。

2. 技术智能化

许多传统媒体借助新的数字化技术实现了从传统媒体向新媒体的转变。以电视为例，传统的电视是模拟电视，随着数字技术的发展，模拟电视逐渐发展为智能电视。智能电视的应用系统不断地更新迭代，其功能正迅速成为大多数新电视型号的标准功能，智能电视现在也正成为极具竞争力的视频流平台，具有稳定、流畅的用户界面，定期更新的操作系统，并支持广泛的流媒体视频服务。长期以来，人们在访问电视屏幕上的流媒体视频方面有着广泛的选择，许多人选择使用外挂媒体流或媒体盒。然而，智能电视本身现在正日益成为首选的接入点，这在很大程度上要归功于现代第一和第三方电视流媒体平台的出现，及其带来的用户界面和性能的改进。

👥 案例小分享

2023年7月12日在湖南长沙举办的"2023中国新媒体大会"上，"智能化"成为与会人士热议的媒体融合新趋势。AI技术的新应用、"媒体+新场景"等内容，吸引了众多参观者。参观者扫脸便可"走进"十多米长的数字图卷，沉浸式感受历史文化；设定主题、轻点鼠标，AI系统便能自动生成文稿、匹配图片，并进行精准推送。

作为大会主题活动之一的新媒体技术展上，国家重点实验室、主流媒体、科技企业及视频文创园区等参展机构带来了"数字人""媒体+大模型"等一项项融合新技术。高三毕业生张芊和父亲一起逛展，并体验了"AI生成文章"等互动项目，她说："我今年报考了数字媒体专业，这些智能产品和前沿技术让我开拓了视野，对新媒体行业更加向往了。"不少与会人士表示："主流媒体应积极拥抱5G、元宇宙、生成式AI等新技术，加快推进智能化、数字化转型，拓展更多应用场景，用人们喜欢的方式打开内容创新的广阔空间。"

3. 印刷数字化

借助新媒体技术，传统的印刷媒体也进行着蜕变：在信息的生产和处理方式上由模拟流程转向数字流程，媒体呈现方式由物理媒体转向数字媒体，存储方式由仓库存储转向高密数字存储，传输方式由交通传输转向数字网络传输。在工艺上，柔性彩色显示器、金属薄膜卷轴式柔性显示器等，都可以以电子纸张的形式随时随地显示各类文字图像，方便读者阅读，并逐渐改变着人们的阅读习惯。数字化技术对传统媒体的影响在于从根本上改变了信息的传播形态，也就是改变了近代几百年来报纸的阅读模式和流程规则，使读者能够将报纸随身携带看、听、写，进行双向互动，读者获取的信息量更大。

(3.2) 常见的新媒体技术

伴随着音视频技术、计算机技术、互联网技术的发展，作为一个由多领域技术交叉发展、融合创新所产生的结晶，新媒体技术推动着媒体和人们使用媒体方式的革新，成为社会文化不可或缺的一部分。新媒体技术也是理解新媒体理念和发展形态的重要线索之一。

3.2.1 新媒体信息处理技术

新媒体信息处理技术可以根据需要对新媒体信息的表现形式和表现内容进行转换，主要包括媒体信息数字化技术、数字信息压缩编码技术，以及数字媒体信息特征提取、分类与识别技术等。在各种数字媒体信息中，拥有较大数据量且具有代表性的文字、图像、音频及视频信息的处理技术，是数字信息生成与处理技术的主要内容。

数字语音处理技术也是数字音频处理技术的一个重要研究与应用领域，特别是语音合成、语音增强和语音识别技术。同样，图像识别技术也是数字媒体系统中广泛应用的技术，特别是汉字识别技术和人类生理特征识别技术等。计算机动画技术是以计算机图形技术为基础，综合运用艺术、数学、物理学、生命科学及人工智能等学科和领域的知识来研究客观存在或高度抽象的物体的运动表现形式。

🎓 知识小助手

计算机图形技术几乎在所有的数字媒体内容及系统中都得到了非常广泛的应用，它是利用计算机生成和处理图形的技术，主要包括图形输入技术、图形建模技术、图形处理与输出技术等。

3.2.2 新媒体信息传输技术

新媒体信息传输技术作为传输数字媒体信息的主要手段，体现了新媒体与传统媒体单一传输渠道相比迥然不同的多渠道传输特征。新媒体信息传输技术有机融合了计算机网络技术和现代通信技术，将数字信息内容传输给终端，为受众提供无缝连接的服务。新媒体信息传输技术主要包括数字通信网、计算机网络和无线移动技术等。

视野微拓展

下一代网络（Next Generation Network，NGN）是下一代网络技术的代表，具有通用移动性，其业务相关功能与其传送技术相独立。NGN以软交换为核心，能够提供语音、视频、数据等多种数字媒体综合业务。支撑NGN的关键技术主要有IPv6、光纤高速传输、光交换与智能光网、宽带接入、城域网、软交换、3G和4G移动通信系统、IP终端、网络安全等。

3.2.3　新媒体移动通信技术

在数字技术进步、经济发展和用户需求的共同推动下，移动通信技术在短时间内实现了跨越式的发展，从采用模拟技术的单基站大功率系统到数字蜂窝移动系统、卫星移动通信系统，从本地通话到全国和国际漫游，从单纯提供语音服务到提供多媒体等。随着计算机网络的发展，5G技术已经得到广泛的应用。第五代移动通信技术（5th Generation Mobile Communication Technology，简称5G）是具有高速率、低时延和大连接特点的新一代宽带移动通信技术。5G通信设施是实现人机物互联的网络基础设施。根据工业和信息化部数据，截至2022年5月底，5G应用覆盖国民经济40个大类，在全国200余个智慧矿山、1000余家智慧工厂、180余个智慧电网、89个港口、超过600个三甲医院项目中得到广泛应用。

国际电信联盟（International Telecommunications Union，ITU）定义了5G的三大类应用场景，即增强移动宽带（Enhanced Mobile Broadband，eMBB）、超高可靠低时延通信（Ultra-reliable Low-latency Communication，URLLC）和海量机器类通信（Massive Machine Type of Communication，mMTC）。增强移动宽带主要面向移动互联网流量爆炸式增长，为移动互联网用户提供更加极致的应用体验；超高可靠低时延通信主要面向工业控制、远程医疗、自动驾驶等对时延和可靠性具有极高要求的垂直行业应用需求；海量机器类通信主要面向智慧城市、智能家居、环境监测等以传感和数据采集为目标的应用需求。

3.2.4　新媒体信息安全与版权技术

数字媒体数据库技术、信息检索技术与信息安全技术是对数字媒体信息进行高效的管理、存取、查询，以及确保信息安全性的关键技术。新媒体信息资源的检索技术趋势是基于内容的检索技术。基于内容的检索突破了传统的基于文本检索的局限，直接对图像、视频、音频内容进行分析，抽取特征和语义，利用这些内容特征建立索引并进行检索。目前基于内容的检索技术主要有基于内容的图像检索技术、基于内容的视频检索技术，以及基于内容的音频检索技术等。

保证新媒体信息安全的主要目的在于保证信息安全、保护和认证知识产权等。新媒体信息安全主要应用的技术是数字版权管理技术和数字信息保护技术。也就是说，新媒体技术还为数字媒体信息的商业化流通提供了技术基础。

3.3 新媒体新型智能技术

新媒体时代同时也是大数据时代，新媒体新型智能技术在大数据时代扮演着非常重要的角色，接下来将重点讲述大数据、云计算、人工智能和物联网等新型智能技术。

3.3.1 大数据

大数据和人们的生活息息相关，很多企业已经运用了大数据技术，如淘宝、京东、苏宁易购等线上购物平台。随着科学技术的进步，数据统计和数据分析越来越精准，能对用户的购买习惯、爱好等进行分析并进行个性化的页面展示。虽然每个用户的客户端界面相同，但利用大数据技术，企业能向用户推荐符合其偏好的风格。这些都是大数据在营销方面的一场华丽的表演。

视野微拓展

随着人类所存储信息量的增长和计算机数据处理能力的增强，大数据时代已经来临，2013年被许多国外媒体和专家称为"大数据元年"。最早提出大数据时代到来的全球知名咨询公司麦肯锡认为，数据已经渗透当今每一个行业和业务职能领域，成为重要的生产要素，"数据即信息"已成为大数据时代的共识。

随着计算机技术全面融入社会生活，人类所存储的信息量已经积累到一个可以引发变革的程度。世界上充斥着比以往更多的信息，而且信息的增长速度也在加快。信息总量的变化还导致了信息形态的变化——量变引发质变。最先经历"信息爆炸"的学科，如天文学和基因学，创造出了"大数据"这个概念。大数据并非一个确切的概念。这个概念最初是指需要处理的信息量过大，已经超出了一般计算机在处理数据时所能使用的内存量，因此，工程师们必须改进处理数据的工具。这导致了新的处理技术的诞生，例如，谷歌的MapReduce和开源平台Hadoop（最初源于雅虎），这些技术使得人们可以处理的数据量大大增加。大数据是人们获得新的认知，创造新的价值的源泉；大数据还是改变市场、组织机构，以及政府与公众关系的方法。

数据规模并不是定义大数据的唯一维度，国际数据公司（IDC）认为"大数据"应该具备4个特征，可概括为4个"V"，即海量的数据规模（Volume）、快速的数据流转（Velocity）、多样的数据类型（Variety）和价值密度低（Value）。

1. 海量的数据规模

2012年，IDC为大数据设立的标准中就确定数据体量需在100TB以上。可以预见的是，数据规模会越来越大，大数据的体量也会越来越大，衡量标准会从TB级别跃升到PB、EB乃至ZB。

🎓 **知识小助手**

GB，TB，PB，EB，ZB的换算：
1024 GB=1 TB，1024 TB=1PB，1024 PB=1EB，1024EB=1ZB。

2. 快速的数据流转

海量的数据处理、大海捞针式的价值筛选，需要不同于传统数据处理的手段与方法。因此，大数据处理与云计算、"分布式"技术的使用紧密相关，三者适用于秒级定律（或称"一秒定律"），一般要求在秒级时间范围内给出分析结果，时间太长就会失去可用的价值。这与传统的数据挖掘技术有着本质的区别。

3. 多样的数据类型

相较于传统数据多以文本数据为主要类型，大数据的数据类型更为多元化，其包含了网络日志（见图3-1）、图像数据（见图3-2）、文件数据和各种复杂的记录信息等。

图3-1 网络日志

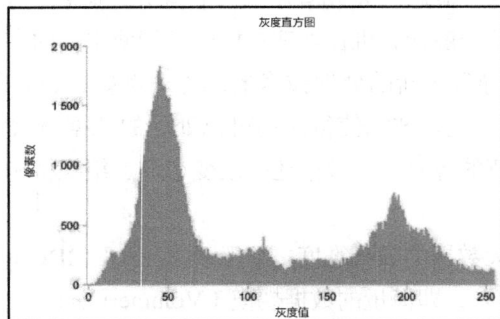

图3-2 图像数据

4. 价值密度低

大数据多为非结构化或半结构化的数据，利用传统的分析手段对其进行分析利用时会遇到实践成本过高、难以利用的问题。以视频为例，在连续不间断监控过程中，有用的数据可能仅仅有一两秒，如何进行有效性的筛选和加工处理，就成为利用大数据技术的关键。

大数据的"4V"特征告诉我们一个最为直接的道理：执着于精确性是信息缺乏时代和模拟时代的产物。就现实而言，有研究表明，只有5%的数据是有框架的，适用于传统数据库的数据处理技术和价值挖掘框架，剩下95%的元框架数据都无法被利用。已有的大数据研究实践表明，在对于实际状况的解释力和把握力方面，大数据的模糊算法比小数据的复杂算法更有效、更全面、更深刻。

知识小助手

　　结构化数据，即行数据，是存储在数据库中可以用二维逻辑表来表现的数据，如企业ERP系统、医疗HIS数据库、教育一卡通、政府行政审批、其他核心数据库等。应用这些数据需要满足高速存储需求、数据备份需求、数据共享需求及数据容灾需求。

　　非结构化数据，即不方便用数据库二维逻辑表来表现的数据。它包括所有格式的办公文档、文本、图片、音频和视频等。

　　半结构化数据，就是介于结构化数据和非结构化数据之间的数据。HTML文档就属于半结构化数据。它一般是将自描述的数据的结构和内容混在一起，没有明显的区分，包括邮件、HTML、报表、资源库等，其典型应用场景如邮件系统、Web集群、教学资源库、数据挖掘系统、档案系统等。这些应用对数据存储、数据备份、数据共享及数据归档提出了基本的需求。

3.3.2 云计算

　　2006年8月，谷歌前首席执行官埃里克·施密特在搜索引擎大会上首次提出了"云计算"概念。2009年，美国国家标准与技术研究院（National Institute of Standards and Technology，NIST）进一步丰富和完善了云计算的定义和内涵。NIST认为，云计算是一种模式，能以泛在的、便利的、按需的方式通过网络访问可配置的计算资源，这些资源可实现快速部署与发布，并且只需要极少的管理成本或服务提供商的干预。根据NIST的定义，云计算具有按需自助服务、宽带网络访问、资源集中、快速伸缩性、可计量的服务等5项基本特征。

　　NIST定义的3种云服务方式是：基础设施即服务（Infrastructure as a Service，IaaS），为用户提供虚拟机或者其他存储资源等基础设施服务；平台即服务（Platform as a Service，PaaS），为用户提供包括软件开发工具包、文档和测试环境等在内的开发平台，用户无须管理和控制相应的网络、存储等基础设施资源；软件即服务（Software as a Service，SaaS），为用户提供基于云基础设施的应用软件，用户通过浏览器等就能直接使用在云端上运行的应用。

　　云计算能够提供可靠的基础软硬件、丰富的网络资源、低成本的构建和管理能力，是信息技术发展和服务模式创新的集中体现。在云计算模式下，软件、硬件、平台等信息技术资源以服务的方式提供给使用者，可有效解决政府、企事业单位面临的机房、网络等基础设施建设和信息系统运维难、成本高、能耗大等问题，改变传统信息技术服务架构，推动绿色经济发展。云计算引发软件开发部署模式的创新，并为大数据、物联网、人工智能等新兴领域的发展提供基础支撑，催生出强大的产业链和产业生态，将重塑新一代信息技术产业格局。

3.3.3 人工智能

人工智能是一门高速发展中的多学科交互融合的前沿科学。人工智能通过控制、信息论和计算机科学等工程科学，以及神经生理学、心理学和语言学等多个学科而发展起来。人工智能的最终目标是让机器能够独立思考，达到人类的智力水平，从而完成许多人类难以完成的任务。人工智能的强大活力在于能以工程技术的形式在实际生活中得到应用。1956年，达特茅斯会议期间，人工智能一词首次被提出。在过去较长的时间里，人工智能的发展面临着许多的困难与挑战。进入21世纪，随着数学理论的不断发展和计算机硬件性能的巨大提升，尤其是近10年来网络技术的飞速发展，人工智能高速成长和壮大。随着第四次工业革命的到来，人工智能将成为其主要推动力量，研究者们坚信，人工智能的未来一片光明。

案例小分享

从行业作业性质看，人工智能在物流行业的应用前景可观，首先物流行业有丰富的场景，其次有大量重复的劳动，最后物流作业的高效离不开数据规划与决策，而这些因素都是和人工智能的应用相匹配的。如今，我们也不断看到领先企业在人工智能方面的研发与应用。随着国家发力推进新基建，人工智能的发展前景可期。那么，具体到物流领域，人工智能究竟有哪些落地场景？下面从表单处理、库存盘点、无人驾驶、无人机配送、客服等环节进行梳理。

1．表单处理

物流行业有许多表单、文档数据，人工智能中的计算机视觉和深度学习就可以在这一场景中应用。腾讯云的OCR（Optical Character Recognition，光学字符识别）技术通过计算机视觉结构化识别表单内容，能够快速便捷地完成纸质报表单据的电子化，大幅减少人工输单引入的错误；对文档扫描件或者图片中的印章进行位置检测、内容提取，实现自动化一致性比对；独有的手写文字识别技术可以精准识别出手写文字、数字、证件号码、日期等，实现带有手写文字的扫描件或图片数字化处理。

目前，中国外运股份有限公司（简称中外运）、顺丰速运等均有与腾讯云合作应用该技术。以中外运的北京奔驰进口报关业务为例，因为零部件的单据非常复杂，一个零部件涉及的单据可能有100多页，以往一页一页地录入，4个人要花一周时间，如今应用了OCR技术，一个人40分钟就可以解决，且录入准确率极高。

2．库存盘点

库存盘点是仓储管理的重要一环。在保证盘点的准确高效方面，人工智能同样可以提供助力。一汽物流就与百度云合作，运用无人机航拍取代人工盘点。简单来说，所谓无人机取代人工，就是无人机获取图像数据，基于视觉识别技术模型进行自动分析并快速识别子库区，将库内汽车数量、车辆所在的车位号与库存系统进行实时对比。如果实际数量与库存数量不吻合，将对异常数据进行提醒，实现库存自动盘点。经过多次的训练，无人机的识别率可接近100%。

此外，无人机还有报警、提示等功能，当实拍图与从库存系统获取车辆位置信息形成的图示有差异时，将会第一时间提示工作人员查漏补缺，避免产生重大损失。

3．无人驾驶

运输是物流的重要一环，人工智能在该环节的应用也表现在多个方面，如无人驾驶、车队管理、智能副驾等。以为人熟知的无人驾驶为例，要实现无人驾驶，必须依靠感知、处理及执行3个环节，这均离不开人工智能。

4．无人机配送

配送是货物流动过程的最后环节，也是物流链条上人力资源投入最多的环节。目前，在这一环节，常见的科技创新是无人机与无人车配送。亚马逊于2013年提出的PrimeAir业务，将无人机引入物流领域。国内顺丰速运、京东快递、中通快递等企业也纷纷跟进。2019年5月，中外运敦豪国际航空快件有限公司与亿航智能签署战略合作协议，并发布了国内首个全自动智能无人机物流解决方案。

当时运用的是亿航天鹰物流无人机进行派送。该机型采用4轴8桨多旋翼结构、全备份多冗余设计、智能安全飞控算法，可实现垂直起降、视觉识别精准定位、智能规划航线、全自动飞行、实时联网调度，最大可载重5千克的快递包裹，可将单程派送时间从40分钟大幅缩短至8分钟。

5．客服

以言语理解为核心的认知智能研究也是人工智能领域的核心研究之一，其目标是让机器具备处理海量语音内容和理解自然口语的能力，并在此基础上实现自然的人机交互。在日常生活中，小度、小爱等都是代表案例。而在物流行业当中，其可以应用的场景之一是客服。长期以来，客服的人员流失率较高，为此各大企业都在打造智能客服系统。以"三通一达"、顺丰和美团、饿了么为主的公司均已上线了语音和文字智能客服，其服务覆盖80%以上的终端消费者。此外，菜鸟也曾发布语音助手这一产品。

以圆通速递为例，其在2017年相继在官网、微信等渠道上线国内版智能在线机器人客服，以代替或协助人工在线客服完成客户服务工作，在一定程度上解决了客服用工成本高、服务时间难以满足客户需求的问题。相关资料显示，圆通速递高峰期每日电话呼入量超200万次，需要5000名人工在线客服处理；在配备智能在线机器人客服后，高峰期90%以上的电话呼入可通过智能在线机器人客服处理，其日均服务量超30万次，每秒可处理并发呼入量超1万次，在控制成本的前提下极大地提升了人工效率。

3.3.4　物联网

1．物联网的发展

"物联网"一词起源于1999年的美国麻省理工学院Auto-ID实验室，其最早明确提出物联网的概念，认为物联网就是将所有物品通过射频识别等信息传感设备与互联网连接起来，实现智能化识别和管理的网络。此时，物联网技术仅限于射频识别和互联网。随后物联网不断发展，世界各国和地区对其给予高度关注，纷纷发布物联网战略，将物联网作为重点发展领域。我国政府也积极推动物联网发展，2011年11月，工业和信息化部印发《物联网"十二五"发展规划》，明确了物联网发展的方向和重点，加快培育和壮大物联网发展。2013年2月，国务院发布了《国务院关于推进物联网有序健康发展的指导意见》，明确了发展物联网的指导思想、基本原则、发展目标、主要任务和保障措施。随着物联网不断发展，其技术体系逐渐丰富。

2021年7月13日，中国互联网协会发布了《中国互联网发展报告（2021）》，物联网市场规模达1.7万亿元，人工智能市场规模达3031亿元。

2021年9月10日，工业和信息化部等八部门印发《物联网新型基础设施建设三年行动计划（2021—2023年）》，明确到2023年年底，在国内主要城市初步建成物联网新型基础设施，社会现代化治理、产业数字化转型和民生消费升级的基础更加稳固。

2．物联网的技术体系

物联网技术体系一般包括信息感知、传输、处理及共性支撑技术。物联网产业主要涵盖物联网感知制造业、物联网通信业和物联网服务业。

3．物联网的价值

物联网作为新一代信息技术的高度集成和综合运用，具有渗透性强、带动作用大、综合效益好的特点，是继计算机、互联网、移动通信网之后信息产业发展的又一推动者。物联网的应用和发展，有利于促进生产生活和社会管理方式向智能化、精细化、网络化方向转变，极大地提高社会管理和公共服务水平，催生大量新技术、新产品、新应用、新模式，推动传统产业升级和经济发展方式转变，并将成为未来经济发展的增长点。

案例小分享

2018年，菜鸟曾宣布全面启动物联网战略，并向全行业发布了全球首个基于物流物联网的"未来园区"。这是物联网、边缘计算和人工智能等前沿技术第一次在物流领域的大规模应用，"未来园区"可以识别每一个烟头、监控每一个井盖，实时保障园区安全、高效运转。

2021年，京东快递披露，其已建成的5G智能园区，通过5G+高清摄像头，不仅可以实现人员的定位管理，还可以实时感知仓内生产区的拥挤程度，及时进行资源优化调度。5G与物联网的结合，可对园区内的人员、资源、设备进行协同管理，还可帮助园区智能识别车辆，并智能引导货车前往系统推荐的月台进行作业，让园区内的车辆更加高效有序。这中间同样是以人工智能技术为底层依托的。

知识测验

一、不定项选择题

1．新媒体技术的形式包括（   ）。
   A．视频　　　　　　　　　　　　　　B．音频
   C．图像　　　　　　　　　　　　　　D．文字

2．新媒体技术的特征包含（   ）。
   A．多样性　　　　　　　　　　　　　B．交互性
   C．独立性　　　　　　　　　　　　　D．集成性

3．新媒体技术的多样性是指（   ）。
   A．信息多样　　　　　　　　　　　　B．处理方式多样
   C．介入方式多样　　　　　　　　　　D．获取方式多样

4．常见的新媒体技术不包括（   ）。
   A．新媒体信息处理技术
   B．新媒体增值技术
   C．新媒体信息传输技术
   D．新媒体移动通信技术

5. 人工智能技术是一门高速发展中的多学科交叉融合的前沿科学。人工智能的最终目标是（　　　），达到人类的智力水平，从而完成许多人类难以完成的任务。
   A. 让机器能够独立思考　　　　　　B. 取代人类
   C. 方便人类生活　　　　　　　　　D. 发展社会

二、填空题

1. 新媒体技术的主要特征是_____、_____、_____。
2. 新媒体技术是一门综合_____、_____、_____和信息技术成果的技术，是信息社会发展的一个新方向。
3. 数字媒体信息资源的检索技术是基于_____。
4. 许多传统媒体借助新的_____实现了从传统媒体向新媒体的转变。
5. 保证新媒体信息安全的主要目的在于_____、_____和_____等。

三、简答题

1. 简述大数据具备的4个特征。
2. 举例新媒体技术在生活中实际应用的案例。

📖 技能实训

一、实训目标

1. 认知目标：能够通过讲解和讨论等环节掌握相立知识点。
2. 行为目标：能够初步了解人工智能技术在新媒体产品中的应用。
3. 情感目标：能够初步形成独立思考能力和自主学习能力。

二、实训内容与要求

1. 教师说明实训目标、方式、要求，激发学生实训的主观能动性。
2. 教师介绍人工智能技术在新媒体产品中的应用实例。
3. 教师建议3～5名学生为一组阅读下面的材料，并布置实训题目。
4. 所有学生相互评议，教师进行点评、总结。

> 近年，新媒体依靠人工智能技术取得了空前的发展，对新技术的把控和应用是新媒体发展的一大特色。利用好人工智能技术，能够帮助媒体工作者更好地掌握新媒体发展的方向，把握住发展的良好机遇，取得更多的新媒体市场占有率。
>
> 人工智能技术让媒体生产自动创意化。人工智能技术可以自动编辑简单的新闻文字，信息采集更为全面快捷，翻译与转换可同步进行；随着技术进一步发展，虚拟主播、虚拟演播室、集成机器人也将会更普遍地应用到一些简单的交流场景中。如新华社推出的写作机器人"快笔小新"、封面新闻与阿里云合作的写稿机器人"小封"，它们

都可以进行简单的人工智能写作；人民日报打造的"中央厨房"系统平台、科大讯飞推出可实现中英离线互译的"晓译翻译机"等，则可帮助记者快速编写深度新闻。

人工智能技术让媒体分发个性精准化。不论是媒体内容机构想要获得更多用户青睐、取得更大商业效益，还是用户想要从大量信息中获取内容，都需要个性化推送来实现。现阶段智能分发技术已经可以做到通过分析用户属性进行个性化推送，大大节省人工分发时间，使分发更有针对性和效率。例如，今日头条建立了高并发、高可用、低延时的大规模推荐系统，引入"算法排序""人工运营""A/B test+投票"等机制；快手的智能推荐技术深入产品应用，在视频生产、广告推荐等多方面均有应用。

人工智能技术帮助新媒体产品提升用户使用体验。目前，新媒体产品想要得到用户的欢迎，首先要做的就是了解用户的爱好，提升用户的使用体验。新媒体产品会将算法与内容相结合，基于用户兴趣进行内容推荐，这样用户就会对该新媒体产品产生一定的认同感和依赖心理，更多地使用该产品来阅读内容。

实训题目：认真阅读材料，根据材料交代的人工智能技术给新媒体带来的好处、在新媒体应用中存在的弊端及在新媒体产品中的其他应用，深入了解新媒体依靠人工智能技术取得的发展。

三、实训成果与评价

1. 成果要求

（1）形成分析报告：针对实训题目形成一份较为完整的分析报告。

（2）提交讨论记录：每组设组长1人、记录员1人，分析报告必须有小组各成员讨论的详细记录。

（3）撰写文字小结：内容可包括通过此次小组合作发现的不足之处和建议等。

2. 评价标准

（1）上课主动配合教师，积极思考并发言，拓宽分析问题的思路。

（2）认真阅读材料，积极参加小组讨论，分工合作较好。

（3）分析报告内容基本完整，能结合所学理论知识解答问题。

第4章

新媒体文案策划与写作

案例导入

6月15日晚，"点亮网络文明之光"2023年网上主题宣传活动在福建厦门启动。此次活动旨在汇聚亿万网民向善向上力量，点亮网络空间的文明之光，营造良好的网上舆论氛围，在全国范围掀起网络文明新风。当晚，主题片《光·有你》正式发布，展现新时代网络文明力量。

启动仪式上，中央网络安全和信息化委员会办公室相关负责人指出，网络文明日益成为中国特色社会主义文化建设的新兴领域和重要内容，对推动文化繁荣、建设文化强国的意义和作用更加凸显。必须以敬畏历史、敬畏文化的虔诚态度，以守正不守旧、尊古不复古的进取精神，以无愧于前人、不负于时代的使命意识，以过去未去的历史自信和未来已来的历史主动，把加强网络文明建设作为建设中华民族现代文明的一项重要任务。

有人在传统文化的富矿中"寻宝"，把中华民族千载光华带进当下；有人跨海寻根，用中华本色唱响两岸情深；有人在大山深处竞技，通过网络让一场场"村BA"火爆全网；有人用网络普法，在人民心里种下防诈的种子；有人在茫茫网络中发声，用犀利言语讲出不一样的中国故事……传播网络文明火种、带头维护网络文明生态，发出传播网络文明的"最强音"。

案例解读

网络文明建设是一项涉及面广、综合性强的系统工程。建设网络文明，是构建网络强国和网络空间命运共同体的重要途径。网络空间是人们共同的活动空间，网络空间前途命运应由世界各国共同掌握。加强优质文化产品的数字化生产和网络化传播，推动各国、各地区、各民族网上文化交流互鉴等系列举措，是尊重世界文明的多样性、寻找与各国利益的交汇点、凝聚共建共享的强大合力、共同担当网络空间协同共治的责任使命。

思考问题

1. 创建网络文明在当今社会的意义是什么？
2. 作为当代大学生，应该如何为创建网络文明尽一份力？

4.1 新媒体文案认知

4.1.1 新媒体文案的概念

新媒体文案，从广义上讲是指语言文字、创意想法、图片，从狭义上来讲是指标题或者副标题、活动主题、广告语。

文案是广告的一种表现形式。文案来源于广告行业，是广告文案的简称，也是企业为达成商业目的所采取的手段。目前，广告界的文案有广义与狭义之说。广义的文案是指广告作品的全部，包括广告的语言文字、图片、创意等。狭义的文案仅指广告作品中的语言文字部分，如广告的标题、副标题、广告语、活动主题的文字等。

新媒体文案是基于新型媒体（移动互联网媒体）而输出的广告内容和创意。文案工作者的职责是对传播的信息进行设计，使其更容易被人理解，更容易在诸多的信息中被发现、被记住，甚至被再次传播。新媒体文案的写作与传统文案的写作有共通性，但新媒体文案因投放渠道的不同、读者阅读习惯的变化，其对写作也有不一样的要求。新媒体较传统媒体具有发布成本低、传播渠道及形式多元化、互动性强、目标人群精准、文案易被消费者再创作等特点。

视野微拓展

找文案发布渠道只是开始，文案工作者需要不断验证不同渠道的效果，以及在类似渠道发布不同文案的效果。找文案发布渠道一般建议分以下3个步骤进行。

首先是小范围测试不同渠道和文案，低成本试错，也就是最小可行性测试，让投资回报率最大化。

其次是把测试的最优结果整理为可执行的标准化流程。如果把第一步比作样板，第二步则是规范。

最后就是大规模的复制，让不同渠道和文案都发挥出最大效果，预算也会集中花在这里。

掌握这样的方法，不仅出错率低，而且效果也比较好。这种方法不只是做营销运营的人需要关注，文案工作者也要重视。总而言之，写一次文案需要思考的点很多，但目标人群、卖点、渠道3个点一定少不了。虽然文案工作者需要不断地学习新知识，但越是基本的点，就越需要用心去思考。那些更加高级的新知识可能下次就换了一个新说法，但这些基础的逻辑是不变的。

4.1.2　新媒体文案的重要性

新媒体文案是传递信息的重要渠道。新媒体文案的内容可以是大众喜闻乐见的，同时也可以将中华优秀传统文化进行创造性转化、创新性发展，促进文化事业日益繁荣，网络生态持续向好。

如果新媒体文案写得很出色，就能起到四两拨千斤的作用，不但可以为企业带来最大化的传播效果，提升收益，而且能减少广告传播所需的费用。

1. 新媒体文案可使传播速度更快

这里的"快"有两层意思，一是新媒体资讯传播的速度很快，所以文案的内容与形式要适应快速传播的特点；二是文案工作者的反应也需要更快，跟进网络热点事件快速推出文案，以满足人们的阅读需求。例如，"世界那么大，我想去看看"的辞职信走红网络之后，很多企业及时推出了借势文案，"同意辞职，建议去世纪佳缘找个男朋友一起走""开着NV200，带上全家人一起去旅行吧"等。

2. 新媒体文案可直接带来销售转化

传统的文案往往在媒体渠道进行长期投放，消费者只能根据传统文案上的信息来到特定平台上购买商品或服务。而新媒体文案与电商平台结合，能直接促进商品或服务的销售转化，如消费者在看文章的时候，可以直接点击文章中的链接进行购买；看视频的时候，看到相关商品也可以直接购买。对于企业来说，只要在新媒体平台上有一批关注自己的粉丝，其发布一条消息后很有可能会直接带来销售转化。例如，在"中国日报双语新闻"的微信公众号中，消费者在看完其推送的双语文章后，就会看到"China Daily精读计划"的购买链接，以及珀莱雅京东自营旗舰店的链接，如图4-1所示。

这种转化的及时性使得新媒体文案的效果易于评估，企业可以更精准地投放，也可以更快地调整文案内容，提高转化率，但这也对文案创作周期提出了更高的要求。

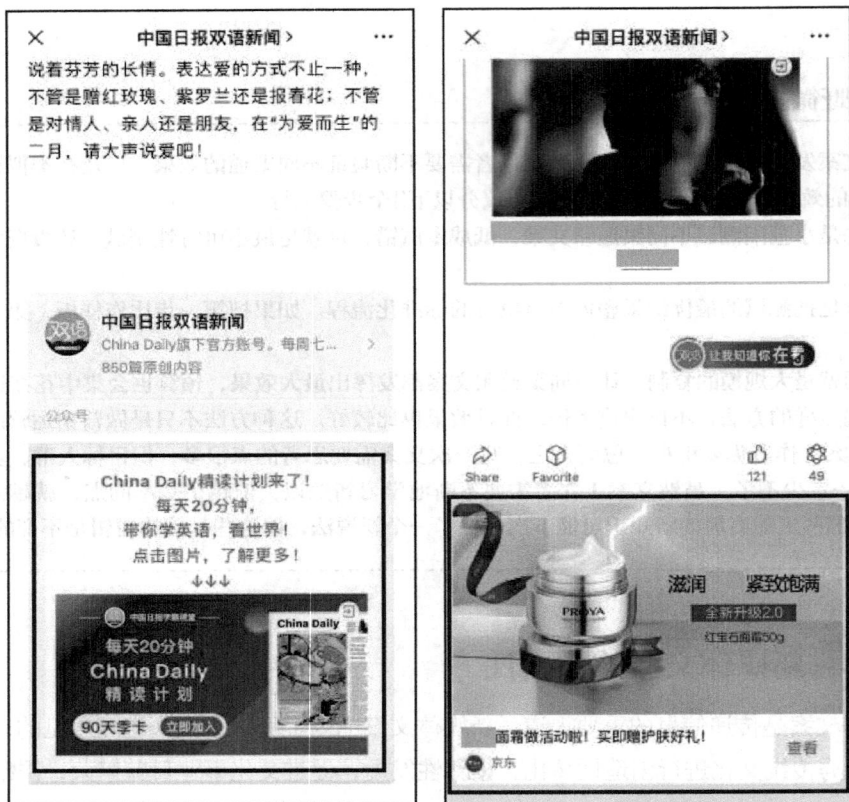

图4-1　中国日报双语新闻

4.1.3　新媒体文案的写作思路

1. 文案的写作步骤

很多新人接到写作文案的任务后，第一反应就是根据材料埋头撰写。用这种方法写出的文案会有很大的概率被要求修改，这也导致文案工作者经常感叹"虐稿如虐心"。一句看似简单的文案，其背后却需要文案工作者完成一系列的工作，包括相关的调查研究、目标人群分析、竞争对手分析、确定品牌的定位及口号等。实际上，为写一句文案而做准备的时间要远远长于写作的时间。文案的写作步骤主要分为明确文案写作目的、列出文案创意简报、文案的写作输出和文案复盘。

课堂微讨论

请思考新媒体文案的重要性是如何在实际生活中体现出来的？

（1）明确文案写作目的

明确本次文案写作的主要目的：是促进品牌传播还是提高商品的销售量，抑或是进行推广活动。目的不同，文案的写作思路和方法也不同。如果目的是传播品牌，文案工作者就需要思考如何让文案内容符合品牌风格，引起共鸣；如果目的是提高商品的销售量，文案工作者就需要思考如何让人感觉到对商品有需要并产生信任——不购买竞争对手的商品而购买你的，且能够立即产生购买欲望；如果目的是进行推广活动，文案工作者就需要思考如何让人感受到活动的吸引力，认为该活动值得参与且参与的门槛不高。

（2）列出文案创意简报

文案创意简报也叫创意纲要，在广告公司主要用来指导文案的写作。

① 梳理3个问题。列文案创意简报主要在于梳理清楚3个问题，即对谁说，说什么，在哪儿说。文案写作就像日常的沟通，对象不同，沟通对话的内容或形式就会有所不同。只有梳理清楚这3个问题，文案的写作才会有明确的方向。

对谁说：文案要写给谁看，即对目标人群进行分析。从行为学、地理学、人口统计学、消费心理学的角度来看，谁是潜在的消费者，他们有什么样的典型特征。

说什么：在"对谁说"的基础上，考虑通过怎样的方式去说服目标人群信任所推广的内容。这就需要深入挖掘自身的卖点，参考竞争对手的说服策略（要让消费者觉得我们的商品、服务或品牌比竞争对手的要好），并在此基础上提炼自身文案的说服点。

在哪儿说：根据目标人群选择合适的媒体渠道、时间进行文案发布，有时候也会通过不同的媒体渠道发布不同形式的文案内容。

② 包含3个部分。有些企业的文案创意简报会列得很长，而有些则会相对简单。文案创意简报主要包含3个部分。

目标说明：简单地说明文案的目的或要解决的问题，可以包含产品或品牌名称、具体的目标人群描述。

支持性说明：对支持商品卖点的证据进行简要的说明。

品牌特点说明或品牌风格说明：对品牌自身风格或希望传达出的品牌价值进行说明。

文案工作者在了解基本的工作项目后，需进一步明确"对谁说"（目标人群）及"说什么"（竞争对手分析及说服策略），这是文案写作前最主要的准备工作。

（3）文案的写作输出

在明确文案的写作目的，列出文案创意简报后，找到本次文案需要解决的问题，结合媒体渠道的特性再进行创意思考，最后完成文案的写作输出。

（4）文案复盘

复盘即对已做过的工作内容进行梳理、总结。文案工作者可通过数据、目标人群的反馈将文案写作过程中的优点及缺点一并总结。优点可继续保持，对于缺点则需提出进一步的改进意见，以供下次写作文案时参考。

2. 文案的创意思考方法

文案写作既需要进行发散性思考，也需要有逻辑、有条理地输出呈现，其中可能会用到的创意思考方法包括发散思维树状图、创意表格思考法、金字塔原理等。

（1）发散思维树状图

在文案写作的过程中，可利用树状图来完成思维的发散。例如，农夫山泉天然矿泉水的卖点是"天然水源"，因而可在此基础上做思维的发散。"天然水源"这个卖点就像是树的主干，而"绿色""大自然""水更好喝"等相当于几个主要枝干，每个枝干还可以进一步发散，得到无数个关键词，最后在树状图中选择一个最能打动自己的关键词进行提炼。如从"甘甜"中可能会提炼出"农夫山泉有点甜"的卖点，而其他的关键词也有可能成为相关文案可运用的元素，如图4-2所示。

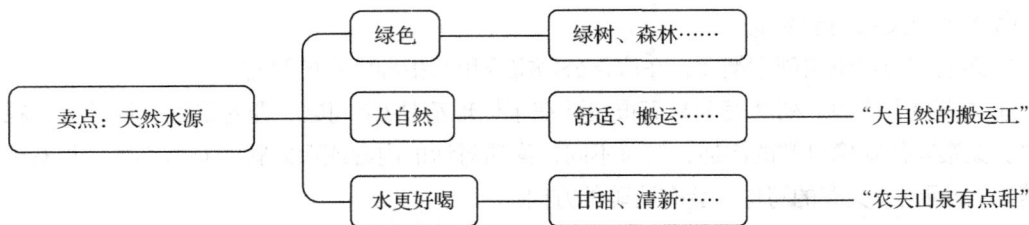

图4-2 发散思维树状图

（2）创意表格思考法

发散思维树状图适合根据已有的信息进行无限的发散创意，以确定卖点，而后做出更好的表达。在文案写作中还有一种不确定性的创意工作，如工作任务为开发一款创意饼干，那么应该如何思考呢？

日常的思考方法是随机将口味进行组合，如"红枣＋巧克力""苹果＋奶酪"，或者将形状和口味进行组合，如"三角形+草莓"，得出的结果都会比较随机。创意表格思考法可以通过设计一个创意表格来帮助文案工作者思考。如果将不同的维度进行穷尽列举，就可获得无穷尽的创意结果。表4-1所示为"如何开发一款创意饼干"的思考结果，从口味、结构、造型、颜色等维度分别列举，每个维度相加即可获得一种结果，多个维度相加即可获得不同的结果。

设计创意表格的步骤如下。

① 从现有商品信息中抽象出分解问题的维度。例如，从市场现有的饼干来看，有夹心的、单层的、厚的、薄的，因此可把形态上的不同归结为一个维度——"结构"。

② 对每个维度尽可能地进一步细分，如进一步思考会有哪些口味，然后在"口味"这一维度下填写"巧克力""牛奶"等。

③ 利用不同的维度建立不同的组合。例如，将"口味"维度中的"巧克力"、"结构"维度中的"夹心—厚"、"造型"维度中的"细棒"，以及"颜色"维度中的"白色"相结合，构成一款白色细棒巧克力厚夹心饼干。

表4-1 创意表格思考法

序号	口味	结构	造型	颜色	……
1	巧克力	单层—厚	圆	黑色	
2	牛奶	单层—薄	方	白色	
3	草莓	夹心—厚	细棒	黑白色	
4	香橙	夹心—薄	粗棒	三色	
5	……				

（3）金字塔原理

一般来说，文案工作者的感性思维、发散性思维会更强，而逻辑思维会略微欠缺。新手写的文案也常会条理不清，最终导致目标人群根本看不懂文案究竟要表达什么。

在做创意思考时，虽然运用的思维是发散性的，但将文案表现出来时则需要有逻辑、有条理，让目标人群更容易看懂。麦肯锡公司有一个整理逻辑思维的方法即金字塔原理，相当于总分法。由背景、标题、论点等组成的金字塔如图4-3所示。

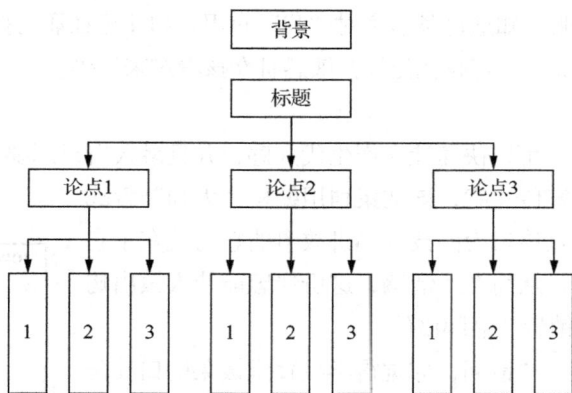

图4-3 金字塔原理

从上往下看，金字塔原理主要包括背景、标题和论点等，每个论点又有更详细的分论点。在完整的文案结构中，背景部分可视具体情况有选择地运用。标题属于文案的中心论点或商品的最大卖点，方便目标人群看明白一篇文案的中心思想。论点1、论点2、论点3都是用来论证标题的，3个论点之间的内容不能重复。

如果文案较长，一般会采用类似作文中的"总分总"结构，在结尾部分再总结一次中心思想，强调一下主题卖点，以加深目标人群的记忆；如果文案较短，则采用"总分"结构。

4.1.4 新媒体文案的内容策划要点

新媒体文案需要让消费者在碎片化时间中迅速被标题、广告主图吸引注意力，从而促使消费者进一步阅读下去。与此同时，新媒体文案还需要让消费者产生信任感，并且文案内容要紧跟热点，吸引消费者眼球，这样消费者才会对商品或服务产生购买意向，或提升对品牌的好感度。

1. 内容有吸引力

内容要有吸引力，就要聚焦"自我"。人总是关注自己想关注的内容，对一切与自己没有直接利益和关系的事情不容易产生兴趣。

与"我"的收益相关，也就是说商品或服务能给消费者带来好处、利益或价值。消费者购买的不是商品或服务，而是商品或者服务能够给他带来的好处。文案工作者在写作文案时应该清楚自己的卖点是什么，能够给消费者带来的好处或者价值是什么，然后用消费者最能理解的语言表述出来。这样的文案才更容易引起消费者的注意。

与"我"的生活相关，如吃、喝、住、行、穿，大到生活的城市、日常天气，小到刷牙的每个细节或动作，甚至与精神生活相关的事物等。例如，住在沿海的人在夏季更容易注意到这样的信息：某市今起有12级台风；有龋齿的人更容易注意到这样的信息：注意！这几个生活习惯会加重你的龋齿。

与"我"的标签相关，标签包含"我"的名字、个性、地域、年龄、职业、社会阶层甚至"我"的母校等，一切能够定义"我"是谁、"我"来自哪里的内容。年轻化的品牌更愿意借用与"我"的标签相关的内容来做广告，这不仅可以表现品牌的独特风格，还可以打动年轻消费者的心，让消费者一眼就知道这条信息对"我"有用，如《还在职场打拼的年轻人注意了，这篇文章你不能错过！》《一定妆就泛红？敏感肌女孩看过来》等。

2. 文案有代入感

用好文案里的故事，可以快速让人产生代入感，并且融入自己想要表达的诉求。图4-4所示为华为微信公众号的宣传文案，该文案利用编程"大师"舌战华为天才少年的故事来宣传华为的技术。讲故事的魅力就在于它能够让人立刻有代入感，从而产生情感，这份情感能使人做出购买行动，为品牌带来高销量及品牌溢价。

用提问产生代入感。"请问，你觉得学校食堂饭菜的口味怎样？"当人们看完这句话，是不是已经在脑海中极力搜寻有关学校食堂饭菜的记忆，以便回答这个问题？如果再针对回答中的不满意因素来提供对应的解决方案，且解决方案中包含某个对应的商品，人们会不会更容易接受这个商品呢？面对问题，大部分人的本能反应就是去理解它、回答它。麦克罗斯基认为，这要归结于我们所受的社交训练：当有人问我们问题时，我们必须做出回答，而要做出回答就要求我们必须理解这个问题。通过提问，人自然而然地就进入了预先被设置的思考路径。提问能使人付诸思考，做出反应，更容易让人产生代入感，直接进入文案要表达的主题中去。

用情怀产生共鸣。逛街的时候你有没有注意到，每家门店的橱窗都是门店当中最漂亮、最吸引人的区域？门店的橱窗装饰往

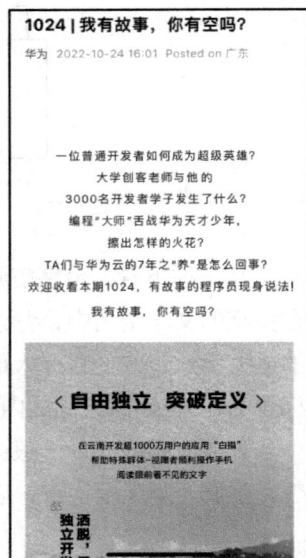

图4-4 华为微信公众号的宣传文案

往会花费设计师极大的精力，以体现品牌的风格，起到触动目标人群的作用，甚至店内的音乐也都是精心挑选的，这一切都在营造一个场景，其最终目的就是激发人的情怀。情怀是什么？是一种高尚的心境、情趣和胸怀。新媒体文案中需要动用一切资源来营造这样的情怀，甚至可以借助图片、音乐等将目标人群带入所需的氛围中去。例如，DR钻戒的经典宣传标语就是"男士一生仅能定制一枚DR"，利用人们对爱情的向往和对真爱的信仰来吸引眼球、打动人心，让即将步入婚姻殿堂的男女产生共鸣。

3. 文字有信任感

文字有信任感主要可以利用权威、客户自证来实现。

利用权威。想要说服别人相信文案，可利用权威，把消费者对于权威个体、权威组织的信任转移到商品或服务上。权威的个体及组织一般在行业内具有发言权，对于学生而言，教师往往就是权威的个体，教育部则为权威的组织。权威性可通过权威机构认证并颁发相关的证书来获得。例如，中国质量认证中心是经中央机构编制委员会批准，由国家质量监督检验检疫总局（现为国家市场监督管理总局）设立并委托国家认证认可监督管理委员会管理的国家级认证机构。这样的机构颁发的认证证书同样具有权威性。

客户自证。企业鼓励客户通过自己的方式去验证商品或服务的卖点，让信息可信、可验证。客户自证属于客户内部证据，是客户经过自己的观察、验证而获得的，正如"耳听为虚，眼见为实"，大家都更愿意相信自己所看到的。例如，海飞丝的广告就很好地运用了这一点，其头屑测试卡让客户自证去屑效果，充分展示了海飞丝对自家产品去屑效果的自信，提高了"去屑"这个卖点的可信度。

4. 紧跟热点

所谓"热点"，即可以引起消费者重点关注的中心事件或信息等。紧跟热点的文案的点击量往往都较高。

值得注意的是，大部分人都对热门事物感兴趣，因此热点一般都会吸引大多数人的眼球。文案可以与节日捆绑，从中传递品牌文化，展露出对消费者的尊重；或者巧借各种符号，通过嫁接、联想等手段做到为产品宣传所用；或者紧贴热点，巧用隐喻。例如，2023年春节爆火的电视剧中的人物喜爱吃猪脚面，海底捞火锅就紧跟热点推出新品"记忆中的猪脚面"，如图4-5所示。

图4-5　海底捞推出新品"记忆中的猪脚面"

(4.2) 新媒体文案常见类型

根据目的、媒体渠道、篇幅或表现形式等的不同，新媒体文案可划分为不同的类型。这种分类可以帮助文案工作者更好地认识新媒体文案，从而根据不同的需要写出更加符合消费者需求的文案，最终达到提升销售业绩、加强品牌建设和扩大消费者覆盖面的目的。新媒体文案的常见类型有新媒体产品文案、新媒体品牌文案、新媒体推广文案和新媒体营销文案。

4.2.1 新媒体产品文案

新媒体产品文案在新媒体运营中发挥着重要的作用。在这个"段子满天飞"的时代，传统的产品文案很难立足。不少文案工作者采取软文的形式来写新媒体产品文案，用**99%**的篇幅讲一个接地气的故事，以此包装那仅占全文**1%**篇幅的营销信息。新媒体产品文案的字数有时会受到严格的限制，可能连50个字都不到。这就要求文案工作者拥有堪比"段子手"的功力，写出短小精悍且能完美展现产品特征的优质文案。新媒体产品文案堪称对创意和文笔要求最高的新媒体文案类型。生硬的模仿是没有出路的，想要用最精练的语言实现绝佳的效果，文案工作者可以借鉴以下几条经验。

1. 分析消费者

分析消费者旨在找到消费者的痛点。消费者的痛点就是对产品的需求。设计产品要立足于解决消费者的需求，构思文案也是如此。一个好的新媒体产品文案要一针见血地指出消费者的痛点，同时表明文案中的产品可以解决这个痛点。新媒体时代的产品文案最忌讳生硬地介绍产品，文案工作者从消费者需求的角度切入，更容易获得他们的信任。除此之外，即使消费者没有强烈的需求，也可以尽可能地给他们创造需求，收获吸引力。

另外，文案要贴近消费者生活，有些优秀的文案绝口不提产品，而是大篇幅描述消费者的生活、工作，体谅他们的不易，新媒体产品文案由此入手，就会让消费者感觉你很懂他，从而做出购买的决定。

2. 分析产品

分析产品并非研究产品的组成部分，而是指弄清楚产品、延伸产品的含义。围绕消费者的需求挖掘产品的卖点，再选择卖点进行描述。不同的消费者对产品有不同的需求，就买车而言，年轻人很在意车的外形；中年人则讲求舒适，比较注重车的功能。故文案工作者面对不同的消费者时，就应该针对相应的需求来描述产品卖点。

3. 制造消费场景

在一个好的新媒体产品文案中，消费场景是不可或缺的。消费者与产品之间通过某个具体的消费场景连接，文案把消费场景刻画出来，消费者就要更加明确自己购买这款产品能得到什么样的消费体验。

4. 文字要"扎心"

新媒体营销的重要技法是感染情绪、打动人心。写作新媒体产品文案的时候，文字一定要"扎心"，一针见血地戳中消费者，让他们产生共情，这样他们会更加印象深刻。

5. 结尾意想不到

大部分优秀的新媒体产品文案都使用了转折手法。转折手法的精髓就是打破人们的思维惯性，给对方来个出其不意的"急转弯"。文案工作者可以先写常识或者俗语，然后在结尾处话锋一转，把话题引到消费者意想不到的方向。此外，文案工作者还可以在文案前面铺垫"心灵鸡汤"，结尾突然让其失去意义，以产生"意料之外，情理之中"的效果。

6. 营造故事感

用寥寥数语讲述一个有头有尾有内涵的小故事，可以说是新媒体产品文案的最高境界。故事营销的好处无须多言，但新媒体产品文案篇幅有限，想用三言两语说清故事主线并引发消费者的想象，并不是件容易的事情。文案工作者可以月写微小说的方式，训练自己用一句话讲出生动故事的能力。

文案的精髓在于感染力，而感染力取决于信息的准确性、定位的清晰度、表现手法的生动性，以及主题和创意足够突出。这4个方面缺一不可。尤其是信息的准确性，假如信息失真，再生动的表现手法也只能蒙骗消费者一时，一旦被发现弄虚作假，就会招致舆论的强烈反弹，好不容易塑造的品牌形象就会被毁掉。

4.2.2　新媒体品牌文案

新媒体品牌文案就是为创造品牌文化、树立品牌形象、宣传品牌服务质量、传递品牌的价值和消费理念，从而加深消费者对品牌的认识，以达到营销目的的文案。新媒体品牌文案是品牌营销中一个不可或缺的部分，其渠道的选择、方式的应用及创意的实施，都决定着品牌营销的最终效果。

新媒体时代，品牌文案是一种以推广为策略、以服务为宗旨、以营销为目的的隐性宣传广告。文案工作者巧妙地将与品牌相关联的背景文化、地理条件、产地优势、材质特色等信息植入文案，可以写出极具说服力的创意文案。因此新媒体品牌文案的质量对提高品牌的知名度、打造一流品牌形象至关重要。新媒体品牌文案写作要求如下。

1. 注意谐音修辞

文案工作者在文案写作中通常会利用各种修辞手法，其中谐音修辞是文案写作常用的一种修辞手法。谐音是指字词读音相同，字意多同为褒义，如春节家家桌上不可缺的一道菜是"鱼"，取"年年有余"之意，富有很强的生活气息。使用谐音修辞写作文案既生动形象又充满幽默感和趣味性，是众多文案工作者所青睐的一种写作手法。

2. 突出主题，标新立异

无论是议论文、散文还是说明文，其写作都要求突出主题，新媒体品牌文案也是如此。新媒体品牌文案之所以能让消费者各取所需，是因为其标新立异、主题明确。突出主题可以使新媒体品牌文案有群体的针对性、观念性和目标性，但切忌夸大其词，虚构品牌信息，以免造成不良后果，影响新媒体品牌文案的推广。

3. 注重引导性

文案是策划、宣传、推广的一种必要手段，其能引导消费者自觉、主动地接受品牌文化，从而巧妙地向消费者传递品牌信息，以实现高效推广的目标。

4. 做到"四到"

文案工作者要想写好新媒体品牌文案，就要做到"四到"：眼到，耳到，心到，手到。

眼到既是指阅读又是指大脑对信息的分析，从文案工作者的角度来看，眼到强调的是"多看、多分析"，拓宽阅读视野，感受不一样的描述带给消费者不一样的心灵震撼。

耳到就是多听，观察不同消费者对不同层次、不同类别的文案的评价，在听的过程中分析消费者的观点与自己的观点有何出入，倾听消费者的心声。

心到即为脑到，宋代著名思想家朱熹说过："心不在此，则眼不看仔细，心眼既不专一。"以上"三到"，心到最为重要，无论是眼到还是耳到都要用心领会分析，方能总结经验，激发写作灵感。

手到指分析文案过程中随时记录，以积累经验、弥补不足。文案策划的创意灵感可能瞬间迸发，文案工作者要养成随时记录、摘录的好习惯，久而久之就能提升文案写作能力，写作出富有个性的优美文案。

4.2.3 新媒体推广文案

新媒体推广文案是指在新媒体上进行推广时用到的文案，包括文字、图片、视频等形式，旨在提高品牌知名度和产品销售量。新媒体推广文案的创作需要考虑消费者的特点、传播渠道、传播效果等因素，以达到最佳的推广效果。

新媒体推广文案的特点包括：一是文案篇幅较短，语言风格自由开放，口语化特点显著；二是文案更偏爱使用网络流行语、新词、缩略词、谐音词，让表达看起来更加生动有趣；三是文案不仅用文字，还会利用数字、表情、图片、声音、视频等多形式传递信息。如今生活节奏快，阅读时间有限，受阅读习惯影响，大多消费者习惯快速的、碎片化式的阅读方式，因此新媒体推广文案也十分受消费者欢迎。

1. 明确推广目标

明确推广目标和消费者群体，分析消费者特点和需求，制定推广策略和方案，以及在不同阶段的推广主题。以企业的现状和市场环境分析为依据，新媒体推广文案的内容上大致分为概念输出、价值体现、信息转化三个阶段：概念输出主要包括企业相关背景、概念、特点、企业品牌等；价值体现主要包括产品的社会价值、家庭价值，以及通过产品价值高度呈现企业在该领域中的技术领先地位等；信息转化则主要集中让产品（服务）信息通过与消费者的需求结合，将信息转化成价值。

2. 选择精准传播与大众传播的平台

新媒体与传统媒体一样都存在目标消费者和大众消费者。针对目标消费者和大众消费者，其传播方式和渠道也存在较大的不同。在投放推广文案中，企业应根据市场定位和市场的切合点，以及自媒体和互联网媒体在传播信息方面的不同特点，规划文案的内容、推广形式和传播平台。自媒体以微信、微博、今日头条等平台为主。互联网媒体以内容源网站、行业网站、用户类网站、即时通信类工具等为主要平台，以IM推广、软文推广、论坛推广、问答推广、百科推广等形式进行传播。

3. 注重表现形式多样化

推广信息要素可以通过文字、图片、视频的形式集中展现企业产品、服务、技术、事件、活动、人物等多个维度信息，树立品牌形象，提升综合价值。例如，可以通过精彩短小的视频来展现产品的生产故事情节，传达视觉信息；相比于海报类的文案，视频类文案更具视觉冲击力，能进一步树立品牌形象，有效吸引消费者的注意力，激发其购买欲望。

4.2.4 新媒体营销文案

新媒体营销文案需要结合诸多要素才可更好地发挥其功能。部分人觉得在新媒体背景下，文案工作者的文案水平已被削弱，但无论是何种形式的文案，都要有较强的表达能力和清晰的逻辑。

新媒体营销文案可以通过卖点集中文案法来推销产品。新媒体营销文案不可直接向消费者展示一个产品的多个卖点，如果文案缺乏主次关系，只是简单罗列产品的所有卖点，将无法达到理想的效果，消费者也不能看清自己的实际需求，从而不能实现差异化记忆。新媒体营销文案应集中卖点，并重点突出关键的卖点；或者按照不同人群层次，定向推送不同风格的营销文案，一次只提出一个产品卖点，以实现精准定位目标人群。

新媒体营销文案可以通过增加消费者认知来加强消费者对产品的了解。消费者需要以人群集中与卖点清晰为基础，从而快速建立对产品的认知。新媒体背景下，很少有人会冲动购买自己并不清楚的产品，不管是消费者还是文案工作者，都很习惯基于自身的认知去解释新鲜事物，所以新媒体营销文案需要利用好消费者的认知，加强消费者对产品的了解。

新媒体营销文案范例如下。

巧克力似乎早已成为人们传递情感、享受美好瞬间的佳品。可是，走进商场，面对琳琅满目的品牌，消费者却难以抉择。消费者关心的不仅仅是一盒糖果，产品品质如何，口感如何，味道如何……他们要求巧克力可以带来非凡的感觉。面对日益成熟的消费者，本公司全力以赴研制出高品质的牛奶巧克力，而且每年求新应变。

基于此，可以从以下几点开始分析并写作文案。

第一点，市场分析。

市场分析结果显示，当地巧克力市场品牌集中度极高，消费者主要吃两个品牌的巧克力——德芙和吉百利。

第二点，产品分析。可以通过以下几点来分析产品。

（1）用途：送礼或自己吃。

（2）命名：名字有亲切感。

（3）包装：采用古典设计风格，非常精美。

（4）味道：香甜可口。

（5）价格：40～200元不等。

（6）产品优势。

① 好吃，味道好。

② 口感好。

③ 巧克力味浓郁。

④ 不腻口。

（7）产品劣势。除了分析产品的优势外，还可以基于消费者心理来分析产品的劣势，以解决消费者痛点。

① 价格高。

② 太甜。

③ 品种少。

④ 不易保存。

⑤ 量少。

第三点，竞争对手分析。通过分析竞争对手的产品，挖掘本产品的独特性。

接下来利用实践广告战略来写作新媒体营销文案。

（1）分析广告目标：企业开展广告活动的目标。

（2）分析广告对象：20 ~ 45 岁的情侣或夫妻。

（3）分析广告地区：覆盖全国。

（4）分析广告创意：感受口齿留香的感觉，让你的梦成真。

最终的新媒体营销文案如下。

有一位女孩，她非常喜欢吃巧克力，每天都会吃上一小块，渐渐地，吃巧克力成了她的习惯。她梦想着能有一段巧克力般的恋爱，所以总是看着巧克力笑着说："如果我的王子是你就好了。"就是这时，眼前的巧克力果真变成了一个帅气的男孩子。最后，他们相恋了，每天一起看日出，看日落……

课堂微讨论

请尝试做一份关于红酒导购文案的分析。

4.3 新媒体文案内容写作

4.3.1 新媒体文案的亮点标题

1. 标题要激发读者好奇

每个人在面对未知的时候，都想去寻找答案，这就是好奇心。因而在提炼标题时要注意激发读者的好奇心，提升读者的阅读兴趣。一般来说，有以下3种方法。

（1）提出疑问

人天然会对问句敏感，你提出一个问题，摆上一个问号，他就会想要知道答案。例如《乔布斯的**iPhone**设计团队几乎全数离职，苹果是如何逼走设计师的？》，这种将亮点前置+设置悬念的标题形式，让感兴趣的读者一看就想知道答案。

（2）颠覆认知

当标题表达的是反常识、反直觉、违背生活经验的内容的时候，读者就会想知道原因。例如《我为什么喜欢只在白天睡觉》，通常来说大家都会选择在晚上睡觉，而这个标题则打破常规，挑战读者的认知。

（3）设置悬念

把读者特别想知道的答案在标题中做一定程度的提示，却又不直接说出来，让读者只有点开文章才能找到答案。例如《成就高的那批人全都有同一种天分》，读者想知道这种天分是什么，就得点开文章来看。

知识微拓展

以英语学习网站为例，当某文章的标题是《99%的人，都败给了这一个字》时，仅关注该微信公众号的粉丝可以看到该文章，其他网友搜索不到，因为标题内没有任何与业务相关的关键词。相反，将上述标题改为《99%的英语学习者，都败给了这一个字》后，当网友在微信搜索"英语学习"时就可以看到该文章。

文案工作者在进行内容设计时，需要随时关注企业营销目标，不仅可以利用吸引眼球的标题与详细的关键词布局综合提高阅读量，还可以利用具有可读性的正文与精心设计的结尾提高转化率。

2. 标题要引起读者共鸣

如何引起共鸣呢？就是替读者说出他最想说的话，表达他最想表达的观点，展示他最想展示态度。

塑造一个情景，使用带有强烈感情色彩的词语，引起读者的共鸣，如可以多用一些表达情感的关键词或强调语气的符号。很多读者之所以喜欢转发文章到朋友圈，就是因为想借助文章完成自我表达。

案例小分享

《青年文摘》有一篇推文叫《怎样把话说到点子上，说进心坎里？》，文章开头第一句话就是"很多人都缺失一项非常重要的能力，就是有条理地表达"。这篇推文不仅标题吸引人而且内容也吸引人，读者看到的一瞬间就想去深入地了解。可见，标题要能引起共鸣，文章才能吸引人。

3. 标题要戳中读者痛点

戳中读者痛点就是读者一看到这个标题就会感觉到"扎心"，换句话说就是感同身受。例如，知乎日报的微信公众号推文《年轻人，最值钱的"核心能力"是什么？》，该推文的内容中写道："当我们年轻的时候，或许不够有钱，又或许不够有才，但一定会有一些特性，让年轻的我们引以为傲。不怕一无所有，就怕我们在什么都没有的年纪，看不到我们所拥有的无限可能性，从而失去修炼自己核心能力的渴望。"这样的标题和文章内容可以戳中年轻人的痛点，并给予彷徨的年轻人向上的动力。

4. 与读者的利益相关

信息海啸时代，内容供大于求，读者更倾向于看跟自己有关，对自己有用，有价值的内容。直接在标题上给读者以利益或好处，让读者看到标题就知道点开这篇文章能获得什么。例如，针对当代年轻人的脱发问题，老百姓大药房健康服务号发布推文《黑芝麻生发？防脱洗发水真有用？值得了解的4个头发常识》，当脱发人士看到此类标题的文章时，很可能会对文章的内容感兴趣，从而点开查看。

5. 标题要清晰直接

新媒体行业内曾流行着这样一句话"不能在一秒内看明白的标题都不是好标题"，这并不是说标题写得复杂些读者就看不懂了，而是在信息浪潮中，读者留给文案工作者的时间很短，因而文案工作者在写标题时，表达要清晰直接、简单易懂，可参考以下标准。

（1）控制字数，多用短句，少用复杂的长句。

（2）尽可能降低理解门槛，少用生僻字。

（3）逻辑要清楚，语句要通顺。

6．标题要有一个总纲

总纲既是对文章内容的表述，又可以给读者以刺激，抓住读者的眼球，让读者看到标题就想点开内容。好的标题肯定不是"标题党"，而是适当地隐藏一些资讯。总的来说，注意以下几个关键点，文章的标题就不会太差。

（1）与读者紧密相关，洞察生活细节。

（2）用词更直接，语气更强烈，情绪更饱满。

（3）巧用悬念。

（4）展开细节描述，创造画面感。

（5）多用"我"和"你"。

（6）角度要新颖，观点要突出，态度要鲜明。

4.3.2 新媒体文案的开头铺垫

新媒体文案的开头通常有以下几种写法。

1．开门见山

所谓开门见山，其实就是在开头直接抓住读者的注意力，如《年终三问：结婚了吗？加薪了吗？瘦了吗？》，文章第一句话就是"这次不走煽情路线，聊聊大家最关心的年终三问"，让点进来的读者一下就能明白文章主题。

2．情景故事

所谓情景故事，就是以故事引导读者阅读，通过故事传递有效信息。其写作模板是：想象或故事+事实陈述。开头先讲一段想象或故事，内容可以是真实的，也可以是虚构的，然后再引入正题。

3．热点延伸

热点延伸也就是人们常说的"蹭热点"。热点自带流量，可以转化为阅读量，读者也很容易搜索到。其写作模板是：简述热点+热点解析。

每年公布考研成绩时，在公众号搜索"考研成绩"就可以看到大量相关的文章。中南大学在2023年3月就推出文章《考研分数出了，我想和你说……》，这篇文章先简单干脆地抛出考研这个热点，接下来描述由这个热点引发的社会现象，最后由社会现象引出正文内容。

4．盘点总结

盘点，原先是财务管理中的概念，指定期或临时对库存商品的实际数量进行清查、清点。现在，"盘点"又指对某一社会现象的归纳总结，其写作模板是：总起+类型引入。

视野微拓展

　　新年期间的一篇推文《为什么你一直存不下钱？》就利用了盘点的写法。这篇推文抓住新年期间过度消费的社会现象，针对人们总是不知道"钱都花在哪儿了？"的心理，盘点了人们存不下钱的原因。

4.3.3　新媒体文案的正文架构

　　正文是新媒体文案的核心部分，信息量大，一般包括详细的事实、充足的论据、产品的具体信息、完整的观点等。

　　信息的充足性：正文的完整呈现对全文具有支撑作用。

　　内容的逻辑性：遵循写作规律和读者的阅读习惯，做到层次分明、条理清晰。

　　内容的适量性：根据实际灵活地进行信息取舍，把握好文案长度。

　　正文的写法有以下几种。

1. 新闻事件型

　　新闻事件型写法多用来记录与传播信息，用概括叙述的方式简要地说明事实。其以记叙手法为主，突出公开性、真实性和时效性，在开头简明扼要地介绍核心内容，主体通常包括基本事实和背景两部分。

　　自媒体平台的新闻事件型写法主要有以下两种。

　　关注、报道社会事件类：往往选取独特的角度进行重点关注和报道，以便形成差异，避开和主流媒体的直接竞争。

　　报道企事业单位新闻类：主要围绕新产品、技术突破等情况进行报道。

2. 研究型

　　研究型一般以研究报告、数据资料、文献等为基础，经过文案工作者的提炼、加工，使其和文案的写作目的有机结合起来。企事业单位均有可能使用研究型写法，它涉及众多个体关心的问题，传播范围广、影响力较大，能够阐述新发现、新结论、新预测等。

　　研究型写法分为以下两种。

　　一种是呈现结果型，即直接摆出资料和数据，展示结论。

　　另一种是批判型，主要通过提出事实和论据批驳某个观点，有严密的推导和论证过程，写作要求较高。

3. 观点型

　　观点型应一文一观点，充分地将观点论述清楚，做到语言精练、观点简明有力。这类写法会在正文中详细论述自己或其他专家的观点和见解，提出建议和主张。

4. 解决问题型

　　解决问题型是指针对读者在工作生活中遇到的痛点、难点提出解决方法，甚至开展系列培训的写法。解决问题型着眼于读者的切身利益，往往能够吸引大量读者的注意。

5．故事型

故事型利用有吸引力的故事情节、鲜明的人物形象，借人物之口说出文案的核心内容，引出文案工作者最终要表达的观点或自然过渡到对产品的推荐等。故事型写法情节跌宕起伏、内容丰满，对读者而言特别有吸引力，能够将读者牢牢地锁定在故事情节里。

6．独白型

独白型指以真实或虚构的角色进行内心独白的方式展开叙述。其使用"我"的口吻，读者读的时候很自然地会将自己代入，成为其中的主角。这类写法的优势在于能够快速进入读者的内心，反映读者内心的想法和感受，进而和读者产生共鸣，甚至会让读者觉得文案说出了深藏于自己内心的话。

7．对话型

对话型利用人物的对话与互动展开内容，通常围绕一个问题展开问答。其优势在于帮助许多缺乏提问能力的读者提出问题。对话的方式与日常场景非常接近，容易被读者接受。但是，对话型写法要设计适当的角色，且对话内容和方式要与角色相符，语言要生动有趣，不能矫揉造作，令读者反感。

8．对比型

对比型可将同类的事物放到一起进行外观、性质、功能、价格等方面的对比，以突出事物的优点，加深读者的印象。世界上同类的事物非常多，要通过文案使某个事物脱颖而出，对比是比较有效的办法。

9．气氛烘托型

气氛烘托型指综合使用文字、图片、视频等营造与主题相关的氛围，使读者在阅读时沉浸其中，感同身受，从而增强正文的说服力。文案开头营造氛围能够帮助读者迅速进入某种场景，随后的正文应维持或强化这种效果，使氛围感逐渐强烈，达到顶点。

4.3.4 新媒体文案的"神"结尾

新媒体文案的结尾一般是对全文的概括，如对观点的总结、对事物的评价等。如果是商业文案，通常还会出现广告信息和行动号召、建议等。

案例小分享

新媒体文案的"神"结尾举例如下。

她只用一种方法，就把英语拿下了！

……

这一套资料主要针对英语基础薄弱的学习者，它涵盖了英语学习过程中可能遇到的大部分问题。它所教授的英语学习方法，也是当年老师自己实现英语逆袭的方法。

只要点击"阅读原文"链接，你就可以免费领取这一套宝贵资料，让我们一起逆袭成为英语达人。

仅限前1000名！领完为止！

4.4 新媒体文案的版式设计

在这个信息丰富的时代，仅仅靠内容已经满足不了用户了。合理的排版也是用户判断文案质量的标准之一，所以，做好排版，提升用户阅读体验，企业才能塑造好品牌形象，并最终实现价值变现。

4.4.1 新媒体文案的图片搭配技巧

使用与文本有鲜明对比的图片很重要，如深色背景搭配亮色图片，这样就能确保有足够的对比度。

配图最基本的要求是清晰、明亮、契合主题，新媒体文案中需要使用3种图片。

（1）封面图（头图），尽量让图片内容主体处于图片的中心位置。

（2）缩略图，这种小图要简洁干净、色彩统一。

（3）正文配图。正文图片铺满整个屏幕的效果是最好的，图片大小最好不要超过 5MB。

4.4.2 新媒体文案的整体排版技巧

新媒体文案主要有以下几个整体排版技巧。

（1）文字左对齐，图片居中对齐，使图片刚好占满整个手机屏幕。

（2）与传统手写文章不同，新媒体文案的段前最好不要空两格，而且所有段落之间都至少空一行，使得移动端界面显示更加简洁。

（3）不要用太多的版式。如果版式太多太杂，就会让用户觉得眼花缭乱，找不到重点。

（4）分割线的运用。忽略分割线的人很多，但分割线的作用其实很大，一般用来划开大分段，或者作为正文与广告的分界线。它可以让用户在持续的阅读中，适当地停顿休息一下。

4.4.3 新媒体文案的常用编辑工具及使用方法

1. 135编辑器

135编辑器是一款无须下载、打开即用的编辑工具，如图4-6所示，其主要应用于微信文章、企业网站及电子邮件等多种图文素材的排版。

平台提供了10万多种样式和文章模板，还有秒刷、一键排版、全文配色、公众号管理、微信变量回复、48小时群发、定时群发、云端草稿、文本校对等40多项功能与服务（部分功能需要付费）。

2. 图曰

图曰是一款App，有iOS和安卓两个版本，如图4-7所示。

图曰具有以下特点：提供高清图片素材库，图片都可以商用，并且支持在图片上加字；功能非常新颖，可自动识别图片内容；提供句子库查找文案；支持一键给图片添加水印，支持在线生成二维码；等等。

图4-6　135编辑器

图4-7　图曰

3. GIPHY

GIPHY是一个在线动态图片搜索引擎，如图4-8所示，可用于搜索互联网中的动态图片。GIPHY的使用方法和其他搜索引擎一样，用户只需在页面顶部的搜索框中输入自己想搜索的内容，就能获得相关结果。

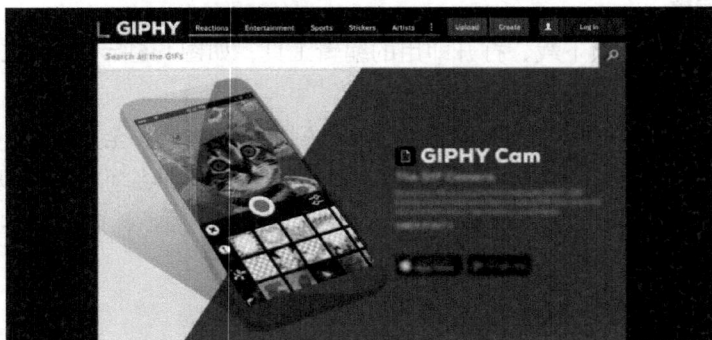

图4-8　GIPHY

4. 讯飞语记

讯飞语记有iOS和安卓两个版本，支持10多种语言输入，可以将录音转为文字，且速度非常快；支持拍照转文字，功能非常强大；支持同声翻译，可翻译中、英、日、韩等多国语言，如图4-9所示。

图4-9　讯飞语记

5. 一个木函

一个木函是一款功能非常强大的App，几乎不占内存，有iOS版本和安卓版本。它拥有数十种功能，包括给黑白图片上色、提升图片分辨率、图片文字提取、垃圾分类、翻译、指南针、尺子、字典等功能，另外它还可以生成二维码、制作表情、拼接图片、以图搜图、管理当前手机的应用、清理手机文件等。拥有这一款App，就可实现上百种功能，如图4-10所示。

图4-10　一个木函

6. 幕布

写文章时厘不清思路，可以使用幕布，它可以一键将用户的笔记整理成思维导图来帮用户组织内容，让用户的思路更清晰、文笔更流畅，如图4-11所示。

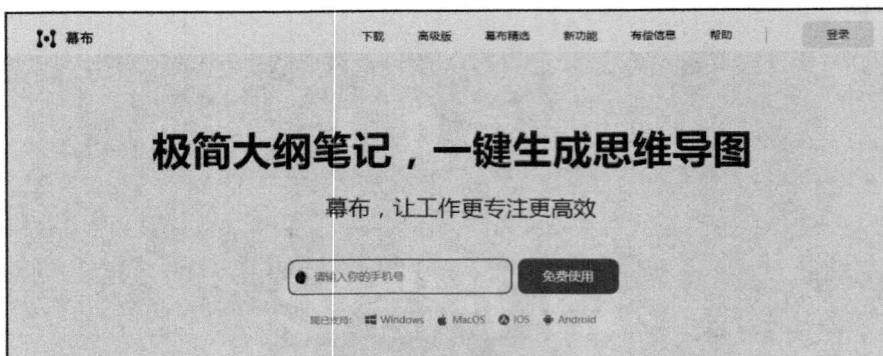

图4-11　幕布

7. InShot

InShot是一款非常不错的视频剪辑软件，它有iOS和安卓两个版本，支持视频的合并、拆分、删除、剪辑等，还支持将照片制作成视频，有多种滤镜可以选择，同时支持添加字幕等。非常重要的一点是它提供的这些功能都是免费的，如图4-12所示。

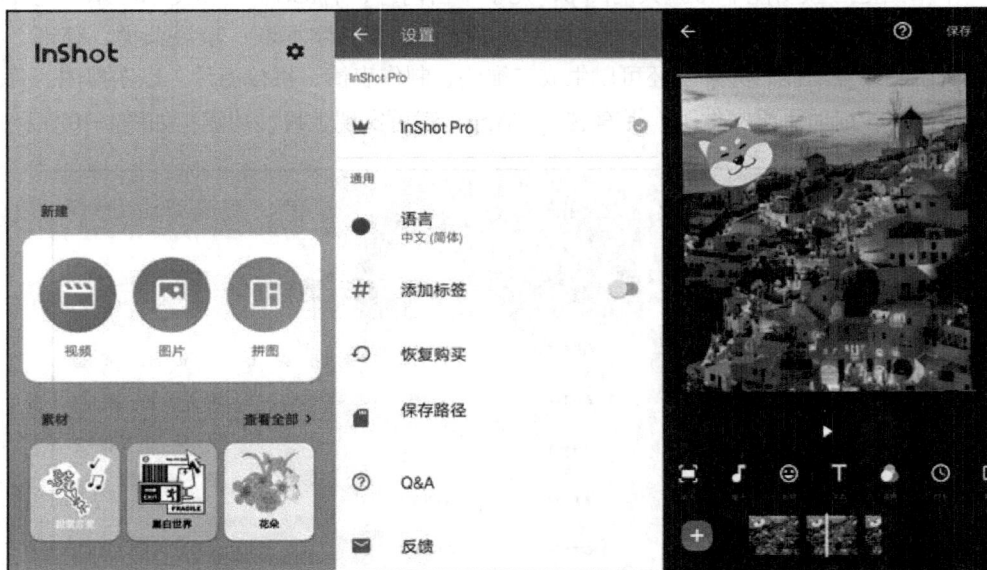

图4-12　InShot

8. Touch Retouch

Touch Retouch是一款非常实用的抠图软件。Touch Retouch的功能非常强大，它可以给图片或视频去水印，还可以把图片当中不需要的人物去掉，并且可以保证图片的完整度，如图4-13所示。

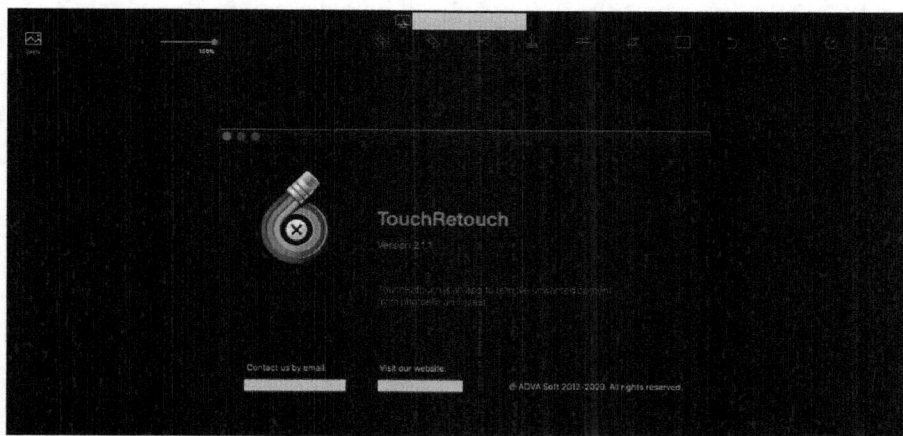

图4-13 Touch Retouch

知识测验

一、不定项选择题

1. 标题中采用下列哪些方法能激发读者的好奇？（ ）
   A. 提出疑问
   B. 颠覆认知
   C. 设置悬念
   D. 以上皆是

2. 文案开头写作的方法有（ ）。
   A. 开门见山
   B. 情景故事
   C. 热点延伸
   D. 盘点总结

3. 要让文案有代入感，需要做到（ ）。
   A. 用好文案里的故事
   B. 用提问产生代入感
   C. 用情怀产生共鸣
   D. 一语双关

4. 好的文案标题有哪些特点？（ ）
   A. 多用"我"和"你"
   B. 用词更直接，语气更强烈，情绪更饱满
   C. 角度要新颖，观点要突出，态度要鲜明
   D. 与读者紧密相关，洞察生活细节

二、填空题

1. 文案写作的步骤简单来说，主要分为_____、_____、_____、_____4步。

2. 新媒体文案的内容策划要点主要有_____、_____、_____、_____。

3. 新媒体文案的常见类型有_____、_____、_____和_____。

4. 研究型写法的正文分为两种：一种是_____，直接摆出资料和数据，展示结论；另一种是_____，主要通过提出事实和论据批驳某个观点，有严密的推导和论证过程，写作要求较高。

5. 新媒体文案需要用到的3种配图是_____、_____、_____。

三、简答题
1. 简要论述新媒体文案的重要性。
2. 简述打造优秀的新媒体文案要注意哪些事项。

📖 技能实训 ●●●●

一、实训目标
1. 认知目标：能够通过讲解和讨论等环节掌握相应知识点。
2. 行为目标：能够初步了解新媒体文案，学会策划新媒体文案。
3. 情感目标：能够初步形成独立思考能力和自主学习能力。

二、实训内容与要求
1. 教师说明实训目标、方式、要求，激发学生实训的主观能动性。
2. 教师介绍新媒体文案的概念、作用及写作步骤。
3. 教师建议3～5名学生为一组阅读下面的材料，并布置实训题目。
4. 所有学生相互评议，教师进行点评、总结。

最近，国内许多文旅部门相关政府官员亲自上阵，换上民族服饰，作词创曲、骑马舞剑，创作各种短视频，使出浑身解数，为当地的旅游景点做宣传。

文旅部门相关政府官员为当地代言，目前已经成为热门趋势，仅四川省就有上百位文旅部门相关政府官员拍摄"文旅部门相关政府官员说文旅"系列短视频。这些短视频吸引了大量网民的关注和点赞。金甲戎装，长剑在手，身姿挺拔，气势如虹……甘肃省定西市临洮县文旅部门相关政府官员尹文涛穿越千年，变身"大秦少帅"，一时间"吸粉"无数。尹文涛说："我注意到，近年来用短视频来推介地方旅游和文化，已经成为一种有效的宣传推广方式。很多地方文旅部门相关政府官员为家乡'代言'，取得了很好的效果。"尹文涛介绍："临洮文化旅游资源禀赋深厚，是马家窑文化的命名地、战国秦长城西起首，所以我们也想通过短视频的方式，利用新媒体平台推介、宣传当地旅游。"

此前，在零下20摄氏度的黑龙江，身穿鄂伦春服饰为家乡代言的塔河县文旅部门相关政府官员都波上了热搜。视频中，都波身穿一身白衣，在零下20摄氏度的黑龙江省塔河县扮演"森林的主人"，展示东北冰雪世界的美，并用富有辨识度的东北话向网友介绍当地。都波表示："拍摄回来后，足足喝了两大壶姜汤。"

2022年10月26日，为了推介当地的银杏谷景区，湖北省随州市文旅部门相关政府官员解伟发布了一条短视频。视频中，他一袭白衣长袍，在银杏树下舞剑、下棋，却因发饰"邋遢"和略"发福"的身材，被网友吐槽"丑出圈"。在回忆亲自上阵拍短视频的初衷时，解伟也十分坦诚："一方面，是因为经费不足，无法长期负担网络红人推广的经费，就想着不如自己试一试做宣传；另一方面则是因为同行都很努力，我觉得自己不做就有点失职。"如今，解伟已经拥有了一批粉丝，随州市也在他的宣传下变得被更多人所熟悉。提起"网红"文旅部门相关政府官员，不得不提靠"策马雪原"短视频爆火的贺娇龙。在某短视频平台上，"贺局长说伊犁"账号拥有近460万粉丝。流量加持的贺娇龙为当地做了不少实事。数据显示，截至2023年年初，贺娇龙通过直播带货帮助当地农场售出价值2.1亿元的各类农副产品，直接带动2300余人就业。

四川省甘孜藏族自治州文旅部门相关政府官员刘洪通过一条古风飘飘的"变装视频"火出圈。视频中的刘洪身着古装，时而划竹筏、时而游湖岸、时而牵骏马，一举一动尽显武侠小说中的侠客风采，俊美外表让网友纷纷表示"不去拍古装剧可惜了"。2021年，刘洪变装成《笑傲江湖》中的侠客，一条仅12秒的短视频收获了超20万点赞。他也成了自己家乡旅游业的"当红代言人"。目前，刘洪的短视频账号已经有200多万粉丝，他主演的文旅系列短视频点赞量动辄突破百万。他在个人简介里写道："如果能宣传我的家乡四川甘孜，我愿意做一名'网红'！"

实训题目：请分析各地文旅部门相关政府官员利用短视频发展当地旅游带来的影响，以及新媒体文案在此过程中发挥的作用。

三、实训成果与评价

1. 成果要求

（1）形成分析报告：针对实训题目形成一份较为完整的分析报告。

（2）提交讨论记录：每组设组长1人、记录员1人，分析报告必须有小组各成员讨论的详细记录。

（3）撰写文字小结：内容可包括通过此次小组合作发现的不足之处和建议等。

2. 评价标准

（1）上课主动配合教师，积极思考并发言，拓宽分析问题的思路。

（2）认真阅读材料，积极参加小组讨论，分工合作较好。

（3）分析报告内容基本完整，能结合所学理论知识解答问题。

第5章 新媒体广告

案例导入

2023年1月14日，哔哩哔哩（简称B站）发布了春节特别企划宣传片——《第3286个站》，描绘了春运期间的年轻人铁路群像。

B站与其他视频网站最显著的区别在于，B站有自己明确的用户群体，因此本片在开头最先提到的就是年轻人，打造一种专属于年轻人的动感和浪漫。

这些年轻人可能已经成家立业，可能已经有了自己的孩子，也可能还在孤身拼搏之中。蓦然回首我们才发现，那些我们原本以为很成熟的人，其实也很年轻。

案例解读

B站这支企划宣传片也可以看作是一条"社会议题纪录片"，或明或暗两条线交织并行。一条线是3285个火车客运站，它既表达了中国之大、流动之广，也向观者讲述了我国铁路铁道建设取得的巨大成就；另一条线则是专注讲述车站和旅途中年轻人的自身体验和感受，表现他们返回家乡的喜悦和期待，牢牢扣住"从世界 奔向家"这个主题——当然，B站一直陪伴在这些年轻人身边，从这个角度上讲，B站既是一个车站，也是家乡。B站洞察年轻人情绪，再选择最适合迸发年轻人情绪的节点，代表年轻人发声，通过引发共鸣与受众建立起情感连接，与此同时也将自己的品牌形象根植于受众心中。

思考问题

1. 当前的新媒体广告呈现出哪些新特征？
2. 从B站的企划宣传片中你能得到什么启示？

5.1 新媒体广告认知

新媒体广告是指建立在数字化技术平台上，区别于传统媒体，具有多种传播形式与内容形态，并且可以不断更新的广告。

5.1.1 新媒体广告的概念与发展历程

目前国内学界业界对"网络与新媒体"一词缺乏比较统一的认识，更没有较为权威的概念解读，因此在较多场合提到的"新媒体广告"可从以下两个层面来理解。其一，以Web传统互联网、Wap（Wireless Application Protocol，无线应用协议）移动互联网、其他非网络化的新型媒介为主要载体的新兴广告形式；其二，新兴传播或营销理念所催生的新的广告传播理念与业务形态。

1. 新媒体广告的概念

随着技术的发展和互联网的兴起，新媒体广告作为一种新生的广告出现在公众视野中。直观地讲，在网站上看到的那些具有广告性质的文本、图像以及其他形式的载体，都可以纳入新媒体广告的范畴。从技术层面考察，新媒体广告是指以数字代码为主要载体，采用先进的电子多媒体技术设计制作，通过互联网或其他新型媒介广泛传播的具有良好交互功能的广告。

从新媒体广告的法律定义来说，新媒体广告可以分为广义和狭义两种。广义的新媒体广告指企业在互联网或其他新型媒介上发布的一切信息，包括公益性信息、企业的商品信息，以及企业自身的互联网域名、网站、网页等；狭义的新媒体广告是指广告主在互联网或其他新型媒介上发布的异步传播的具有声音、文字、图像、影像和动画等多媒体元素，可供网络受众观看（收听），并能进行交互式操作的商业信息传播形式。

2. 我国新媒体广告的发展历程

新媒体广告的发展受多种因素的影响。在内部因素方面，网络媒体、广告主、广告公司作为广告活动主体，直接决定着新媒体广告的形式和市场规模，对新媒体广告各发展阶段特点的形成起着主导作用；在外界因素方面，国际新媒体行业的变化和我国新媒体行业的发展也不同程度地决定着新媒体的市场结构，并通过对新媒体影响力的构建间接地左右新媒体广告的发展。综合新媒体广告的特点变化和关键节点，可将其发展历程分为起步期、调整期、跨越期、猛进期和主导期5个阶段。

（1）混沌中探索的起步期

1994年，我国与国际互联网实现联通，国内四大骨干网相继建成，这标志着我国进入第一代互联网时代。其后的4年间，我国互联网在带宽环境、网站数量和用户规模等方面都取得了一定的发展，多个有重要影响力的网站相继诞生，如三大门户网站（新浪、搜狐、网易），第一个电商平台（阿里巴巴），第一家网上书店（当当网），第一个网上聊天软件腾讯QQ（最初叫Oicq），等等。这些网络媒体在技术与资本的结合下迅速发展，开拓了用户接入、虚拟主机、电子商务、信息检索、网络门户、免费邮箱、免费个人主页、新媒体广告等多种业务，在短时期内形成独特的定位，初步培育了一定规模的忠实网民。

其中，一些网络媒体的运营者萌生了通过新媒体广告营利的意识，主动吸取国外先行者（如美国在线、网景、雅虎等）的经验：在产品方面，设置自身广告的形式、尺寸和规格，如将Banner广告（横幅或旗帜广告）设计为486px×60px等；在运营层面，聘用国际权威第三方机构进行数据监测，或购买专业广告管理软件进行广告管理等。同时，该阶段我国网络媒体还积极通过公关、广告、研讨会等多种方式进行宣传，发起了新媒体广告的"启蒙"运动。

（2）压力中成长的调整期

2001年之前的数年间，大量疯狂的投资者涌入互联网行业，"一夜暴富"的神话接连上演。然而，繁荣表象的背后却一直存在着被大家忽视的互联网用户规模有限和盈利模式不清晰等困境。因此，当"热钱"烧完却仍看不到回报时，投资机构便开始纷纷退出，诸多互联网企业因资金难以为继而倒闭，已经上市的互联网企业则股价大跌，恐慌情绪四处弥漫，互联网泡沫迅速破裂。

受此影响，我国互联网企业进入了艰难的时期，面临着巨大的生存压力。以新浪、网易、搜狐三大门户网站为例，尽管它们都在2000年先后登陆纳斯达克，但随后股价便一路下滑，最低时仅为每股几十美分。与此同时，我国国内信息化程度不断加深、互联网行业环境日渐改善、基础设施建设持续进行、移动互联网崭露头角，这又为网络媒体提供了发展机遇。在此种情况下，我国网络媒体的关注焦点从"融资"转移到"赢利"上，针对自身市场和用户特征，探索出新媒体广告、手机短信、网络游戏等多种商业模式以寻求自救。

其间，新媒体广告的价值不断凸显，一些网络媒体高度重视，对新媒体广告资源的开发力度随之不断加大，这推动着新媒体广告的持续发展。但在整体市场规模上，受互联网泡沫破裂、投资机构的观望和撤出等多重因素影响，新媒体广告收入的增长不再像先前那样迅猛。然而，此种收入增长放缓不代表停滞不前，种种迹象反映出我国新媒体广告在互联网寒冬"蛰伏"表象下蓄势待发的本质。

（3）勃兴中突破的跨越期

"寒冬"的到来在给互联网行业带来前所未有的打击的同时，也使人们回归现实，转向寻求更具盈利性的商业模式。再加上互联网技术仍在不断发展、用户数量持续增长，全球网络经济经历了"泡沫"的破裂后，已于2002年年底呈现出复苏态势，这使全球互联网行业跨过"寒冬"，迈入了新一轮的快速发展期。随后的几年间，风险投资者对互联网行业的热情再次高涨，这一方面为行业发展注入了更多活力，另一方面也促使互联网企业掀起了新一轮的融资、并购热潮，市场格局被不断改写，以博客、播客、SNS为代表的新型社交网站兴起，互联网进入了Web2.0时代。

我国互联网和新媒体广告于这一时期快速发展。作为新媒体广告的"土壤"，基于网络基础设施不断完备、网民规模逐步攀升的势头，我国互联网企业快速提升自身影响力，迈入了主流媒体的行列；同时，博客、视频网站（如土豆网、优酷网）、网络社区（如天涯网、百度贴吧、猫扑网、校内网）等新型网络媒体于此阶段快速发展，推动着我国互联网开始从仅仅以内容吸引眼球的Web1.0时代向"试图把人与内容的关系深化为人与人的关系"的Web2.0时代跨越，互联网的角色变得更加多元，产业规模迅速增长，社会影响力迅速增强。这均促使广告主对网络媒体的关注度提高、对新媒体广告的认知及认可度提升，并直接带动着我国新媒体广告在网络媒体、广告主、广告代理、收入规模和市场结构、广告规制等方面取得跨越式发展。

视野微拓展

富媒体广告是指能达到2D/3D效果的Video、JavaAudio等具有复杂视觉效果和交互功能的新媒体广告形式。其特征为：第一，广告中综合运用多种媒体形式，表现力丰富；第二，以独特的智能后台下载技术为依托，具有智能用户连接监测功能，可利用用户的空闲宽带进行广告文件的下载；第三，较一般的广告更具互动性，可自动追踪用户行为，并易于统计广告效果。

富媒体广告包含多种产品形式。

视频类广告，即广告中含有视频文件的广告，在用户打开网页时，页面右下角会浮出基本无损伤压缩的原视频内容，并可以在视频中添加一些互动元素。

扩展类广告，针对现有页面内广告位置，当鼠标指针滑过或单击时，广告显示面积发生变化，基于原广告位置进行扩展；当鼠标指针移开后，扩展部分自动消失。

浮层类广告，在打开网页时，浮层类广告会以不规则动画的形式突然出现在网页上。

其他类广告，非以上形式出现的富媒体广告，如地址栏广告、网页背景等。

2002年年底，伴随着影片《英雄》的宣传，在华扬联众的牵线搭桥下，由摩托罗拉赞助的电影《英雄》的片花，借助互动通iCast技术在新浪进行了投放，成为我国首支视频富媒体广告。而该广告所运用的声画结合的表现形式、较强的视觉冲击力和交互性，使得富媒体广告这一全新的广告形式迅速引起市场的广泛关注，iCast一度成为富媒体广告的代名词。

（4）期望中崛起的猛进期

2006年之后，国际互联网行业发展的势头更加强劲，Mashup、云计算、HTML5等新型互联网技术、网络开发标准陆续推出；移动互联网快速普及，移动App层出不穷，互联网用户规模与日俱增……在此种背景下，网络媒体的价值进一步凸显，新媒体广告的市场规模持续增长，其增速远高于电视、报纸等其他类型的广告，并占据广告市场更大的份额。

受国际网络媒体和新媒体广告发展潮流的影响，我国互联网普及率和社会影响力不断提升，2007年后我国新媒体广告也在"大国崛起"的宏大背景下迈入了猛进期。

伴随着新媒体技术的更迭，以及视频网站、游戏网站、社交网站、移动应用等新媒体平台的快速崛起，新媒体广告的形态不断创新。除了已经广为人知的搜索关键词广告、图形广告和富媒体广告，此时新媒体广告阵营中还多了不少新成员，比如视频贴片广告、网络植入式广告和移动App广告，这些新成员为新媒体广告的多元发展注入了活力。同时，一些网络媒体也不断优化已有的广告产品，如百度于2007年推出"品牌专区"后，又在精准广告的基础上推出由热门人物、热门事件的关键词触发的关联广告，使用户和广告主沟通更容易的捷径广告，以及专门为电商客户打造的掘金广告，使得广告产品体系更加完善。

（5）机遇中变革的主导期

2015年后，伴随"网络强国"、"国家大数据"战略及"互联网+"行动计划的实施，我国互联网迎来了重要的发展机遇，与经济社会各领域的融合也不断加速；在国家"大众创业、万众创新"的倡导下，广告业市场主体的活力被激发，新一轮的转型升级开始起步。此外，新《广告法》的出台，又进一步推动了广告市场的健康有序发展。在此阶段，新媒体广告的产品设计与运营方式不断革新，收入规模持续增长且市场趋于成熟，逐步发展成为拉动广告行业增长的主导力量。

网络媒体在继续深耕细作自身广告资源的基础上，针对移动互联网、社交媒体、视频网站等快速发展的新环境，有意识地布局移动广告、社交媒体广告、视频广告，以求获得市场竞争优势。

在移动广告方面，自2015年起，网络媒体将其广告产品研发、业务推广的重心进一步向移动端转移，如百度于2016年4月进行架构重组，专门设置移动服务事业群组部门；腾讯于2015年5月将广点通（移动App广告平台）与微信广告中心的业务统一管理，统一为广告主提供微信公众号广告、微信朋友圈广告、手机QQ空间信息流广告、腾讯移动联盟广告等多项业务，这直接带动移动端的收入在网络媒体营收中的占比不断提升。

在社交媒体广告方面，为迎合广告主对广告效果的要求，网络媒体一是开发出更多形式的广告，其中广告体验更好、互动效果更多的信息流广告成为众多网络媒体的发力点。如2015年，QQ空间与微博先后推出信息流视频广告，广告时长为10～15秒且只在Wi-Fi环境下自动播放。二是推出了新的广告计费方式，如新浪微博的CPE（按参与收费，如发一条微博、看完一整段视频或完成一份问卷调查）、CPF（将企业发布的目标微博置于粉丝信息流的顶部，并按粉丝数收费）、腾讯在社交平台推出的合约CPM（将传统的广告保量购买方式与程序化广告的人群定投相结合，广告主可购买目标人群在特定时段内的稳定曝光）。

在视频广告方面，与视频内容密切相关的内容原生广告、互动营销、场景营销，以及针对用户行为特征的精准营销，均是此时网络媒体的主要创新点。如爱奇艺的"群英荟"可供广告主利用百度地理信息数据锁定高档写字楼和高档住宅楼进行贴片投放。

此外，针对增强现实（AR）、虚拟现实（VR）等新技术，网络媒体亦结合自身优势及发展规划积极跟进。如百度延续"入口"模式，于2016年9月推出VR浏览器；阿里巴巴于2016年1月将VR/AR列入10亿元资金资源支持的创业加速计划，并于同年4月提出VR购物服务"Buy+"；2015年12月，腾讯结合社交及游戏领域布局公布了Tencent VR SDK及开发者支持计划。

5.1.2 新媒体广告的分类与特征

新媒体本身的种类就繁多，而新媒体广告以新媒体为载体，所以新媒体广告的类型至今也没有统一的标准。其实，对于新媒体广告类型的划分，依据不同的标准，划分出的类型也不尽相同。

1. 新媒体广告的分类

（1）以广告信息的识别度来划分

① 硬广告。硬广告是指企业或品牌把带有产品或品牌信息的内容直接地、强制地向受众宣传。其特点是目的的单一性、传播的直接性和接收的强制性。传统意义上的网络广告和富媒体广告都应属于硬广告这一类别。目前，新媒体硬广告可分为品牌广告（利用新媒体，以提升品牌形象和品牌知名度为目的）、产品广告（利用新媒体，以提升品牌和产品认知度、驱动购买为目的）、促销广告（利用新媒体，以刺激受众购买、提高市场渗透率为目的）、活动信息广告（利用新媒体，以告知消费者促销信息为目的）等。

② 软广告。软广告是指企业将产品或品牌信息融入新闻宣传、公关活动、娱乐栏目、网络游戏等形式的传播活动中，使受众在接触这些信息的同时不自觉地也接触到商业信息。软广告具有目的的多样性、内容的植入性、传播的巧妙性、接收的不自觉性等特点。新媒体软广告以植入式广告为主。按照广告植入平台类型的不同，新媒体软广告又可分为视频植入广告、游戏植入广告等。

（2）以广告信息作用于受众的方法来划分

① 整合类新媒体广告。这是把广告主或品牌自身所建立的、可向受众提供较全面品牌信息的媒体平台，概括为信息量丰富的新媒体广告。其主要表现形式为企业网站。企业网站作为企业的自有媒体，可以进行任何与企业有关的信息的宣传，具有多方面的传播效应。

② 推荐类新媒体广告。利用新媒体可以相互链接的特点，新媒体广告可以展开有目的、有重点、有目标的品牌信息推荐服务，从而将相关信息送至有需求的受众。推荐类新媒体广告一般由推荐的信源优化、推荐的中介渠道和推荐的目标受众3个部分组成。

③ 发布类新媒体广告。这类似于传统的广告，可直接对受众进行产品或品牌信息发布，但是因为这类广告是基于数字化技术而实现的，所以也属于新媒体广告。发布类新媒体广告的主要呈现方式有户外超大视频广告、楼宇视频广告、车载视频广告、网络上具有较强识别性的广告等。

④ 体验类新媒体广告。从产品经济到体验经济，从受众的生理需求到心理需求，广告在产品宣传的基础上也越来越注重受众的体验和感受。体验营销就是从受众的心理感受出发，为

受众设置特定的体验场景，使受众具有切实的产品消费体验，以此促进销售。而体验类新媒体广告则是利用新媒体广告可以营造虚拟、逼真的消费场景的特点，使受众能更真切地体验产品，促进相应的消费。

⑤ 暗示类新媒体广告。它是指在不影响受众正常使用的情况下，在人们关注的相关信息中巧妙地植入产品或品牌的信息，对受众进行潜移默化的影响，从而实现产品的销售。暗示类新媒体广告一般包括新闻类软文、博客等。

（3）以新媒体广告的载体形态来划分

① 数字电视广告。数字电视，指从节目采集、录制、播出到发射、接收全部采用数字编码与数字传输技术的新一代电视，是在数字技术基础上把电视节目转换成为数字信息（0,1），以码流形式进行传播的电视形态。数字电视广告则是依附于数字技术，在数字电视这一媒体形态上传播的广告。

② 手机广告。随着智能手机的普及及5G时代的到来，各种多媒体形式也将充分展现，基于此，广告在手机这一媒体上就有了大展身手的空间。简单来讲，手机广告就是通过手机来传播的广告。手机广告主要依赖于网络技术的实现，实际上它就是一种互动式的网络广告。手机具有网络媒体的一切特征，同时比互联网更具优势，因为它能与受众24小时亲密接触。手机广告可以具体划分为短信广告、手机电视广告、间隙广告、手机游戏广告。

③ 基于移动网络技术的户外广告。多媒体移动广告面向移动终端（手机、笔记本、个人数字助理、MP4等），以广播形式传送广播电视信号，技术实现方式为卫星覆盖、地面补点。结合地面数字技术，我们的广告摆脱了静止的人群，依附在各种交通设施上追随着忙碌的移动大军，从而使移动媒体如移动电视、车载电视、地铁电视等也成为户外广告投放的主要渠道。

2. 新媒体广告的特征

新媒体广告的特征在很大程度上取决于新媒体的特征，新媒体相较于传统媒体具有多种传播优势，因此，新媒体广告相对传统广告来讲也有新的特征。

（1）交互性

新媒体广告的交互性比传统广告更强，其广告内涵也得到了新的扩展。广告信息发送者和受众在网络传播中实现了即时的双向互动。这样，广告信息发送者能根据受众的需求，抓住受众的心理特征，从而即时调整自己的广告信息。广告信息的反馈使广告的发布不再是单向劝服，而是一种对话式沟通。另外，新媒体广告的交互性使广告信息不再是过去的"推"，而是现在的"拉"，即受众针对自己的产品需求可以主动上网找寻需求信息。新媒体广告不仅在产品与受众之间架起了一座桥梁，更是在品牌营销传播方面构建起一种互动式沟通，网络"一对一"的互动传播使品牌与受众之间形成了"一对一"的营销关系。

（2）兼容性

新媒体相比传统媒体在功能上有了重大突破，能发布大量的广告信息，如LED显示屏能持续滚动播出多条广告信息，并且能播放声音、动画等，因此，新媒体广告在推广新产品、塑造企业形象、提高企业知名度等方面都能广泛地发挥作用。互联网等新媒体集多种传播形式于一身，新媒体广告的内容展示形式也多种多样，文字和色彩兼备，甚至可以从平面到立体，从产品商标、品名、实物照片、色彩、企业意图到文化、经济、风俗等，无所不包。

（3）原创性

新媒体之所以"新"，最基本的是因为它具有原创性。这里的原创性是指一段特定的时间内时代所赋予的内容的创新，是区别于前时代形式或理念上的一种创新。例如，分众传媒就是一种新兴媒体，具有原创性，它之所以可以称为原创，是因为它把原有的媒体形态嫁接到特定的空间上，形式上是嫁接，理念上却是原创。高品质的新媒体广告需要诸多因素的配合，不仅需要视觉传达方面的设计，还需要程序设计等，这样才能创造出不同的表现方式。

（4）整合性

新媒体广告最显著的特点之一是时刻都不能远离广告策划，因为这也是新媒体独一无二的优点，即整合品牌信息的能力。消费群是由作为个体的人组成的，每一位消费者都不会具有完全一样的特征，他们总是在年龄、性别、职业、收入等人口统计特征上存在差异，还会在心理方面千差万别。所以对一个品牌进行传播时，我们总是对消费者进行细分，并且消费者细分得越准确，广告信息就越有效。但是现在，规模性的生产和统一性的传播并不能对应消费者细分的理念，这时新媒体广告的信息整合能力就显得尤为突出。例如，无论哪种类型的人接触新媒体广告，他都可以通过点击链接来了解详细的品牌内容，也可以与企业进行直接互动，这些信息最后都会被新媒体汇聚到一起用于品牌传播。

（5）即时性

新媒体广告之所以能即时管理信息，主要是因为具备成熟的互动性技术。消费者通过即时沟通消除了购买的焦虑，而商家通过信息追踪，即时调整产品策略。与传统广告的静止模式不同，新媒体广告可以与消费者进行实时动态的联系，实现信息即时管理，如可以进行个体咨询答疑、消费者投诉处理、消费者发帖管理和品牌危机公关等。

（6）个性化

新媒体广告把媒体选择权更多地交到了消费者的手中，消费者可以自主掌控产品或品牌信息的获得，不受时间空间的限制，选择自己愿意接受的广告信息方式和类型，甚至可以定制广告或产品，从而提高广告效率。

5.1.3 新媒体对广告的影响

创意是广告的灵魂，没有灵魂的广告达不到宣传效果，也很难激发人们的消费欲望。在现代多样化的环境里，消费者已经从被动接受广告的角色当中跳脱出来，进而产生主动选择广告的欲望，这无疑对广告创意提出了更高的要求。不过，新媒体的发展不仅催生了广告新创意，也促使广告创意理念得到了升级。

1. 新媒体对广告主的影响

随着消费市场供给端竞争的加剧，广告主越来越强调市场的细分以及与目标消费者的有效沟通，同时，广告主也越来越重视针对消费者的有效传播途径和到达率。而新媒体在这方面就能满足广告主的要求。一方面，它能针对目标消费者实施宣传，到达率高；另一方面，它能与目标消费者进行深度沟通和互动。例如楼宇电视、卖场电视等新媒体广告，广告主利用目标消费者在封闭空间内无可选择性的情况，让广告信息表现出较为强烈的迫使性，通过服务不同的客户精确地击中目标消费者，使广告效果最大化，充分降低传播的成本。这种高性价比的广告对于广告主而言无疑具有非常大的吸引力。

2. 广告策划的方向会更加精准

所谓精准定向化广告，就是通过Cookies等其他网络追踪技术，对受众按性别、年龄、地域、爱好、职业、收入等多种不同的标准进行分类，记录并保存受众的IP地址，分析受众消费行为，选择创意广告传播内容，然后利用网络广告配送技术，向不同类别的受众定向推送不同内容的广告。广告主可以依据广告内容、目标受众的不同特征，策划出合适的广告表现形式，以达到最佳的广告宣传效果。

3. 广告创意形式更具互动性

手机作为新兴媒体，集便携、交互和及时反馈等优点于一身，多种广告类型（图文、视频、HTML5等）均可在手机上传播，因此手机是现在比较理想的广告媒介。在此平台上，互联网广告创意作为吸引受众的核心，会更多地从单向的告知走向双向的互动。图5-1所示为支付宝AR实景红包活动，支付宝将广告创意放在了AR技术上，受众通过手机屏幕，可以把虚拟世界"套"在现实世界上并进行互动。互动的内容既新颖，又贴近受众日常生活，淡化了商业化的营销色彩。

图5-1　支付宝AR实景红包活动

4. 打破了传统广告管理模式

新媒体的管理机制相对模糊，商业化门槛相对较低，几乎任何一个人都有机会成为新媒体的一分子。必须看到，目前的新媒体热潮是由投资商、技术开发商、设备生产商、信息传播运营商、内容提供商和广告商一起参与的"市场共谋"。投资商需要新经济来刺激资本市场；技术开发商和设备生产商要通过新技术的商业化和产品的更新换代来获取市场空间；信息传播运营商要打破行业壁垒和穿越制度边界来扩大经营范围，寻找新的经济增长点；而内容提供商和广告商则要突破传播媒介的限制，扩大产品分销的渠道和增强市场议价的能力。这一切都是围绕着刺激和满足消费者接收和发送信息的市场需求来展开的，将对传统广告的管理模式带来影响。

5.2 新媒体广告创作

新媒体广告以其得天独厚的优势获得了大量广告主的青睐，近些年随着新媒体形式的丰富，新媒体广告也呈现出更加多元化的特点，创作则是新媒体广告的核心。

5.2.1 新媒体广告市场调查

俗话说"知己知彼，百战不殆"，在进行广告策划和创作之前，必须先对目标市场进行充分调查，只有对市场有了充分了解之后，才能创作出更有针对性的优质广告。

1. 新媒体广告市场调查的特征

尽管与传统广告市场调查有很多的相似之处，但由于数字网络技术的介入、数字网络媒体特性与网民特性等因素，新媒体广告市场调查呈现出不同于传统广告市场调查的新特征。

（1）突破时空界限

利用数字网络技术的优势，新媒体广告市场调查可以突破时间和空间的限制，调查的信息量和覆盖面大大增加。每天不间断的网络信息传播，使调查人员可以在任何时间通过网络收集相关信息；通过网络这一全球性的沟通平台，调查人员可以方便快捷地进行异地信息收集，既能降低调查成本，又能提升工作效率。这与受空间和时间制约的传统广告市场调查有很大的不同。

（2）凸显被调查者的主动性

在传统广告的市场调查中，被调查者往往处于被动地位，受调查人员自身素质及被调查者心理素质的影响，信息反馈可能存在偏差。例如在面对调查人员的追问时，被调查者基于防备心理，容易隐藏内心真实的想法。而新媒体广告市场调查的整个过程都是在网络上进行的，被调查者不会受到调查人员的主观影响，更容易如实地填写调查问卷，其主动性得以凸显，同时也能最大限度地保障其信息反馈的真实性和有效性。

（3）调查过程方便快捷

数字网络媒体具有良好的互动性，其信息传播快速、反馈及时的特性使网络问卷的发放与回收变得非常方便、快捷。利用相关计算机统计软件，网上问卷可在回收的同时自动进行数据资料的汇总、统计与分析。由于网上问卷从设计、发放、填写到回收、整理、分析这一系列的过程都可以在网上完成，因此可以节省整个调查过程中人力、物力、时间成本的投入，从而以较低的时间成本和资金投入收集信息。

（4）标准化程度高

网络调查省去了编码录入环节，从而避免了数据录入过程中的遗漏与错误。调查人员借助自动统计软件，可以在较短的时间内完成标准化的数据统计分析工作，并在此基础上对调查结果做深入分析与研究。同时，调查人员还可以根据实际需要，对分析应用软件进行改进和提高，以适应不同的调查和不同的统计分析报告。

（5）更好的接触效果

传统广告市场调查活动需要耗费大量的人力，周期也比较长。网络调查就避免了相关问题，由于网民多会较有规律地查收个人电子邮件，因此网络能够准确抓住目标调查对象。调查公司可以通过他们手中掌握的邮件列表对网民进行自愿调查，当然，适当赠送一些纪念品是必要的。实践表明，网民大多不反感网络调查方式，甚至乐于参与。

（6）调查过程的可检验性和可控制性

网络调查可以附加全面规范的指标解释，有利于消除因对指标理解不清或调查人员解释口径不一而造成的调查偏差；问卷的复核检验由计算机依据设定的检验条件和控制措施自动实现，可以有效地保证对调查问卷进行全面的复核检验；通过对被调查者进行身份验证，可以有效地避免信息采集过程中的舞弊行为。

2. 新媒体广告市场调查的目的

在传统广告活动中，市场调查是整个广告活动的起点，它为广告策划提供科学的依据，是保证广告策划完善而有效的前提和基础。同样，广告主在选择运作新媒体广告的时候，针对新媒体广告的市场调查也是必不可少的环节。新媒体广告市场调查的目的如下。

① 为广告主制定决策或调整市场营销策略提供客观依据。

② 帮助广告主及时发现市场机会，开拓新市场。

③ 有利于广告主进行准确的市场定位，更好地满足市场需要。

④ 协助广告主建立和完善市场营销信息系统，提高经营管理水平。

视野微拓展

市场营销信息系统是由人、设备和程序组成的一个彼此关联的结构，包括内部报告系统、营销情报系统、营销调研系统和决策支持系统4个子系统。其任务是准确、及时地为营销决策者收集、挑选、分析、评估和分配有关信息。其中，营销调研系统是对特定的问题和机会进行研究，是非常重要的子系统，缺少它必然影响整个市场营销信息系统的运行，影响企业的生产经营。持续的、系统的市场营销调研，可以加深对市场机制作用及方式的了解，提高对影响市场变化的诸因素及相互联系的认识，增强把握市场运行规律的能力，从而增强参与市场活动的主动性和自觉性，降低盲目性。同时，企业可以通过营销调研系统把握行业发展态势，了解消费者需求和竞争产品的市场表现，评估和监测市场运营情况，从而提高企业的经营管理水平。

3. 新媒体广告市场调查的过程

（1）确定调查项目

第一，解答以下问题：为什么要调查？调查中想要了解什么？调查结果有何实际价值？

第二，做到以下几点：通过调查找出现有问题或潜在问题的关键所在；通过调查可以获得更具体的数据信息，使管理层认可调查价值；调查时能区别数据信息。

（2）制订调查计划

根据已立项的调查项目制订有效收集信息的调查计划，一个调查计划的设计应包括数据信息的来源、调查方法、调查工具等。

数据信息的来源，主要是根据受众中存在的被调查群体的规模等来明确调查对象。调查对象可分为4类：消费者、竞争者、合作者和行业内的中立者。调查时应兼顾这4类对象，但也必须有所侧重。特别是在市场竞争激烈的今天，对竞争者的调查显得格外重要，竞争者的一举一动都应引起调查人员的高度重视。

调查方法，主要有在线信息搜索，网上访谈或在线座谈，采用电子邮件、网页调研等。

调查工具，可以利用的调查工具有电子邮件、新闻组及网站。如果企业网站已经拥有固定的访问者，可以利用自己的网站开展在线调查。如果企业还没有自己的网站，可以利用别人的网站进行调查，特别是借助访问率很高的知名网站。

（3）实施调查计划

将计划付诸实施，是市场调查的关键，具体包括收集、整理和分析信息等内容，可以利用计算机来快速地进行分析。这种分析结果通常是真实可信的。其中，人口统计分析是调查中很重要的一个部分。人口统计分析会对访问本企业站点的人数进行统计，从而分析出消费者的分布范围和潜在消费市场的位置。现在已经有了一项人口统计技术，即目标对象识别法。这种技术能在被应用的站点上跟踪调查访问者，有助于准确地把握访问者的情况。

（4）完成调查报告

在数据整理和分析工作完成之后，下一步就要写出调查报告，解释和汇报调查结果。

5.2.2　新媒体广告策划

在进行新媒体广告策划之前，首先要明确战略和策略是两个相对而言的概念。企业的广告战略在一定历史时期内具有相对稳定性；而策略具有较强的灵活性，是指为实现战略任务而采取的手段，是战略的一部分，它要服从于战略，并为达到战略目标服务。战略任务必须通过策略来逐步完成，两者间的关系为全局与局部的关系。

1. 新媒体广告战略策划

在新媒体环境发展日益成熟的时代，广告产业也正经历着从传统媒体环境向新媒体环境的转变。伴随着现代电子、数字技术的发展，很多先进的传播技术被应用到传媒领域，从而赋予大众传媒新的表现形式。新媒体广告战略策划是指依托电子信息技术，确定整个新媒体广告活动指导思想、目的、原则的宏观运筹和谋略。

（1）新媒体广告战略策划的特征

无论是新媒体还是传统媒体条件下，广告战略策划都具有广告战略对广告活动的指导性和方向性、广告战略的科学性和创造性、广告战略的抗衡性和协调性、广告战略的全局性和长期性等特征。

① 广告战略对广告活动的指导性和方向性。广告战略是企业广告策划的核心。广告战略一旦确定，就对广告策划、广告作品设计与制作具有指导意义。广告战略还规定了整个广告活动发展的方向，是实现广告目标的核心机制，直接制约其他一切因素在特定的目标条件下的行动。

② 广告战略的科学性和创造性。广告宣传成功的关键是要有一个科学的、创造性的广告战略，这也是整个市场营销战略获得成功的关键。广告战略不是市场营销战略的简单翻版，而是对市场营销战略的创造性发展。它的形成是一个创造性的过程，它会因市场条件和营销目的的不同而不同，是一个具体的、可执行的战略。

广告战略并不是心血来潮、突发奇想的权宜之计，而是在周密的市场调研基础上，从企业的发展全局出发，为企业的长期发展考虑，审时度势精心谋划制定出来的。

③ 广告战略的抗衡性和协调性。广告战略作为市场竞争的一种谋略，通常是依据某一具体的营销目标、某一特定的竞争形势，或某一特定的竞争者而制定的。所以，广告战略必须考虑到与竞争者在市场上的抗争与制衡问题。在考虑具体竞争、抗衡的同时，还要从长远发展的角度和全局的高度协调好广告战略与各个社会环境因素、传播环境因素的关系，协调好全局与局部的关系、战略与战术的关系等。

④ 广告战略的全局性和长期性。广告策划者应当根据新媒体广告活动所处的客观条件确立与之相适应的广告战略，这样才能使广告战略具有正确的指导思想。

（2）新媒体广告战略策划的程序

新媒体广告战略策划程序一般包括4个方面。

① 确定广告战略思想。广告战略思想是广告活动的指南，开展新媒体广告活动首先要解决"为什么做广告"的问题。要解决"为什么做广告"的问题，关键在于新媒体广告战略策划中要有明确的战略思想。常见的战略思想有积极进取的观念、高效集中的观念、长期渗透的观念、稳健持重的观念、消极保守的观念，这5种观念都产生于一定的客观条件下，同时又与特定的客观条件相适应。

② 调查和分析环境。环境因素对广告战略的制定有着关键性的影响作用。广告策划者要想制定一个能引导企业的广告活动走向成功的新媒体广告战略，就必须全面调查和分析环境，包括内部环境和外部环境。内部环境指企业自身的规模、产品、资金、人员、经营发展战略、市场营销战略等因素。外部环境指与本行业有关的经济、生产、市场、技术、竞争者和有关政策等因素，尤其要把握现有市场中可以使用的新媒体技术条件。

③ 确定基本目标和任务。在调查和分析环境的基础之上，企业可以确定围绕新媒体广告策划活动的基本目标和任务。任何一个广告活动，只有确定其基本目标和任务之后，才能有效地制定战略规划。新媒体广告活动的基本目标和任务往往取决于营销目标和任务的设定。

④ 制定战略内容。基本目标和任务确定后，就要着手制定新媒体广告战略的内容。广告战略一方面包括一些指导性的政策，以引导广告活动实现其目标，另一方面就是职能战略。职能战略主要包括市场、产品、广告媒体、广告表现、广告实施等一些特殊领域内的战略。

2. 新媒体广告策略策划

新媒体广告策略的核心内容包括新媒体广告目标市场策略、新媒体广告定位策略、新媒体广告诉求策略和新媒体广告表现策略。

（1）新媒体广告目标市场策略

随着消费市场的成熟分化，广告主的媒体观发生了巨大变化。针对媒体格局的变化，广告主改变了以往单一、粗放式的媒体投放战略，开始寻求媒体使用差异化战略，倾向于综合使用多种媒体，并且积极开发新媒体。目前，对新媒体的开发与创新，已经进入一个服务深耕阶段。

新媒体广告需要找准目标受众，有针对性地投放，以吸引他们的关注，也就是从"广而告之"到"准而告之"。吸引目标受众的关注之所以有价值，是因为如果受众不关注，那么不论广告主投放多少都是无效的。而对于广告主来说，其更希望接触到相关信息的人是关注该信息的人。

对于目标市场策略，新媒体主要采用集中性目标市场策略、个性化目标市场策略、无差异性目标市场策略和差异性目标市场策略。这4种目标市场策略各有利弊，企业选择时应考虑自身的各种因素和条件，如企业规模和原料供应、产品类似性、市场类似性、产品生命周期、竞争的目标市场等。选择适合本企业的目标市场策略是一项复杂的工作。

（2）新媒体广告定位策略

借助新媒体舞台，新媒体广告凭借其独特的传播优势，逐渐成为企业常用的一种促销手段。然而，新媒体广告的传播效果不容乐观，新媒体广告策划定位不准确是造成这种现象的主要原因。由于新媒体广告具有非强迫性传达信息的特点，因此，广告策划者要善于使用新媒体广告定位策略，提高信息传播的质量和效率。

（3）新媒体广告诉求策略

广告诉求是广告宣传中所要强调的内容，也称为"卖点"。在新媒体广告策略策划的大框架中，广告诉求策略是一项核心内容，体现了整个广告的宣传策略。倘若诉求选定得当，广告会对受众产生强烈的吸引力，激发起消费欲望，从而促使其实施购买产品的行为。

（4）新媒体广告表现策略

广告表现，就是借助各种手段将广告的构思创意转化为广告作品的过程，即按照广告的整体策略为广告信息寻找有说服力的表达方式，以及提供成形的广告作品的过程。而广告表现策略，就是包含在广告策划策略中的关于广告信息的有效传达的指导性方针。

新媒体环境下，传统意义上告知性的由单一媒体发布的广告的传播力日渐变弱。在数字技术日新月异的今天，各种新兴的媒体形式如雨后春笋般涌现出来，新媒体平台融合了图像、文字、声音、视频、交互等多种传播手段，极大地丰富了视觉传达的表现方式和范围。与此同时，整合营销传播理念的提出为广告能够有效整合各种表现元素，用一个统一的声音对品牌进行全方位的传播提供了理论支持。

5.2.3　新媒体广告创意

广告创意是整个广告策划活动的中心环节，也是广告的灵魂，创意角度的选择直接决定了此次广告活动的成败。创意的价值贯穿于品牌推广活动的始终，其价值的体现依赖于各个环节的有效执行、承接，就好比木桶理论，其中任何一个环节出现短板，都将影响创意价值的最大化。新媒体环境下，广告创意必须与最新科技相结合，把技术因素加入广告传播中，以提升创意的价值。

1. 新媒体广告的创意角度

（1）广告策划者或设计者以自我为中心，从自身出发而选择的创意角度。

（2）以企业产品为中心，从生产厂家或销售商场的根本利益出发，站在广告主的立场上选择。

（3）以受众的利益为中心，从受众的价值观念出发，站在受众的立场上进行广告宣传。

2. 新媒体广告的创意形态

数字技术的快速进步，在带动互联网高速发展的同时，也带动了新的传播技术的蓬勃发展，这使得传统的信息传播方式发生了革命性的变化，广告业的运营进入了一个新的时代。在新媒体环境下，广告创意在不同领域呈现出不同的形态。

5.2.4　新媒体广告设计

新媒体广告设计不是简单地利用新媒体工具复制、粘贴并进行传播与发布，而是尽情地发挥广告的创意与思想观念，对广告的整体战略进行运筹规划，是对提出广告计划以及实施广告计划、检验广告决策的全过程做预先的考虑与设想。广告策划者需根据受众的生活习惯、企业的市场目标、广告定位结论，以及各种媒介的性能特点、优势和劣势等，选择好宣传媒介，确定广告媒介策略。

1. 新媒体广告设计的概念

在新媒体时代，广告设计的传播形式与内容发生了很大的变化，广告设计从原来的单向传播逐渐发展到互动、动态的多元化传播，广告设计方法出现了创新，计算机成为主流设计工具。作为数字时代重要传播方式的新媒体，为广告设计的创意提供了全新的发展空间。

2. 新媒体广告设计的特征

（1）新媒体广告设计数字化

传统媒体只能通过纸质的印刷或声音等向受众传播信息，新媒体则可以运用虚拟环境传播信息。新媒体的飞速发展，使人们越来越熟练使用手机、计算机等电子产品接受信息。新媒体的出现打破了传统媒体固有的传播模式，突破常规的单向传播，并在感官上给受众带来了不一样的体验。

（2）新媒体广告设计从单向传播向多向互动转变

传统的报纸、杂志、电视、广播不仅受到时间、地点的影响，还要经过烦琐复杂的工序检验，这就使信息不能在第一时间内传播给受众，且受众只能单向接收信息。

新媒体时代，只要是在法律允许的范围内、受众便可以在平台上随心所欲地发表言论，表达自己的想法。受众能根据自己的意愿选择想要接受的内容，然后与想法一致的人进行交流互动，甚至用自己的想法和观点去影响其他人。

（3）新媒体广告设计个性化模式

传统媒体时代，由于技术的限制，人们不能完全根据自己的想法去选择想要了解的信息，他们的选择仅限于看哪种类型的报纸、杂志或电视频道。而新媒体时代的搜索引擎完全满足了人们想看什么就看什么的需求，他们可以选择自己喜欢的音乐、文章、视频。有些类型的App甚至会向人们推荐可能喜欢的内容，根据人们在搜索引擎里搜索的内容猜测人们可能会感兴趣的东西，可谓是非常人性化了。

5.3 新媒体广告运营

新媒体广告运营是指通过移动互联网手段，利用抖音、快手、微信、微博、贴吧等新兴媒体平台进行产品宣传、推广、营销的一系列活动。通过策划与品牌相关的优质内容和线上活动，向受众广泛或者精准推送信息，提高受众参与度和品牌知名度，从而充分利用粉丝经济，以达到相应的营销目的。

5.3.1 新媒体广告投放的选择与组合

新媒体广告设计制作完成后，其内容通过媒体渠道投放得以显现，广告的效果亦是投放之后才可以进行测评的。

1. 新媒体广告的投放方式

网络投放广告的渠道和方式众多，企业应根据自身情况及新媒体广告的目标，选择适合自己的新媒体广告投放渠道及方式。目前主要有以下13种投放方式，企业可以根据自身的需求从中选择。

① 主页投放。

② 商业网站投放。

③ 专类销售网投放。

④ 电子邮件列表投放。

⑤ 黄页投放。

⑥ 企业名录投放。

⑦ 网络报纸杂志投放。

⑧ 友情链接投放。

⑨ 同行投放。

⑩ 网络社区投放。

⑪ 微博、微信、**App**投放。

⑫ 手机**Wap**投放。

⑬ 户外媒体广告投放。

2. 新媒体广告投放应注意的问题

近年来，企业通过有效的新媒体广告提高知名度和增强影响力，已成为企业在商业竞争中不可或缺的竞争手段。效果好的新媒体广告可以给企业带来更多可观的收入，所以合适的新媒体广告是企业在市场竞争中取胜的法宝之一，企业对这种广告赞不绝口。那么，企业投放新媒体广告应该注意什么呢？

（1）注意广告形式

在投放新媒体广告之前，企业需要确定广告的形式。从目前的情况来看，广告的形式主要分为网络和实体两种，流行的网络广告包含图片、文字、视频等多种表现形式。其中，移动广告市场中的视频广告目前颇受青睐。使用移动视频广告可以快速吸引受众的注意力，但并非所有产品都适合这种形式。因此，新媒体广告的质量和数量需要根据企业自身的产品确定，充分利用丰富的广告内容和形式，使广告效果更好。

（2）注意准确把握目标群体

视觉大数据支持更多的信息，甚至受众的行为也可以通过大数据来判断。为了取得更好的新媒体广告效果，企业需要准确把握目标群体，只有针对这部分目标群体投放，才能提高广告转化率。因此，在新媒体广告的投放过程中，企业需要充分分析目标群体的信息，然后进行有针对性的筛选。

（3）注意选择合适的媒体

随着互联网的快速发展，各种媒体纷纷涌现，企业宣传必须选择合适的媒体。在选择之前，可以先分析企业的定位，看是需要宣传产品还是建立企业形象。宣传产品可以选择流量大、日常活动量大、尽可能多的媒体曝光，并控制重复率；要想建立企业形象，可以选择一些相对垂直的媒体平台投放，受众更准确，效果反馈更好。

新媒体广告需要注意广告的形式和对目标群体的把握。除了新媒体广告的质量和数量，我们还需要关注交付渠道，因为每个渠道的流量都需要达到一定程度。因此，当自身能力不足时，各大企业最好寻找新媒体广告渠道，以更好地开拓市场。

5.3.2　新媒体广告的效果评估

新媒体广告由于其交互直接、反馈及时、覆盖面广、无时空差异、针对性强、便于统计、费用低等优势，越来越被企业所看好。除上述优点外，新媒体广告不同于传统媒广告的一个特有优势便是其效果的可评估性。

1. 新媒体广告效果评估的概念

新媒体广告效果评估包含两方面的含义：一方面是新媒体广告活动效果的评估，另一方面是新媒体广告本身效果的评估。本书所叙述的仅限于新媒体广告效果的评估，是指对新媒体广告通过网络媒体发布后所产生的作用和影响，或者说目标群体对广告宣传的反应进行评估。

2. 新媒体广告效果评估的特点

计算机本身的数字编码能力和网络资讯空间，为评估新媒体广告效果提供了现实的基础。

（1）及时性

网络媒体和受众之间的沟通交流远远快于传统媒体，企业能够在很短的时间里（通常只有几分钟）收到信息，并根据大多数受众的要求和建议做出积极反馈。新媒体广告效果评估既迅速又直观，企业可以随时了解广告被关心的程度、广告的传播效果、广告产生的社会影响，甚至广告的经济效果，等等。

（2）可靠性

受众在回答问卷时多是在自己家中，舒适、安静的环境以及不受调查者的影响使得他们回答问题时从容、自信，这大大提高了回答问题的质量，增强了新媒体广告效果评估的可靠性。

（3）易统计性

方便统计是新媒体广告效果评估的又一特点，不论是采用何种指标计量，只要使用适当的软件工具都很容易统计出具体、准确的数据。这是传统媒体广告效果评估所无法比拟的。

（4）自愿性

新媒体广告本身就具有自愿接收的特点，这种特点使得一向讨厌传统媒体广告的人也对它网开一面，甚至产生了友好的感觉。因为传统媒体广告（如电视广告）不管受众愿不愿意、喜不喜欢，一味强行地把广告推给受众，而受众只能被动接受这些信息，几乎没有选择的权利。新媒体广告则使受众充分享有主动选择的权利，受众可以按需查看。

（5）高技术性

新媒体广告效果评估比以往任何时候都更加依赖科学技术的进步和发展，因为互联网本身就是高科技的产物，是信息时代的特征。

（6）广泛性

互联网是一个开放的全球化网络系统，它的受众是广阔无限的，同时它是全天候的。对于一则新媒体广告来说，它可以被世界上任何一个国家的受众看到，受影响的受众可能产生购买行为；从新媒体广告效果评估来说，其评估的范围也同样是全球的受众，可以从全球的受众那里获得好的建议。因此相对于传统媒体广告效果评估来说，新媒体广告效果评估具有极其广泛的调查目标群体，新媒体广告效果评估的正确性与准确性得到空前增强。

（7）经济性

与其他传统媒体广告相比，新媒体广告效果评估投入的成本最为低廉，这也是新媒体广告效果评估的特殊优势之一。任何企业、团体在投放广告时都要首先考虑成本，更确切地说是首先考虑单位成本的效果。单位成本的效果越好，就越值得投放广告；反之，就越不值得。新媒体广告效果评估以其针对性强、效果好、费用低而受到众多企业的喜爱。

5.3.3 新媒体广告的监管

监管是维持市场稳定和长远发展的重要环节。广告监管之于广告活动如影随形，从这个意义上说，我国的广告监管与我国广告业的发展紧密相连。广告监管是指广告管理机构、广告行业协会及社会监督组织依照广告的相关法律、法规和政策规定，对广告行业和广告活动实施的监督、管理、协调与控制活动。

1. 我国当前新媒体广告监管模式

在监管上，我国新媒体广告监管承袭了传统的监管模式。我国广告监管主要由广告行政监管（包括广告审查制度）、广告行业自律和广告社会监督3个子系统构成。

广告行政监管是我国现阶段进行广告监管的一种主要方法，它的最高行政机关是国家市场监督管理总局。

广告行业自律是一种由广告从业者成立行业组织、制定行业章程和行业规则的行为，由广告行业自律组织和广告行业自律规则两个方面组成。我国广告行业自律组织中最有影响力的当数中国广告协会，其在1990年制定了《中国广告行业自律规则》。

广告社会监督则是广大消费者通过广告社会监督组织，借助媒体等的作用来依法对广告进行日常监督的行为。在我国，广告社会监督组织主要是指中国消费者协会和各地的消费者协会。

我国的广告监管模式能够维护规范有序、公平竞争的广告市场秩序，营造和谐诚信、利于发展的广告市场环境并保障广告业持续稳定发展。但是，面对新的信息传播方式，这种监管模式有时显得无所适从。

2. 新媒体广告监管的困境

随着新兴媒体层出不穷，监管范围也逐步扩大，广告监管工作遇到更多新情况、新问题，所以在新媒体的环境下，传统广告监管模式必然会有多方面的不适应。总体来说，当前新媒体广告监管面临着以下困境。

（1）广告的违法率居高不下

近年来，随着互联网的快速发展，其覆盖面广、信息量大的特点导致新媒体广告数量庞大，质量也参差不齐，违法虚假广告逐渐增多，带来恶劣的社会影响，尤其是数量众多的自媒体广告成为违法的"重灾区"。这意味着监管部门需要投入更多的人力、物力、财力来发现和查处相关案件，大大增加了执法成本。

（2）广告具有很强的隐蔽性

互联网搜索广告、朋友圈广告、植入式广告等没有明显的广告标识和利益导向，可读性、趣味性更强，消费者容易被故事、情节所吸引，从而不知不觉地接受并认同其理念和产品，进而做出相应的行为，达到更好的广告效果，但同时也加大了监管部门查处的难度。

（3）广告法律关系主体复杂

新媒体广告涉及多方主体，包括广告主、广告经营者、广告发布者、广告代言人、互联网信息服务提供者等。由于互联网极大地简化、合并了制作、经营、发布广告的行为，因而各主体的界限变得模糊，很多主体的身份发生了重合，导致各方的权利义务关系和法律责任复杂化。

3. 新媒体广告监管建议

目前，随着数字、网络、通信技术的不断发展，三网融合的加速进行，搜索引擎广告、手机广告、移动电视广告等新媒体广告的发展速度将远远快于传统媒体，这给网络监管提出了新的要求，监管方式方法也亟须跟上网络发展的速度，采取相应措施加强对新媒体广告的监管。

（1）完善政府监督

政府在新媒体广告监督方面应起到积极的主导作用，从制度制定、法律法规完善、监督队伍建设等多层面完善对广告的监督。

（2）加强行业自律的力度

新媒体广告的行业自律组织是指由广告行业三方参与者（广告主、广告媒体和广告公司）自发成立的民间组织，行业自律组织通过制定行业规则、会员守则等方式，完成对广告活动的监管。

（3）社会监督管理

新媒体广告监管有赖于各参与主体共同完成，而最为广泛的监督管理则是社会监督管理。

知识测验

一、不定项选择题

1. 以广告信息作用于受众的方法来划分，可以将新媒体广告划分为（　　）。

   A. 整合类新媒体广告   B. 推荐类新媒体广告

   C. 软广告   D. 发布类新媒体广告

   E. 体验类新媒体广告   F. 暗示类新媒体广告

2. 新媒体广告的特征包括（　　）。

   A. 交互性   B. 兼容性

   C. 原创性   D. 整合性

   E. 即时性   F. 个性化

3. 新媒体广告市场调查的特征有（　　）。

   A. 突破时空界限   B. 凸显被调查者的主动性

   C. 调查过程方便快捷   D. 标准化程度高

   E. 更好的接触效果   F. 调查过程的可检验性和可控制性

4. 新媒体广告效果评估的特点有（　　）。

   A. 及时性   B. 易统计性

   C. 灵活性   D. 随机性

   E. 高技术性   F. 经济性

二、填空题

1. 从技术层面考察，新媒体广告是指以_____为主要载体，采用先进的_____技术设计制作，通过_____广泛传播的具有良好_____功能的广告形式。

2. _____年，我国与国际互联网实现联通，国内四大骨干网相继建成，这标志着我国进入第一代互联网时代。

3. 一个调查计划的设计应包括_____、_____、_____等。

4. 新媒体广告战略策划程序一般包括_____、_____、_____、_____4个方面。

5. 我国广告监管主要由_____、_____和_____3个子系统构成。

三、简答题

1. 网络投放广告的渠道和方式众多，企业应根据自身情况及新媒体广告的目标，选择适合自己的新媒体广告投放渠道及方式，请列举目前的13种投放方式。

2. 随着新兴媒体层出不穷，监管范围也逐步扩大，广告监管工作遇到更多新情况、新问题，请简要回答新媒体广告监管面临哪些困境，并简要分析如何解决这些问题。

📖 技能实训

一、实训目标

1. 认知目标：能够通过讲解和讨论等环节掌握相应知识点。

2. 行为目标：能够初步了解新媒体广告的分类与特征，并对不同的新媒体广告运营效果进行分析及评估。

3. 情感目标：能够初步形成独立思考能力和自主学习能力。

二、实训内容与要求

1. 教师说明实训目标、方式、要求，激发学生实训的主观能动性。

2. 教师介绍新媒体营销的概念、特点。

3. 教师建议3～5名学生为一组阅读下面的材料，并布置实训题目。

4. 所有学生相互评议，教师进行点评、总结。

　　新媒体营销是建立在网络新媒体、数字新媒体、移动新媒体等新媒体基础上，以及在深入研究互联网资源、熟悉网络营销方法的基础上，从企业的实际情况出发，根据不同网络营销产品的优缺利弊，整合多种网络营销方法，为企业提供的网络营销解决方案。新媒体营销也被称为网络营销，简单地说，新媒体营销就是整合各种网络营销方法，与客户需求进行比对，以便给客户提供最佳的网络营销方法。

　　实训题目：分析抖音、微信、知乎、哔哩哔哩等不同平台的新媒体营销具有哪些特点，并分析新媒体营销相较于传统媒体的优越性，以及新媒体营销的发展趋势。

三、实训成果与评价

1. 成果要求

（1）形成分析报告：针对实训题目形成一份较为完整的分析报告。

（2）提交讨论记录：每组设组长1人、记录员1人，分析报告必须有小组各成员讨论的详细记录。

（3）撰写文字小结：内容可包括通过此次小组合作发现的不足之处和建议等。

2. 评价标准

（1）上课主动配合教师，积极思考并发言，拓宽分析问题的思路。

（2）认真阅读材料，积极参加小组讨论，分工合作较好。

（3）分析报告内容基本完整，能结合所学理论知识解答问题。

第6章 新媒体营销

案例导入

2021年12月"东方甄选"直播间在抖音亮相，但直播间一直不温不火。直到2022年6月，主播董宇辉凭借双语无缝切换和信手拈来的知识典故得到了网友的追捧，直播间因此人气大涨。

董宇辉原本是新东方的一名英语老师，原本就以强大的个人魅力和深入浅出的讲解能力受到了不少好评。转型直播后，他将课堂上积累的丰富经验巧妙添加到直播间的商品讲解中，形成了一套独特的"讲解话术"。

相比于普通"带货"主播只会对产品进行重复、聒噪的吆喝，新东方的主播们个个身怀绝技，从诗词歌赋、人生哲学、天文地理再到才艺展示，网友们在"东方甄选"买的不只是产品，还有满满知识。

案例解读

在竞争激烈的农产品直播赛道，"东方甄选"用半年时间积累了大量粉丝，获得了较高的销售额，基本成功地实现了跨界转型，这与其采用的差异化营销组合策略密不可分。

第一是身份差异化。抖音平台的农产品直播，其主播群体以农民为主。就"东方甄选"而言，原本在教室教书育人的英语老师变身为直播间的农产品"带货"主播，这种身份的差异化引发了广大用户的强烈好奇心。

第二是形象差异化。我国用户对主播这一职业的认知是伴随虎牙、斗鱼、映客等电竞游戏平台诞生的，主播以青春靓丽的时尚年轻女性为主。相比于第一代主播以"颜值"取胜，"东方甄选"的主播更多是以才华"吸粉"。除了深厚的英语专业基础外，有的主播能够出口成章，诗词歌赋信手拈来；有的主播风趣幽默，吹拉弹唱无所不能。"东方甄选"主播团队以其深厚的专业素养和文化功底颠覆了以往主播在用户心目中的单一形象。

第三是产品定位差异化。针对农产品直播行业普遍存在的"低位竞价"问题，"东方甄选"在开播伊始就明确了其产品定位的差异化策略。它结合自身用户群体属性，坚持甄选高品质农产品，在同类产品中做到价格最低，满足了中高端用户以相对优惠的价格购买高品质产品的消费需求。

第四是内容场景差异化。在直播内容方面，"东方甄选"凭借主播背景建立其风格独特的个性标签，完全摒弃了行业常规话术，直播话题覆盖英语、文学、历史、地理、化学，也兼顾才艺。超强的品牌背书、差异化的多元内容、具有丰厚文化底蕴的主播团队，共同构成其明显的竞争优势。在直播场景创设方面，其利用先进的直播技术创设了"室内+室外"的双场景直播模式。除了常规的室内直播场景外，"东方甄选"还将直播间直接设在农作物种植区，这种真实的全景式场景展示为用户带来了沉浸式购物体验。

思考问题

1. 直播"带货"与传统营销模式相比有哪些优势？
2. 从"东方甄选"直播间的成功中我们可以学习和借鉴什么？

6.1　新媒体营销认知

随着数字技术的飞速发展，层出不穷的新兴智能媒体和遍布各处的高速网络深刻地改变着人们的生活和工作方式、企业的运营理念和模式、市场和产业的环境及格局……正是因为这些营销主体/客体、渠道、环境等方面的诸多变化，营销又有了新的理念与思路。

6.1.1　新媒体营销的概念

新媒体营销是在新媒体发展的基础上，通过新媒体这种渠道开展的营销活动。传统的营销追求的是所谓的"覆盖量"（或者叫"到达率"），体现在报纸杂志上就是发行量，体现在电视广播上就是收视率。这种传播方式本质上属于宣传模式，其传播路径基本上是单向的。

与传统的营销相比，新媒体营销不仅能够精确地获取访问量，甚至能够收集整理出访问的来源、访问的时间、受众的年龄、生活的地域以及消费习惯等。这样比传统营销更精准、更有效、更节省时间。而且事实表明，采用新媒体营销，企业将能够由单极向多极发展，选择更多；能更有效地收集客户资料，针对目标客户营销；降低成本，提高效率；更快更好地进行品牌宣传。

总的来说，新媒体营销是基于特定产品的概念诉求与问题分析，对受众进行针对性心理引导的一种营销模式。从本质上来说，它是企业软性渗透的商业策略在新媒体形式上的实现，通常借助媒体表达与舆论传播使受众认同某种概念、观点和分析思路，从而达到与企业品牌宣传、产品销售相关的目的。事实证明，新媒体营销可以给企业带来更多的选择机会，企业可以有针对性地为自己的需求客户提供一系列的营销方案，这大大节约了企业的营销成本，提高了企业的效益。

6.1.2　新媒体营销的特点

新媒体营销存在以下特点。

1. 目标客户精准定向

新媒体涵盖了丰富多彩和多样化的内容，微信、微博、博客、论坛等让每个人都可以成为信息发布者，浩瀚如烟的信息涉及各类生活、学习、工作等的讨论，展现了前所未有的广度和深度。通过对社交平台大量数据的分析，企业可以利用新媒体有效地挖掘目标客户的需求，为产品设计开发提供很好的市场依据。

2. 与受众的距离拉近

相对于传统媒体只能被动接受而言，新媒体在传播的过程中，受众可以利用现代先进的网络通信技术进行各种形式的互动，这使传播方式发生了根本性的变化。移动网络及移动设备的普及，使得信息的实时传播及跨时空传播成为可能。因此，新媒体营销实现了随时随地的信息传播，营销效率大大提高。以新媒体技术为基础的新媒体营销，大大降低了产品投放市场前的风险。

3. 个性化营销成为可能

在传统媒体时代，大众媒体有着不可抗拒的力量。人们接受信息的渠道比较固定，也没有平台可以发出自己的声音。但在新媒体时代，随着信息技术的不断发展，信息接收者可以任意选择自己想要接收的信息，并且可以随时表达自己的意愿。因此，信息接收者如何选择自己接收的信息，又如何拒绝不需要的信息，最大限度地决定着信息传播者的意愿是否可以实现。互联网时代，信息接收者可以参与开发适合自己的个性化产品，也可以及时地完成信息接收、信息反馈。同时在生产消费相结合的新媒体时代背景下，企业满足客户个性化需求的成本也在不断下降。

4. 公关作用显著增强

与传统媒体相比，新媒体营销涵盖了更多企业公关的内容，还包括企业的客户关系管理（Customer Relationship Management，CRM）和企业资源计划（Enterprise Resource Planning，ERP）。公关如此重要，就需要企业的其他部门和公关部门协调联动，共同开展新媒体营销。公关在企业营销活动中的作用不断增强，不仅是新媒体营销的重要特点，也是一种必然的发展趋势。

5. 企业宣传成本降低

有研究者提出，"新媒体近于零费用信息发布，对受众多为免费，这对传统媒体的新闻产品制作构成挑战"。首先，通过社交媒体，企业可以低成本地进行舆论监控。在社交网络出现以前，企业进行舆论监控的难度是很大的。如今，社交媒体在企业危机公关时发挥的作用已经得到了广泛认可。

6.1.3 新媒体营销与传统媒体营销的区别

在各大新媒体蓬勃发展的今天，新媒体营销也呈现出一些新的变化。

1. 产品的创新内核

作为新媒体营销的核心环节之一，新媒体产品的创新通常与媒介市场环境的变化、传播技术的革新、新媒体的出现，以及受众、广告市场的需求变化等多个层面的因素密切相关，并表现为3个基本方向：成本创新、差异化创新和全面价值创新。

从媒介的整体生态环境来看，技术进步使得传统电子媒体传输容量大幅提高，同时新媒体的快速成长和传统媒体与新媒体之间的竞合发展，逐渐改变着媒介格局，也改变着媒体赖以生存发展的资源状况。首先，各种媒体如数字付费电视、IP电视、手机电视、个人数字助理等都需要大量与其媒介特性相符的音频、视频、图文、数据等产品，这将使媒体面临更加严重的内容资源匮乏的困境；其次，受众在面临诸多媒介及其产品时拥有了更大的选择范围与更高的选择自由度，但同时媒介组织也面临着更具挑战性的"注意力"资源稀缺问题。以上两个问题都将对媒体的营销造成巨大冲击，在这样的发展与竞争环境中，新媒体产品创新已成为为新媒体营销提供核心资源支持的重要途径。

2. 传播渠道智能便捷

基于传统媒体的营销大多以单向输出和宣传为主，受众只能在一定的时间和空间条件下被动接收有关信息，信息内容有限且时空限制很大。而新媒体的传播渠道则是以基础性的传输网络和终端接收设备两部分构成的。技术进步使传输渠道的送载能力大幅度提高，如有线传输网从最初的微波传输改进为光纤传输后，其音图传输质量更加稳定，天气变化对信号的干扰度明显降低，而可传输的频道、频道率也明显增多。卫星传输技术及数字化技术的出现则进一步提升了媒介信息传播的容量与质量，媒介产品经由传输网络传送，还需终端设备接收并处理经过压缩或数字化的图像、声音及文字信息，使受众真正实现了随时随地获取信息，为新媒体营销奠定了良好的基础。

3. 收益方式丰富多样

新媒体具有"双重产品"属性。"第一重产品"是媒介组织所生产的媒介内容（图文内容、视频节目等），这些媒介内容通过传播渠道传递给受众，它们的交易是媒介组织与受众在媒介内容市场内完成的；"第二重产品"是媒介组织向广告主出售的接触渠道，使广告主能够与受众建立起联系，这种无形的接触渠道被媒介经济研究者们称为受众的"注意力"。由于新媒体具有"双重产品"属性，媒介组织得以通过"二次销售"同时活跃于媒介内容市场及媒介广告市场：媒介组织在媒介内容市场上向受众出售其媒介内容，同时换取受众的注意力；在媒介广告市场上，媒介组织又将受众的注意力出售给广告主以获得经济收益。

视野微拓展

媒介组织只生产一种产品，但却参与两个消费目的迥异的市场——媒介内容市场和媒介广告市场。一方面，媒介组织生产媒介内容，受众支付时间、精力和金钱，两者共同构成了媒介内容市场。另一方面，媒介组织在向受众提供媒介内容的同时，聚集了特定群体的注意力。注意力在市场经济条件下是为各类产品生产者和销售者所重视的稀缺资源，为获得这一资源，这些产品生产者和销售者作为广告主向媒介组织支付一定数量的金钱，媒介组织则将广告主想要宣传的产品或服务信息与其生产的一般性信息承载在同一媒体形式上，于是在媒介组织和广告主之间又形成了媒介广告市场。

于是在媒介市场独特的二元结构中，作为媒介内容生产者的媒介组织、作为消费者的受众和作为媒介资助者的广告主三者共同构成了媒介市场的三重主体。受众通过购买媒介内容及其附加的广告中所介绍的产品或服务分别支持媒介组织和广告主；广告主则通过在媒介上投放面向受众的广告产品来支持媒介组织。在这个三角关系中，受众处于非常重要的位置，他们是媒介存在的支点，也是广告主的最终诉求对象；而没有广告主的资金支持，媒介组织很难生存；反过来，如果没有媒介组织，广告主也很难直接与受众沟通。

6.1.4　新媒体营销从业人员的职业素养

新媒体营销的从业人员应具有以下职业素养。

1. 敏锐捕捉互联网的热点

新媒体营销从业人员要有对热点的敏感性，要了解网民都关注什么，对于网络语言、网络流行趋势有全面的把控能力。

2. 文案写作能力

优秀的新媒体营销从业人员应具有扎实的写作功底，有一套输出文章的精密逻辑，同时能够自由切换语言风格来适应不同的营销环境和素材。好的文案能够让读者产生强烈的代入感，在潜移默化中实现销量转化。

3. 审美和创新能力

让人赏心悦目的排版和足够有格调的图片，会给工作带来意想不到的惊喜。只有好的创意才能深入人心，在网络上产生影响力。现在，大多数网络流行词汇都是新媒体营销从业人员创造出来的，传统媒体创造的词汇只有极少数。

4. 良好的数据处理能力

新媒体工作也是数据运营的工作，新媒体营销从业人员每天都要处理互动、分享、留言评论等后台数据，要了解每根曲线峰谷出现的原因，预测它的走向，并能对着后台那堆看起来枯燥乏味的数据讲出一大堆故事来。

6.1.5 新媒体营销的发展趋势

如今，企业开展新媒体营销的方式不断创新，内容营销、关系营销、场景营销、精准营销、跨媒体营销等多种营销方式不断出现。新媒体营销快速发展，不仅改变了用户接触新媒体的习惯，也改变了企业的营销模式。随着科学技术的不断发展，新媒体营销主要呈现以下几大趋势。

1. 接地气的内容更受欢迎

传统媒体时代，信息的过滤权掌控在少数人群（如记者、编辑）手里，他们在很大程度上决定着用户能看到什么信息、不能看到什么信息。而在新媒体时代，信息过滤权开始下沉，人人都是内容的传播者。冷门的内容也许从专业角度看拥有很高的价值，但那些亲民、有趣的内容更容易获得大众的喜爱，并借助它们的传播收获可观的流量。在新媒体环境下，再优质的营销内容，用户也没有精力去"欣赏"了，他们更喜欢那些与自己关联度高、参与度高的内容。所以，新媒体营销中，接地气的内容更受用户喜爱。

2. 多向传播成为新模式

传统媒体时代，企业对渠道的掌控力较强，用户通常扮演倾听者的角色，信息呈现单向传播。新媒体时代，由于人人都自带传播渠道，信息呈现出复杂多向传播。在这样的媒介环境下，用户自我表达的欲望也愈发强烈，他们的意志和偏好成为影响新媒体营销的一个关键点。在这个"人人都是戏精"的时代，用户需要的不是"引导"，而是"表达"，新媒体营销从业人员更应该考虑的不只是创意有多巧妙、内容有多精良，而是如何为用户提供一个舞台。

3. 重要信息等于流量

新媒体环境下，在面对信息过载带来的认知负荷时，用户不会努力去记忆那些他们认为重要的信息，他们更倾向去屏蔽、遗忘那些自己认为不重要的信息。如此一来，新媒体营销必须降低用户消化、储存信息的成本，只有这样才有机会在用户的心智中扎根。

互联网催生了新型营销方式，在这种大环境下，新媒体营销从业人员更应该掌握新媒体营销的趋势，因为只有这样才能因地制宜创造出更好的内容，才能获得更多的流量，从而更好地实现产品或服务的销售。

6.2 新媒体营销的主要方式

数字技术的发展使得传播活动与营销活动呈现一体化趋势，二者的界限日益模糊，正如唐·舒尔茨所言"营销即传播，传播即营销"。新媒体时代的营销正是以新媒体平台为传播和购买渠道，把相关产品的功能、价值等信息传递给目标受众，并在其脑海中形成记忆和好感，从而实现品牌宣传、产品销售的目的。

6.2.1 内容营销

内容营销（Content Marketing）是指企业在聆听消费者需求的基础上，通过制作和发布多种形式的对消费者有价值、有针对性，能使其产生共鸣的品牌化内容（如电子杂志、报告、微博、视频等），将内容的访问者和浏览者转变成营销的参与者、购买者，并在互动过程中建立和完善品牌的一种营销策略。在新媒体时代，依靠内容获得目标受众的认同，与粉丝及其他支持者形成长期互惠的社群，建设极富人格魅力的品牌，已经成为许多企业的重要营销策略甚至是首选营销策略。对于如何才能"引爆"内容营销，有学者列出以下6个"密码"。

1. 品牌人格化

企业首先需要把品牌人格化，没有人愿意与冷冰冰的机构交流，他们希望交流的对象是一个活生生的人。品牌要有完整、真实的人格，与他人积极联系、给予回应、帮助别人、为之服务，告诉人们自己与他们相似，并且简化信息——更加开放和真诚。

2. 开发粉丝和意见领袖

内容营销的核心并不是内容的创作、发布、覆盖，而是发展壮大企业的粉丝群体。企业的目标受众是一群活生生的人，他们可能正在经历痛苦或喜悦，也许就在建立联系的那一刻，他们刚好在某个方面需要你。企业应该将重心放在培养真正忠实的粉丝上，向粉丝表明自己的尊重、感激和长期的信任。另外，意见领袖也是必需的，他能帮助企业获得可靠的支持、快速的驱动、社会认同、知名度、接触新渠道的机会和较高的新兴市场的曝光度。

视野微拓展

人们想要娱乐，想看到一些不同寻常的东西。

创建尽可能"小"的粉丝群体。成功取悦大众的可能性不大，企业需将目标瞄准尽可能少而精准的粉丝群体。

进行平等的交流。作为内容创作者，你的目标不是表现得很聪明，也不是要让自己凌驾于粉丝之上，你的目标是与粉丝进行平等的交流。

只对具体的个人说。受众不是笼统的而是具体的，是每天都要工作、生活的个人，企业必须珍惜他们的时间，尽力去提供有价值的东西。

内容要引发情感共鸣。实时回应目标受众的反馈，企业就可以在行动中做到与目标受众同步，激发情感共鸣。

3. 为内容嵌入分享基因

新媒体环境下各种营销内容层出不穷，为了使营销内容能在最大程度上进行传播，就必须为内容嵌入一定的分享基因。

（1）满足受众好奇心

好奇心是人类行为的内在核心动机之一，也是内容创作可靠的一种选题方向，人的好奇心是永无止境的，所有未知的、新知的、颠覆创新的、长见识的、打破常识的内容都容易引起受众的兴趣、激发受众的分享欲。

（2）与"我"相关

在一个注意力稀缺的时代，内容与受众强关联，与"我"高度相关，这才更有机会被受众注意和接受。不管是视频、音频或图文，做内容时可以首先突出与"我"相关，多引用受众关注的圈内信息，比如很多企业会刻意塑造一个人物形象，讲一个与目标受众类似的主角故事，让受众看着看着就觉得"这说的不就是我吗？"还有的企业会明确描述目标受众群体所在的地域、年龄、性别、职业、社会身份等标签，让受众一眼就知道这条信息与"我"相关。

（3）干货

提供具有实操指导性的图文，让受众拿来即用。

（4）资讯

处于所在行业前沿的最新动态。

（5）正能量

生活中的趣事儿、乐事儿，要有正能量，要有自己的情感分享，要让文章读起来有人情味。

（6）活动

活动是根据个人或者企业的实际情况而做的，要让受众有参与性。

4. 推广、广告和搜索优化

企业自说自话很容易被怀疑，得到强大的第三方网站的认可是推广内容、吸引新粉丝、打造可信度的最重要、最有效的手段之一。而通过付费广告来增加曝光度，能显著提升企业的影响力和扩大接触面。此外，新媒体营销人员应在社交媒体上与自己的同行以及最坚定的支持者联系，尽可能让他们来讲述你的故事。最后，进行搜索优化，让人们找到你和你的内容。

5. 权威性

要增强企业网站的权威性，提升内容质量、建设外部链接、保持稳定性等是增强企业网站权威性的重要方法。

6. 社会认同和社会标记

当人们想深思熟虑做决定，却又缺乏所需的事实依据时，社会认同的力量就显得尤其强大。为了打造社会认同、提高内容的可信度，新媒体营销人员可以运用请求客户推荐、请朋友或家人帮忙宣传及评论、发动员工称赞你的推文等策略。

6.2.2 关系营销

关系营销（Relationship Marketing）是在传统营销理论显现出诸多缺陷的状况下产生的新营销理论之一，它是指企业吸引、保持和增强与客户、企业内部成员、渠道合作伙伴等利益相关者之间的承诺、信任、相互依赖等关系，从而达到促进销售增长、提升客户忠诚度与口碑、达成与利益相关者的合作等目的的一种营销策略。然而需要注意的是，近年来大量社交媒体的出现和发展，不仅改变了人们的信息获取方式和媒体使用习惯，也令企业的关系营销处于新的媒体环境。其一，在新媒体环境下，影响企业生存和发展的因素更加复杂和多元。在传统媒体时代，少数的意见领袖对消费者的态度、观念乃至消费决策具有重要影响，相应地，在电视、报纸、广播上刊登广告和新闻，并邀请名人、专家等进行推荐和代言成为彼时企业主要的传播方式。而在社交媒体时代，除了这些传统的意见领袖外，普通网民、社会组织等多元主体均可通过在社交媒体上发布信息、分享内容等行为对企业的生存和发展构成影响，成为企业需要重新思考与定位的利益相关者。其二，企业与消费者的沟通在获取新渠道的同时，也面临挑战与机遇。

在此背景下，关系营销的理论和实践不断发展。营销学者玛丽·史密斯将社交媒体时代的关系营销称作"关系营销2.0"，并将其阐释为"真正关心所有人，建立稳定的、双赢的关系，这些关系包括与潜在客户、现有客户、战略联盟、媒体联系人、关键影响人士的关系，甚至还有与竞争对手的关系"。具体而言，此时企业既需要正确利用各类社交媒体，同时也需要将营销的落脚点进一步下放在"关系"层面——通过把握营销的关键节点，以更高的真诚度关注整个世界和世界中的所有人，秉持"平凡人就是新的大人物"的观念，与社交媒体平台上的各类群体建立良好的关系，倾听他们的需求，为他们量身打造营销活动，最终达到促进他们产生消费欲望、向社交圈分享企业的营销信息、持续信任企业等营销目的。

6.2.3 场景营销

场景营销（Context Marketing）是在洞察目标受众心理和行为的基础上，了解他们在什么时间/地点（包括虚拟空间）做什么事、遇到什么情况、产生什么心理、希望什么支持或改变，并据此设定或创造场景将广告信息或产品功能加以融合的营销策略。

"场景"的概念是伴随移动互联网和移动终端的发展而进入人们的视野的。2014年罗伯特·斯科布尔和谢尔·伊斯雷尔提出，移动设备、社交媒体、大数据、传感器和定位系统快速普及，成了构成场景时代的5种技术力量，改变了"消费者、患者、观众或者在线旅行者的体验"以及"大大小小的企业"。之后，"场景"及"场景营销"成了学界和业界关注的热点。

"场景"通常可被理解为一种人为建构且"被建立"的环境，其不仅指向空间位置，同时也涵盖与人们特定的行为模式、心理特征相关的情景或氛围环境。它由空间与环境、用户实时状态（如身体、行为、需求数据）、用户生活习惯、社交氛围这4个基本要素构成。按照此种思路，可依据用户使用媒体的场景、场景的界面、场景的功能等维度对场景的类型加以划分，如表6-1所示。

表6-1　不同维度下场景类型的划分

分类维度	场景类型	描述
使用媒体的场景	静止场景	人们在相对静止的状态下所处的空间环境，是与人们日常活动规律相关联的环境
	移动场景	人们活动中不断遇到的环境，意味着快速切换的时空
场景的界面	现实性场景	基于现实形成的建构于现实生活中的场景形态，如电影院、车站、教室、餐厅、旅游景点等
	虚拟性场景	主要依托于新型科学衍生的新媒介技术为受众提供满足其媒介预期的虚拟界面环境，包括线上聊天室、朋友圈等，以及通过电影、戏剧、音乐搭建出的虚拟传统界面
	增强现实场景	依托人工智能、AR、VR等技术建构的场景，是现实性场景与虚拟性场景相结合的产物
场景的功能	实用性功能场景	满足用户生理需求、安全需求等基本生活需求的场景，如酒店、线上支付平台、线上点餐系统等
	社会性功能场景	满足用户社交需求、尊重需求、自我实现需求等更高层次需求的场景，如音乐会场、社交软件平台等

6.2.4　精准营销

精准营销（Precision Marketing）是指捕获、管理和分析用户的相关数据，在分析结果的基础上，洞悉营销战略的要点之后再将这些战略要点付诸实施，以促进企业与用户进行更为有效和有利的互动。2005年，营销专家菲利普·科特勒来到我国宣讲精准营销的重要性，这促进了精准营销的概念在我国的快速普及。

在我国广告界，精准营销往往特指精准广告，即依托于数据采集与分析技术，基于对用户的生活轨迹、兴趣喜好、消费习惯等数据的洞察和捕捉，通过一定的广告交易平台将广告呈现给企业的目标消费群体，从而实现"给正确的人看正确的广告"的营销目的，进而促进后续消费行为的达成及营销效果的改善。

6.2.5　跨媒体营销

跨媒体营销（Cross Media Marketing）是在观察和分析用户媒介接触特点的基础上，找寻到不同形态媒介之间的关联，并按照核心的创意思路来设计沟通导线，从而实现跨越各媒介界限、融合各传播平台、贯通各媒介接触点的信息传播与沟通目的的策划手法。

跨媒体营销有如下4方面的特征。

第一，营销的起点在于对用户和媒体的重新洞察，包括用户的心理特征及媒体接触特点、不同形态媒介之间的核心关联等。

第二，在信息传播过程中同时考虑传播的"广度"（到达率和接触频次）和"深度"（目标用户的参与程度）。

第三，设计营销传播的"导线"，以某些信息接触为契机，有效引导目标用户的行为——自主获取信息并产生行动（参与、购买、分享等）。

第四，基于"信息接触点的构思"来设计营销传播活动，有意识地将目标用户的各个信息接触点融入设计的"导线"之中。

6.3 不同内容的新媒体营销

随着技术的不断发展，各种新媒体平台层出不穷，表现出截然不同的传播特征。根据内容来划分，常见的营销模式有以下几种。

6.3.1 图文营销

图文营销是通过文字和图片结合的形式对营销内容进行编辑，这种营销方式讲究图文并茂，图文一般发布在朋友圈、微信公众号、微博等。成功的图文营销要注意以下问题。

1. 不能太杂乱

不管转发别人的也好，自己写也好，首先要考虑到一点——不能太杂乱。如果你给自己的账号确定了定位，那么内容就很好规划，围绕着这个定位，根据自身的产品和营销人群来打造自己的风格。内容要有一定的主题和方向，不要"东一榔头西一棒槌"，尽量做到精而深，不要泛而广。

2. 图文并茂

对于做微信公众号的人来说，内容编辑是个很重要的工作。除了标题之外，很多人最容易被图片吸引，因为它最直观、通俗，便于记忆和理解，所以建议将文字用图片一段一段分开，多用一些跟文字搭配或者互相衬托的图片，一定会增色不少。但要注意，所选用的图片的风格一定要与文字的风格相协调。

3. 推送时间要合理

图文营销要根据用户作息时间来推送内容，如果你推送的时间和用户作息时间相差十万八千里，那么推送的内容就会被用户忽略，没有任何意义。因而内容的推送时间不可以太过随意，一般选在午休或晚上7点到9点这样的黄金时间段。大部分人在这些时间段都处于休息状态，看手机以及接受信息的可能性最大。

6.3.2 短视频营销

短视频营销是以短视频平台为载体进行的一种营销。短视频营销通过时长有限的视频构建一个相对完整的场景来感染用户，让用户身临其境地了解产品信息，其目的是将用户转化为潜在消费者。短视频营销已经成为一种新的营销手段。有学者在短视频营销中引入了场景营销的概念，认为短视频营销与场景营销密切相关，传统实体营销主要是物品消费，短视频营销更加注重场景消费，即增加了用户的体验感，他们认为短视频通过构建一个场景来与不同时空的人交流，分享体验感，吸引用户参与。

　　场景营销，是基于网民的上网行为始终处于输入场景、搜索场景和浏览场景这三大场景之一的理论的一种新营销理念。浏览器和搜索引擎则广泛服务于资料搜集、信息获取和网络娱乐、网购等大部分网民网络行为。

　　针对上述3种场景，场景营销以充分尊重用户网络体验为先，围绕网民输入信息、搜索信息、获得信息的行为路径和上网场景，构建了以"兴趣引导+海量曝光+入口营销"为线索的网络营销新模式。用户只有在"感兴趣、需要和寻找时"，企业的营销推广信息才会出现。场景营销充分结合了用户的需求和目的，是一种充分满足推广企业"海量+精准"需求的营销方式。

当前我国的短视频平台主要有抖音、快手、哔哩哔哩、梨视频、腾讯微视、西瓜视频、好看视频等，除此之外短视频还存在于各个应用软件的界面或小程序之中，在一些非视频类的应用软件中依然可以观看短视频，如腾讯QQ里的微视、微信里的视频号等。短视频成了各类应用软件吸引用户的手段，在赚取流量的同时也可利用短视频进行产品营销。与其他营销方式相比，短视频营销有以下特点。

1. 平台开放、门槛较低

短视频平台的主体可以是任何人物，没有身份限制，用户可以在短视频平台上观看各种类型的短视频，也可以根据自己的想法拍摄多种多样的短视频并上传。这种开放性使得用户可以自主生产内容，即UGC模式；而一些专业的视频团队可以专业生成内容，即PGC模式，这些都得益于平台的开放性。短视频平台的门槛较低，用户只需一个手机号码就可以注册登录并观看短视频。平台对于上传的短视频没有较高的质量要求，用户在不涉及敏感话题的情况下可以迅速上传自己拍摄的作品。

2. 互动及时、社交属性强

短视频平台简易的界面让用户可以进行及时的互动与分享，几乎每个短视频平台的界面上都有点赞、评论、转发、关注、分享、置顶等操作。通过点赞和评论，用户可以找到感兴趣的内容并结交好友，用户、短视频制作者之间没有界限，可以进行及时的交流互动，其他的用户也可以围观他们的互动。短视频平台具有较强的社交属性，用户可以通过短视频向他人表达自己的观点和意见，通过观看同种类型的短视频可以拉近社交距离，找到自己与他人之间的共同兴趣。在日常交往中，双方可以将短视频作为一个话题展开讨论，拉近彼此间的距离，达到社交的目的。

3. 热点捕捉、流量获取

短视频平台通过视频内容传播社会热点，短视频制作者善于捕捉热点话题，结合当前的热点话题，在短视频中使用或夸张、或幽默、或独特的形式表现出来，吸引用户观看与点赞，实现短视频的爆炸式传播，从而获取流量，引起品牌方的注意，继而在短视频内容中植入相关产品推荐或广告宣传。

短视频平台具有多重特点，在短视频平台，一个用户可以扮演多个角色，可以作为短视频用户观看并传播短视频，即观看者；可以作为短视频发布者制作视频，即制作者；也可以作为消费者通过短视频了解产品信息，并且可以同时和对方进行交流、讨论、互动。消费者会因为短视频制作者的推荐从而产生购买行为，因此短视频平台在新媒体时代的网络营销中发挥着重要的作用。

6.3.3 直播营销

2022年，"双11"直播电商平台销售额达1814亿元，同比增长146%（2021年"双11"的销售额为737亿元），直播电商行业持续高速发展。"双11"的成功，为品牌开辟了全新的营销场景，预示了体验式经济和互动式经济的发展趋势。直播营销作为新媒体营销的一种方式，极大地拉近了品牌与受众之间的距离，在创造经济效益方面的作用则更加直接。

1. 传播者成为突出意见领袖

直播给予了传播者从幕后走向台前的机会。在传统媒体中，传播者扮演着"工蚁"的角色，以低调无闻的方式构建传播平台的基建工程，个体特征不突出，鲜为人知，传播平台的性质决定了传播的基调、氛围，在一定程度上限制了传播者的自由表达、灵活性以及与受众的沟通效率。网络直播的出现弱化了平台对传播者的限制，传播者可以根据自身的属性、专业，成为垂直领域的意见领袖，与受众直接沟通。

2. 受众更加精准

受众一般会根据自己的需求、兴趣以及偏好来选择追随不同的意见领袖。例如母婴类的意见领袖，妈妈或准妈妈在粉丝中所占比重会更大；游戏类的意见领袖，粉丝中游戏玩家的比重更大；而经济类的意见领袖则政商界的追随者更多。因此，企业在进行意见领袖的合作选择和投放时会有一个首要的基准，使得投放相对精准，送达更加有效，以提高转化率。比如母婴类的产品对应母婴类意见领袖，游戏周边或新游戏推出对应游戏类意见领袖，理财产品、投资产品对应经济类意见领袖。当然不排除综合类的意见领袖，此类意见领袖较垂直领域的意见领袖知名度更高，影响力更强，数量更少。而综合类的意见领袖也会有所侧重，比如更侧重美妆或时尚领域，这类意见领袖如果跨界到经济或游戏领域，就会出现专业屏障，难以让人信服。

3. 视觉化呈现营造沉浸式传播氛围

直播的出现使传播的内容变得更具有灵活性和可视性，直播通过视觉化呈现，最大限度地展现了意见领袖的个人风格及魅力，拉近了意见领袖与受众之间的距离。同时，同样是视觉传播，直播的互动性和娱乐性弥补了图文静态以及视频互动性差的不足。意见领袖的试穿、试用，产品的全方位展示，以及专业详尽的讲解、答疑，使受众一直跟随传播者的引导；各种优惠券和拼手速、拼手气等活动，使受众沉浸在购买的氛围中，催化受众做出决策，加快转化。同时，在不同的直播阶段，意见领袖可以就传播内容随时做出调整，例如通过聊天、分享经验等方式与受众产生共鸣，得到受众的信赖，使销售转化更有效。

4. 提升了传播效果

在传统的传播中，传播者的主要职能是提高品牌的曝光度和美誉度，并不直接体现销售的作用，曝光度和美誉度是从属于销售转化的中介因素。在这种模式下，一方面，品牌方很难准确把握目标客群，只能进行大规模曝光的泛传播模式，例如春晚的赞助、黄金时段的电视广告等，这种模式在电视时代的作用非常突出；随着互联网时代的到来，电视观众的流失，这种模式的作用在不断下降。另一方面，品牌方很难就传播的结果做出准确的预估，只能采用经验模式进行传播。经验模式经常不够灵活，对传播环境的变化反应迟钝，无法对未知的传播风险进行有效的防控。

目前，尽管互联网能够根据用户的行为踪迹，通过一定的算法来描绘用户画像，对用户进行精准投放，然而这种传播方式仍然有很多的变数和不确定性，因为影响用户行为的因素非常多。比如搜索母婴用品的不一定是妈妈或准妈妈，有可能是想送礼物的朋友。因此要想根据用户的网络踪迹进行分析和投放，就要解决时效性的问题，即过往需求能否代表当下需求的问题。

网络直播的出现为品牌传播赋予了销售的职能，品牌诉求更加明确，传播者输出的内容更具有指向性，受众进入直播间的目的也更加明确。例如当下想买口锅的用户不会进入卖首饰的直播间，因此品牌与用户的对接更加精准，并且品牌能够抓住用户当下的需求，供求双方能够以最高效的方式达成利益共识，完成交易。根据《2022年淘宝直播年度新消费趋势报告》，截至2021年12月，我国有9.3亿人看短视频，8.4亿人网购，7亿人看直播。其中，电商直播用户规模4.6亿，占网民整体的44.9%。在艾瑞咨询发布的《2021年中国直播电商行业研究报告》中，直播下单用户占观看直播用户的66.2%，近2/3的用户在观看直播后做出购买行为。在"内容为王"的时代，直播电商与短视频融合互补势不可挡。短视频与直播电商相结合的新业态，越发常见地为品牌和主播整合应用；而短视频"种草"、直播转化的模式也为越来越多的用户熟知。

6.4 不同平台的新媒体营销

在一定的社会和文化环境下，受众和媒介本质上也是一个协商、互动和交流的过程。受众的细化，其实是媒介渠道增加和信息内容多样化的结果。新媒介更大的交互潜能将起到巩固传统受众的作用，又能为传播者和受众之间建立积极的互动关系提供新的可能。

6.4.1 微信营销

微信改变了很多人的生活方式和信息传播方式，带给人们前所未有的信息便捷、黏合便捷和生活便捷。微信作为时下最热门的社交信息平台之一，正在演变成一大商业交易平台，其对营销行业带来的颠覆性变化开始显现。微信支持跨通信运营商、跨操作系统平台，通过网络快速发送免费（需消耗少量网络流量）语音、视频、图片和文字。微信提供公众平台、朋友圈、消息推送等功能，同时支持将内容分享给好友以及分享到朋友圈。微信还成为我国最重要的移动支付平台之一。

1. 微信营销的概念

微信营销是网络经济时代企业或个人营销模式的一种，是伴随着微信的火热而兴起的一种网络营销方式。微信不存在距离的限制，用户注册微信账号后可与微信好友形成一种联系，订阅自己所需的信息；商家通过提供用户需要的信息，推广自己的产品，从而实现点对点的营销。

微信营销主要体现为移动端和PC端进行的区域定位营销。商家通过微信公众平台、微信会员管理系统展示商家微官网、微会员、微推送、微支付、微活动，已经形成了一种主流的线上线下微信互动营销方式。

2. 微信营销的特点

（1）低廉的营销成本

传统的营销方式如电视广告、报纸、宣传海报等通常要耗费大量的人力、物力和财力，而微信营销基于微信这一平台和各项免费的功能，使用过程中仅仅产生少量的流量费。相较于传统营销方式，微信营销的成本极为低廉，几乎为零。

（2）大量的潜在用户

根据腾讯公布的信息，截至2022年6月30日，微信及WeChat月活跃用户数为12.99亿，同比增长3.8%，幅度虽不大但仍保持增长态势，令人瞩目。随着微时代的到来，微信用户的数量还将不断增加，这意味着巨大的营销市场。愈发壮大的微信用户群体将成为企业微信营销的潜在用户，这吸引了越来越多的企业加入微信营销的行列。

（3）精准的营销定位

在微信公众平台中，通过一对一的关注和推送，企业不仅可以向用户推送相关产品及活动信息，还可以建立自己的用户数据库，使微信成为有效的CRM系统。企业可以通过用户分组和地域控制，针对用户特点，将信息精准地推送至目标用户。

（4）信息交流的互动性

微信的载体主要是智能手机，这意味着无论何时何地，企业都可以与用户进行互动，进一步了解用户的需求，进而满足其需求。微博营销虽然也可以与用户进行互动，但其即时性远远比不上微信营销。

（5）信息传播的有效性

企业利用微信公众平台向用户推送信息，以保证用户百分之百接收到企业推送的信息。另外，用户是因为对产品或企业感兴趣而自愿扫描企业二维码或输入账号添加官方微信的，因此当接收到来自企业官方微信的信息时，能有效地进行反馈。

（6）多元化的营销模式

微信营销有位置签名、二维码、开放平台、朋友圈、微信公众平台等营销模式，这些营销模式各有其特点，企业可以针对不同的营销目的选择不同的模式组合。另外，微信可以支持任送多种类型的信息，不仅可以支持文字、图片，更可以发送语音信息，这使得企业可以利用微信完成和用户的全方位交流与互动。

3. 微信营销的运作模式

（1）草根广告式——查看附近的人

产品描述：微信基于位置的服务（Location Based Service，LBS）的功能插件，可以使更多陌生人看到这种强制性广告。

功能模式：用户点击"查看附近的人"后，可以根据地理位置查找到周围的微信用户；在附近的这些微信用户中，除了显示用户姓名等基本信息外，还会显示用户签名，所以用户可以利用这个免费的广告位为自己的产品打广告。

营销方式：营销人员在人流量大的地方24小时运行微信，如果"查看附近的人"的使用者足够多，广告效果就会足够好，简单的签名也许会变成移动的"黄金广告位"。

（2）O2O折扣式——扫一扫

产品描述：二维码发展至今，其商业用途越来越多，所以微信也就顺应潮流结合O2O展开商业活动。

功能模式：将二维码图案置于取景框内，就可以获取成员折扣、商家优惠等信息，抑或是一些新闻资讯。

营销方式：在移动应用中加入二维码这种O2O折扣式早已普及开来，对于坐拥上亿用户且用户活跃度足够高的微信而言，其价值不言而喻。

（3）互动营销式——微信公众平台

产品描述：对于大众化媒体、名人以及企业而言，如果"微信开放平台+朋友圈"的社交分享功能的开放，已经使微信成为移动互联网上一种不可忽视的营销渠道，那么微信公众平台的上线则使这种营销渠道更加细化和直接。

功能模式：微信公众平台是腾讯在微信的基础上新增的功能模块，通过这一平台，个人和企业都可以打造一个微信公众号，并实现和特定群体的文字、图片、语音等的全方位沟通、互动。

营销方式：企业应该先通过微信吸引更多人成为普通粉丝，再通过内容和沟通将普通粉丝转化为忠实粉丝；当粉丝认可品牌、建立信任之后，他自然会成为品牌的顾客。

6.4.2 微博营销

微博基于公开平台架构，提供简单的方式使用户能够公开实时发表内容，通过裂变式传播，让用户与他人互动并与世界紧密相连。作为继门户网站、搜索引擎之后的互联网新入口，微博改变了信息传播的方式，实现了信息的即时分享。

1. 微博营销的概念

微博营销是指商家或个人通过微博平台发现并满足用户各类需求的商业行为方式。微博营销以微博作为营销平台，每一个粉丝都是潜在的营销对象，企业利用微博向粉丝传播企业信息、产品信息，树立良好的企业形象和产品形象，这样的营销方式就是微博营销。

微博2022年财报显示，截至第一季度末，微博月活跃用户数达到5.82亿，同比净增5100万；日活跃用户数达到2.52亿，同比净增2200万。另外，微博的收入也保持稳健增长，一季度总营收达到4.85亿美元，同比增长6%，其中广告营收达到4.27亿美元，同比增长10%。微博产品运营的重心仍以提升效率为主，稳健拓展用户规模，提升用户活跃度。特别是对于热点带来的用户，微博针对关系流进行了策略优化，提升了用户在关系流中的消费体验，并增强了社交黏性。

微博营销注重价值的传递、内容的互动、系统的布局、准确的定位，微博的火热发展也使得其营销效果尤为显著。微博营销涉及的范围包括认证、有效粉丝、朋友、话题、名博、开放平台、整体运营等。不仅如此，继前台实名认证、后台实名验证等措施后，微博还上线了"IP属地"展示功能，进一步增强了平台内容的真实可信程度。

2. 微博营销的特点

（1）成本较低

微博的发布门槛低，成本远小于广告，效果却不差。发布微博远比发布博客容易，相比同样效果的广告则更加经济。与传统的大众媒体（报纸、流媒体、电视等）相比，微博受众同样广泛，前期一次投入，后期维护成本低。

（2）传播范围广

微博传播速度快，覆盖面广。微博信息支持在移动端和PC端查看，同时其传播方式多样，转发非常方便。利用名人效应，微博能够使事件的传播量呈几何级放大。

（3）效果明显

微博营销针对性强，有效利用后期维护及反馈。微博营销是投资少，见效快的一种新型网络营销方式，可以使企业在短期内获得最大的收益。

（4）方式多样且人性化

从技术上看，微博营销可以同时方便地利用文字、图片、视频等多种展现形式。从人性化角度上看，企业品牌的微博本身就可以将自己拟人化，更具亲和力。

（5）互动性

在微博上，政府可以和民众一起探讨，名人可以和粉丝们互动，微博其实就是在拉近双方的距离，以及时获得对方或者用户的反馈。

（6）即时性

微博最显著的特点之一就是传播迅速。一条微博在触发微博"引爆"点后，短时间内就可以抵达微博世界的每一个角落。

（7）便捷性

只需要简单的构思，就可以完成一条微博的发布，这就要比发布博客方便得多，毕竟构思一篇好博文需要花费很多的时间与精力。

3. 微博营销的主要方式

（1）借助微博平台的营销活动

通过微博平台投放硬性广告，如网页横幅广告、推荐类广告、热门话题榜广告、基于搜索引擎的关联类广告等；或相对隐蔽地植入传播，如模板植入、App植入、微博链接植入等。这种方式主要是利用微博平台庞大的用户群体和强大的精准掌控能力，实现其良好的营销传播效果。

（2）企业官方微博传播

开通官方微博账号，在微博上展示自己的产品、品牌，这是最为简单、基础、直接的营销方式，同时是具有营销传播系统性和深入性的操作方法。

企业微博定位专一很重要，但是专业更重要。同场竞技，只有专业才可能超越对手，持续吸引受众目光，专业是一个企业微博重要的竞争力指标。微博不是企业的装饰品，如果不能做到专业，只是流于平庸，倒不如不去建设企业微博，因为微博作为与用户"零距离"接触的交流平台，负面的信息与不良的用户体验很容易迅速传播开，并为企业带来不利的影响。

（3）第三方个人微博传播

微博中不乏拥有庞大粉丝团的草根微博红人、名人或行业专家等，他们在特定领域拥有强大的话语权，时刻影响着数以万计的围观群众，他们的一条微博就可能产生巨大的蝴蝶效应。因此，借力微博圈中的意见领袖是企业实现微博营销的主要方式之一。

6.4.3 App营销

App是英文Application的缩写，随着智能手机的广泛流行，App指智能手机的第三方应用程序。

1. App营销的概念

App营销指的是应用程序营销，App营销是通过特制手机、社区、SNS等平台上运行的应用程序来开展营销活动的。

一开始App只是作为一种第三方应用的合作形式参与到互联网商业活动中的，随着互联网越来越开放，App作为一种萌生于智能手机的盈利模式开始被更多的互联网企业看重，如淘宝开放平台、腾讯的微博开发平台、百度的百度应用平台都是App思想的具体表现。App营销一方面可以积聚不同类型的网络受众，另一方面可以借助App平台获取流量，其中包括大众流量和定向流量。

2. App营销的特点

（1）成本低

App营销的费用相对于电视、报纸甚至是网络都要低很多，企业只要开发一款适合本品牌的App就可以了，而且这种营销模式的效果是电视、报纸和网络所不能代替的。

（2）信息全面

全面展示信息能够刺激用户的购买欲望。App能够全面展现产品的信息，让用户在没有购买产品之前就已经感受到了产品的魅力，降低了对产品的抵抗情绪，从而刺激用户的购买欲望。

（3）有助于品牌建设

提升品牌实力，形成竞争优势，App就可以提升企业的品牌形象，让用户了解品牌。良好的品牌实力是企业的无形资产，能为企业形成竞争优势。

（4）即时性

用户可以通过App对产品信息进行了解，及时在App上下单或者是链接移动网站下单。用户利用手机和网络进行交流和反馈，易于企业开展与个别用户之间的交流。用户喜爱与厌恶的样式、格调和品位，也容易被企业一一掌握，这对产品设计、定价、推广方式、服务安排等均有重要意义。

（5）跨时空

营销的最终目的是占有市场份额。互联网具有超越时间约束和空间限制进行信息交换的特点，使得脱离时空限制达成交易成为可能。在App中，企业能有更多的时间和更大的空间进行营销，可7×24小时随时随地进行全球营销。

（6）精准营销

App营销通过可量化的精确的市场定位技术突破传统营销定位的局限，借助先进的数据库技术、网络通信技术及现代高度分散物流等手段保障和用户的长期个性化沟通，使营销达到可度量、可调控等精准要求；摆脱了传统广告沟通的高成本束缚，使企业低成本快速增长成为可能，保持了企业和用户的密切互动沟通，从而不断满足用户的个性需求，建立稳定的企业忠实顾客群，实现用户链式反应增值，从而达到企业长期稳定发展的需求。App具有很高的实用价值，本身就是一种实用性很强的工具，用户通过App可以更好地生活、学习、工作。每一款手机都或多或少安装有一些App。

（7）互动性强

App营销的效果是电视、报纸和网络所不能代替的。比如目前流行的App签到游戏，用户在接受"签到玩游戏"等任务后，通过手机App在活动现场和户外广告投放地点签到，就可获得相应的勋章并赢得抽奖机会。

（8）培养用户黏性

App本身具有很高的实用价值，可以让手机成为一个生活、学习、工作上的好帮手。App营销的黏性在于一旦用户将App下载到手机，App中的各类任务和趣味性的竞猜就会吸引用户，形成用户黏性。

3. App营销的主要策略

互联网的迅猛发展使移动端用户数量剧增，智能手机、平板电脑已经成了人们工作、生活随身携带的重要物件之一，而移动App以移动端为载体，给人们的衣、食、住、行提供了极大的便利，人们已经渐渐离不开App。因此App营销已经成为当下最主流的营销手段之一，企业只有合理利用相关资源才能使App营销得到长远的发展。App营销的策略主要分为以下几个方面。

（1）关注用户体验

App营销的开展需要围绕用户需求，时刻关注用户体验。企业开展App营销活动，需要对企业的目标用户进行细分与定位，确定App营销的目标。企业应当及时更新用户体验，对App功能进行整合，增强用户黏性。由于当前App营销活动传播速度快，企业开展App营销需要不断地创新，以丰富用户体验，及时更新App营销的内容。

（2）注重增强与维护用户的黏性

企业利用App营销，不仅仅是通过App进行品牌、产品的宣传推广，更重要的是利用App互动的优势维护与用户的关系，建立企业与用户之间的信任机制，及时沟通与传达。这种方式可以减少用户的流失，并且提高用户对App的依赖感，增强用户黏性。

（3）选择关联度和热度高的 App 互推

企业开展App营销，如果单枪匹马在当前庞大的移动互联网中打拼，将难以受到用户的关注。企业应当考虑与关联度较强的App或者是热度高的App进行互推。关联度高的App容易吸引目标用户，而热度高的App能够获得较高的点击率。企业在App营销中要考虑到用户的体验，综合考虑关联度与热度高的App互推。

（4）个性化精准投放

由于App营销受到用户偏好因素的影响，因此企业进行App营销需要做到个性化、精准投放。个性化体现了企业的品牌、产品优势，精准体现了营销理念准确传达到营销对象。如当前使用地图定位的App越来越多，大众消费也越来越依赖于这种方式，假设用户到达陌生城市，只需要通过定位即可获得餐饮、住宿、购物等信息提示，那么企业就能够抓住用户需求，做到个性化精准投放。

（5）增强 App 广告的创意性和互动性

App具有较强的互动性，企业可增强App广告的创意性，吸引用户对广告的关注与认同。

当前，互联网信息泛滥，单一的、直白的广告宣传易遭到用户的反感。App营销的广告互动性越强，越能够拉近用户与企业的距离，更好地进行产品、品牌的宣传。

（6）开发互动游戏

很多App产品都可以将体验形式开发成游戏，如服装可以试大小和搭配颜色，饮料可以自己酿造，家居App可以自定义家居布局并分享。对线下实体店来说，App虽然不是最好的销售工具，但是能弥补线下体验的短板，还能打通会员营销、体验与服务体系。

（7）线上线下联动

通过App的二维码扫描功能可以与线下的广告、促销等形成联动，往往是线下展示，线上抽奖、派送等。这种形式可以解决线下活跃度不足的问题，吸引力也是相当大的。

知识测验

一、不定项选择题

1. 新媒体营销的特点包括（　　　）。
   A. 目标客户精准定向　　　　　　　　　B. 与受众的距离拉近
   C. 个性化营销成为可能　　　　　　　　D. 公关作用显著增强
   E. 企业宣传成本降低

2. 以下哪些属于新媒体营销的发展趋势？（　　　）
   A. 接地气的内容更受欢迎　　　　　　　B. 多向传播成为新模式
   C. 追求覆盖率　　　　　　　　　　　　D. 重要信息等于流量
   E. 以单向输出和宣传为主

3. 社群运营的诀窍包括（　　　）。
   A. 要有趣　　　　　　　　　　　　　　B. 创建尽可能"小"的粉丝群体
   C. 进行平等的交流　　　　　　　　　　D. 只对具体的个人说
   E. 内容要引发情感共鸣

4. 微信营销的特点有（　　　）。
   A. 低廉的营销成本　　　　　　　　　　B. 大量的潜在用户
   C. 精准的营销定位　　　　　　　　　　D. 信息交流的互动性
   E. 信息传播的有效性

5. 微博营销的特点有（　　　）。
   A. 信息负荷重　　　　　　　　　　　　B. 互动性强
   C. 传播范围广　　　　　　　　　　　　D. 方式多样且人性化
   E. 效果明显

二、填空题

1. 新媒体营销的主要方式包括_____、_____、_____、_____、_____。

2. 场景营销中，场景的功能主要包括_____和_____两个方面。

3. 跨媒体营销是在观察和分析_____的基础上，找寻到_____之间的关联，并按照核心的创意思路来设计沟通导线，从而实现跨越各媒介界限、融合各传播平台、贯通各媒介接触点的信息传播与沟通目的的策划手法。

4．微博营销的主要方式有_____、_____和_____。

5．App营销的特点是_____、_____、_____、_____、_____、_____、_____、_____。

三、简答题

1．请简要描述新媒体营销与传统媒体营销的主要区别。

2．新媒体环境下的营销人员应该具备哪些基本的能力？

📖 技能实训 ●●●●●

一、实训目标

1．认知目标：能够通过讲解和讨论等环节掌握相应知识点。

2．行为目标：能够初步了解不同内容的新媒体营销特点，并学会分析意见领袖在直播营销中的重要作用。

3．情感目标：能够初步形成独立思考能力和自主学习能力。

二、实训内容与要求

1．教师说明实训目标、方式、要求，激发学生实训的主观能动性。

2．教师介绍意见领袖的概念、作用。

3．教师建议3～5名学生为一组阅读下面的材料，并布置实训题目。

4．所有学生相互评议，教师进行点评、总结。

互联网时代，政府和传统媒体不再是发布新闻的唯一机构，各类精英、群体纷纷利用互联网发声，公众也在不断地学习这种便捷的技术以维护自己的各项权利。在互联网上，人们聚合在一批人的周围，听他们发表观点，在网上发出或支持或反对的声音，甚至延伸到网下，采取相应的行为。这样被包围着的一批人，就是意见领袖。

互联网技术使受众拥有更多的自主权。但是，分辨、判断海量信息已大大超过了每个普通网民的能力，他们需要寻找一个可以信赖的委托人以帮助他们筛选信息、研判事实，网民所寻的信息处理的委托人就是意见领袖。

意见领袖既然是以一定数量的网民的认可为前提，那么这种认可就是维系意见领袖的关键所在；一旦网民不再认可，意见领袖就不复存在。"行动者通过互动获得资本。"这种互动就是意见领袖和粉丝间的互动。在互动中不断增进相互认同，意见领袖的社会资本不断增加，粉丝群体就不断巩固、壮大。

实训题目：以淘宝直播或抖音直播为例，选择一位你认为最具有代表性的意见领袖，收集其营销成果相关数据，分析其在直播中的营销方式及特点，总结优劣势。

三、实训成果与评价

1. 成果要求

（1）形成分析报告：针对实训题目形成一份较为完整的分析报告。

（2）提交讨论记录：每组设组长1人、记录员1人，分析报告必须有小组各成员讨论的详细记录。

（3）撰写文字小结：内容可包括通过此次小组合作发现的不足之处和建议等。

2. 评价标准

（1）上课主动配合教师，积极思考并发言，拓宽分析问题的思路。

（2）认真阅读材料，积极参加小组讨论，分工合作较好。

（3）分析报告内容基本完整，能结合所学理论知识解答问题。

第7章　新媒体数据分析

案例导入

进驻天官、太空漫步、天官授课……在轨的183天里，神舟十三号（简称"神十三"）飞行乘组创下多个"首次"，相关消息也多次冲上热搜"第一"。2022年4月14日，当"神十三"安全着陆的消息席卷全网，舆论再次掀起高潮。

新浪舆情通数据显示，2022年4月15日至18日，全网"神十三"相关话题的讨论超183万条，微博、今日头条、百度、抖音等6个平台共有50多条相关的热搜，其中话题#"神十三"返回舱成功着陆#的热度峰值高达470万，饱含人们对"神十三"顺利返回的喜悦以及对航天事业的关注。除了"神十三"的飞行任务完成得到社会的普遍关注外，航天员相关的衍生话题也引发关注。翟志刚、王亚平、叶光富3位航天员的网络关注度较高，他们是网民们普遍讨论关注的对象。值得关注的是，"妈妈+女性航天员"的双重身份让王亚平迅速成了舆论热点。据新浪舆情通统计，截至2022年4月19日，王亚平相关微博热搜超过20条，其中，#王亚平#一度成为微博话题榜单的榜首。

这次"神十三"事件中，微博作为主要传播渠道之一，吸引了大量网民探讨。2022年4月16日14时，微博声量出现最高峰，总共发出18.38万条相关信息。值得注意的是，我国的主流媒体凭借影响力及硬软件实力依旧成为"神十三"事件的主要阵地。央视新闻等中央媒体带来了第一现场的新闻报道，光明网和中国新闻网的信息量发布最多，商业媒体发布则以新浪网和中华网为代表，成为众多网民的消息源。

案例解读

传统媒体的时代悄然走过，如今微博平台成为各类政务机构宣传、了解和帮助广大群众的有效窗口。找准定位、放低姿态、紧跟热点，越来越多的政务官微逐渐收获了公众的喜爱与信任。星空浩瀚无限，探索永无止境，我们都是"追梦人"。

思考问题

纵观以上优秀新媒体传播数据，能为其他政务新媒体的传播之路提供什么启示？

7.1 新媒体数据分析认知

7.1.1 新媒体数据定义

新媒体数据分析就如同完成一道美味的菜肴。做菜首先需要原料，如果没有原料，再好的厨师也难以下手。因此，新媒体数据分析首先需要新媒体数据，它具有以下3个特征。

由于新媒体传播的速度非常快，新媒体数据表现出明显的即时性特征，网民通过手机、计算机或其他智能终端能够快速发布数据和及时接收数据。这打破了传统媒体定时传播的规律，可以使数据无时间限制和无地域限制地进行传播。

新媒体数据具有超强的交互性。在新媒体环境下，数据的传输是双向的，甚至是多向的。

同时，以微博等为代表的新媒体技术也从根本上改变了受众的角色，受众既可以是数据的接收者，又可以是数据的发送者；既可以是数据的制作者，又可以是数据的传播者。

新媒体数据的跨时空性表现为在移动互联网络覆盖的全球任何地方、任何时间，都可以搜索数据、查阅数据、发布数据。新媒体利用通信卫星和全球联网的网络进行数据传输，完全打破了有线网络、行政区划及地理区域的限制，可以在地球上的任何角落和世界相连。特别是手机新媒体发送数据时间短、接收数据速度快、受制约因素少，几乎不受时间和地域的限制。

7.1.2 新媒体数据类别

在着手处理事情之前，理解数据是必要的前提条件，这不仅有助于我们选择正确的工具和方法，更有助于我们用正确的思维去探索和分析数据，更容易得出正确有效的结论。扎实的数据分析基本功不单是指会使用数据分析工具，更重要的是对数据有深入的认识和解读。

新媒体数据主要有以下几种类别。

1. 数值型数据

数值型数据是由多个单独的数字组成的，是直接使用自然数或度量衡单位进行记录的具体的数值，例如购买转化率为13%，公众号总发文数达127篇。对数值型数据可以进行数据处理和统计分析，通过多种图表形式进行可视化表达来总结并评估新媒体运营过程及营销效果。

2. 分类型数据

分类型数据即反映事物类别的数据，例如用户性别、商品类型、地域区限、价格区间、微信公众号自定义菜单归类、网站栏目分类、消费者满意度等级等。分类型数据一般可以用文字或图片等形式表示，也可以用数字表示。例如，可以用1来表示男性，用0来表示女性。但是要注意的是，这一数值并没有数学上的意义，仅仅是分类的标记而已。分类型数据主要通过问卷调查、结构化比较分析、汇总等形式获得。其研究目的往往不是评估量化的数据，而是找到运营方向。

分类型数据又分为定类数据与定序数据。定类数据没有内在固有大小或高低顺序，如地域区分可以是东北、华北、华东、华南等。定序数据则有内在固有大小或高低顺序，能表示某种现象的程度，如消费者满意度等级分为非常满意、比较满意、基本满意、不满意、很不满意等。

7.1.3 新媒体数据来源

随着新技术、新思维的不断升级和迭代，新媒体数据来源也愈发多样化，主要有以下几个方面。

1. 新媒体平台后台数据

常用的新媒体平台主要有微信、微博、微网站等，这些新媒体平台的后台都提供了相关指标数据的功能。

（1）微信公众号后台提供的数据包括消息发送人数、消息发送次数、新增关注数、取消关注数、新增用户来源、单篇图文阅读量、全部图文阅读量、菜单点击数等。分析相关数据对微信公众号运营具有极强的指导意义。

（2）微博平台后台提供的数据有阅读数、主页浏览量、视频播放量、粉丝来源、新增粉丝数、取消关注粉丝数等。

（3）今日头条平台的后台数据统计功能比较强大，提供了点击率、阅读量、推荐量、平均阅读速度、跳出率等指标，可以对标题效果、内容、推荐、阅读、评论等数据进行系统分析。

知识小助手

需要注意的是，大部分新媒体平台提供的后台数据通常会有保存期限，如后台保存的数据是30天或90天，企业需要有规划地长期记录和保存数据，为日后进行数据分析打好基础。

2．第三方工具数据

在新媒体平台的后台无法对某些数据进行统计时，可以授权利用第三方工具进行数据获取。目前可获取的第三方工具数据主要包括网站点击数据、网站跳出数据、访问来源数据、用户属性数据、微信评论采集数据等。

3．公共资源数据

针对行业的分析及市场的调研也不可或缺，企业需要获取大量的相关数据来了解行业趋势、热点等情况。这些数据我们称为公共资源数据，其来源主要包括政府、行业协会、咨询公司、智库等，且各有特点。

（1）政府及相关部门网站的数据具有权威性、及时性、准确性的特点，如国家及各省市统计局等部门网站。

（2）行业协会往往是本行业权威数据的发布方，提供的数据如景气指数、价格指数等，可作为政府主管部门数据的补充。

（3）很多咨询公司和智库也会建设自己的数据库，对外发布调研数据和研究报告，如易观智库、艾瑞咨询、中商情报网等。这些数据往往能够较好地反映市场现状，但连续性较差，分布较为零散。

4．人工统计数据

有些数据来源于调研，如调研问卷、线下活动的现场登记及一些即兴反馈等。这些数据需要手动录入来获得，目前也有很多在线问卷工具，如问卷星，可以将传统的纸质问卷转化为在线问卷。在线问卷工具具有轻松导入、多渠道分发、完美适配移动端等特点，并且提供原始数据下载、自动生成图表等后期功能。

7.1.4 新媒体数据分析流程

新媒体数据分析工作主要包括以下流程。

1．新媒体数据需求识别

新媒体数据需求识别是开展新媒体数据分析的首要流程，是有效工作的保障。准确的数据需求可以为后续数据挖掘、数据处理和加工提供清晰的目标导向。新媒体数据需求识别是指新媒体运营团队根据项目或工作中涉及重要决策和过程控制的需要，舍去无用、垃圾、干扰、虚假信息，提出对关键信息的需求，以支持项目或工作过程的输入、资源配置输出的合理性、过程活动方案的改进和过程异常变化的发现与处置等。例如，面对"官方网站线上销量低"这一问题，结合"网站有人看没人买"这一现状，找到数据需求为"网站订单转化率"，将"挖掘网站转化率漏洞"作为新媒体数据分析的目的。

2. 新媒体数据挖掘

挖掘新媒体数据是确保数据分析效率的基础，不同的新媒体数据需求对应不同的新媒体具体数据。因此在这一环节中，将需求数据一一罗列之后，需要找到合适的渠道和方法收集一手或者二手数据。例如，网站、自媒体或第三方工具数据，可以直接通过管理员身份找到。对于以上分析工具无法获取的个性化数据，新媒体运营团队可利用Excel等工具进行手动挖掘。

3. 新媒体数据处理

新媒体数据处理通常包括清理、合并和重塑三大环节。

在数据挖掘环节得到的数据通常属于原始数据，其中不免会有与目标不相关的数据甚至无意义的字符，因此我们要在数据处理环节将其清理掉，否则会增大分析难度。例如在处理网站流量数据时会剔除访客地域、访客性别等数据，着重了解访问时间、访问人数、访问时长等有效数据。

对于相近的数据可以进行合并，这在一定程度上能提高效率。例如，在处理微博阅读数据时，可将站外阅读数量和站内阅读数量合并。

对于未直接体现的数据，可以借用公式重塑出更适合分析的数据。例如，若要得到订单转化率，可利用"订单转化率=下单人数÷访客人数"这一公式，将二者相除得到新的数据。

4. 新媒体数据加工

数据加工一般是将采集到的数据通过整理、归纳、抽样、量化等方式，转化为有用的信息。另外，新媒体营销过程中会产生各式各样的数据，不同的数据类型有着不同的加工方法。

5. 新媒体数据总结

上述所有工作完成后需要对数据进行总结，复盘整个过程，评估结果的有效性，这是构建新媒体管理体系的基础。总结主要考虑以下几个方面的内容。

（1）收集数据的目的是否明确，收集的数据是否真实和充分，信息渠道是否畅通。

（2）数据分析所需资源是否得到保障。

（3）数据加工方法是否合理，是否将风险控制在可接受的范围内。

（4）提供决策的信息是否存在信息量不足、失准、滞后等方面的问题。

（5）提供的信息对持续改进新媒体管理体系、过程、产品所发挥的作用是否与期望值一致，是否在实现过程中不断有效运用数据分析。

7.1.5 新媒体数据分析价值

新媒体数据分析就是指用适当的统计分析方法对收集来的大量新媒体数据进行分析，将它们加以汇总、理解并消化，以求最大化地开发数据的功能，发挥新媒体数据的作用。新媒体数据分析通常是基于商业目的，进行收集、整理、加工和分析，提炼有价值的信息的过程。尤其对于企业新媒体而言，新媒体数据分析的价值体现在以下几个方面。

1. 预测运营方向

挖掘与分析新媒体数据有助于企业紧跟网络热点，选择当红新媒体平台，创作新媒体内容和开展新媒体活动。如今，腾讯、百度等大型互联网公司已经公开相关系列大数据，新媒体运营人员可直接前往对应网站查看，常见的大数据包括百度指数、微博指数、微信指数、头条指数等。

2. 跟进运营情况

新媒体数据能帮助了解新媒体运营工作成效，包括公众号推广、朋友圈推送、微博发布、头条推送、线下活动策划与实施、直播分享、粉丝维护、微店运营等情况。即使不同新媒体平台关注的数据类型不尽相同，运营者也需要关注重点数据，如阅读数据、活动转发与评论数据、流量数据、粉丝数据、内容数据等，这是判断能否实现新媒体营销目标的有效途径之一。

3. 控制运营成本

在进行新媒体运营的过程中，企业不仅需要关注销售额的增长或品牌知名度的提升，也应该关注运营成本的变化，尤其是营销推广成本的变化。如果发现该品牌的营销方向不够精准，为了避免推广费用全部打水漂，需要及时控制成本。比如进行广告投放时，运营者需要在每次投放前综合分析用户地域分布、内容阅读时长、平台使用选择等数据，并结合近期投放结果做进一步优化以控制运营成本。

4. 调整运营方案

新媒体运营方案是运营者依据现有情况与以往经验而制定的工作方案，但随着时间的推移，需要通过当前新媒体数据来进行评估和适当的调整。调整运营方案常用到的数据有目标达成率等。分析这些数据，运营者一方面可以判定运营方案所制定目标的可行性，另一方面能及时发现运营方案落实过程中遇到的问题，为之后制定相关运营方案提供调整意见。

7.2 新媒体数据分析类型

7.2.1 粉丝数据分析

1. 粉丝属性数据分析

粉丝属性数据包括性别、年龄、城市、省份、语言、手机型号等数据。运营者了解粉丝属性数据的最大意义在于可以更加精准地投放广告，从而提升广告转化率。例如，互联网卫生巾品牌"轻生活"，依靠联系微信"大V"投放微信软文广告，实现近千万元销售额。"轻生活"是一家主打"零过敏"的新兴卫生巾品牌，他们在挑选微信公众号进行合作时，注重挑选粉丝集中在一线城市、女性粉丝偏多、风格较年轻化的公众号进行广告投放，从而获得了不错的广告效果。

（1）人口特征

粉丝年龄数据会影响新媒体内容的语言风格乃至选题，能够帮助运营者更好地调整发布内容，如图7-1所示。如果粉丝年龄偏小，那么运营者的写作风格可以更亲切、可爱、调皮；如果粉丝年龄偏大，那么运营者可以选择跟养生等相关的话题来创作。

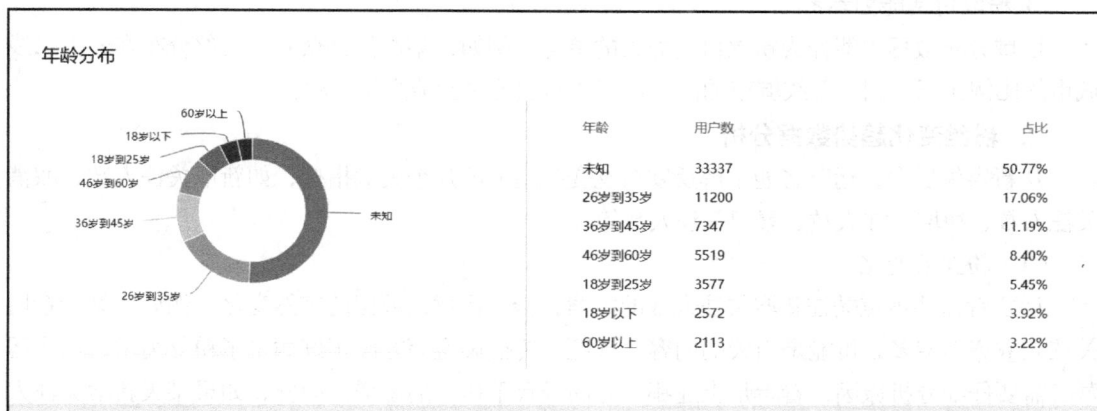

年龄分布

年龄	用户数	占比
未知	33337	50.77%
26岁到35岁	11200	17.06%
36岁到45岁	7347	11.19%
46岁到60岁	5519	8.40%
18岁到25岁	3577	5.45%
18岁以下	2572	3.92%
60岁以上	2113	3.22%

图7-1　某微信公众号粉丝年龄分布

粉丝性别比例不同的新媒体，适合产出的新媒体内容也会有所不同，如图7-2所示。例如，男性粉丝居多的微信公众号，可以投放体育、汽车等相关内容资讯；而女性粉丝居多的微信公众号，可以投放时尚、美妆、娱乐等内容。

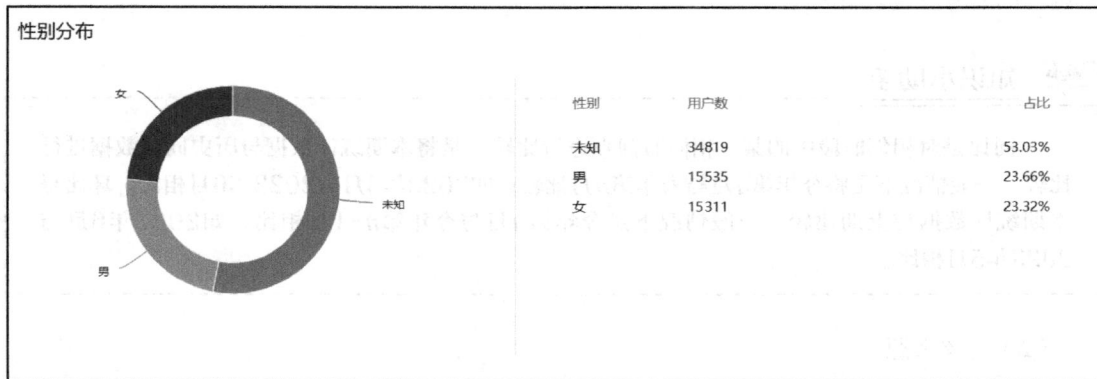

性别分布

性别	用户数	占比
未知	34819	53.03%
男	15535	23.66%
女	15311	23.32%

图7-2　某微信公众号粉丝性别分布

（2）地域分布

在后台页面中，运营者还能看到地域分布数据。地域分布数据能为运营者提供以下多方面的参考。

① 内容创作参考

了解了本微信公众号粉丝地域分布情况后，可以尽量贴合当地文化生活特点等进行创作。如果某微信公众号的上海粉丝比例较高，那么创作诸如沪漂、创业、外滩等话题的文章就很容易引起粉丝共鸣。反之，如果一个微信公众号的北京粉丝比例偏高，那么以沪漂为话题进行内容创作，可能效果就会大打折扣。

②线下活动参考

了解粉丝所在城市，对于运营者后续策划线下活动也具有参考价值，运营者可以优先选择在粉丝集中的城市举办活动。

③粉丝付费能力参考

地域分布数据也能作为粉丝付费能力的参考。例如，某微信公众号的粉丝分布在一、二线城市的比例比三、四、五线城市的高，这表明粉丝的付费能力相对较强。

2. 粉丝变化趋势数据分析

从新媒体后台，运营者能了解反映粉丝变化趋势的几个关键指标，如新增关注人数、取消关注人数、净增关注人数、累积关注人数等。

（1）粉丝数变化

运营者需要重点关注新增关注人数的数据，特别留意该数据的突然变化。例如，某天新增关注人数突然增多，可能是当天的内容、选题、传播渠道等方面正好满足了粉丝需求，那么运营者需要仔细分析原因，看看是上述哪一方面导致了粉丝的激增。同样，如果某天新增关注人数突然减少，甚至取消关注人数特别多，运营者就需要仔细分析当天所发的内容是否引起了粉丝反感，从而导致粉丝取消关注。

除了分析数据的突然变化，运营者还需要进行数据对比分析。对比分析主要分为两种，即同比和环比。相对而言，环比数据的分析价值大于同比数据。通过同比数据，运营者可以分析特定时间段推出何种运营内容更好；但是通过环比数据，运营者能更直接地了解当前粉丝对账号内容的喜好程度。

🎓 知识小助手

同比是对相邻时段中的某一相同时间点进行比较，是将本期统计数据与历史同期数据进行比较，一般情况下是将今年第n月与去年第n月比较，如2023年6月与2022年6月相比。环比是本期统计数据与上期比较，一般情况下是今年第n月与今年第$n-1$月相比，如2023年6月与2023年5月相比。

（2）粉丝来源

运营者还可以查看新增关注人数的来源，了解这些来源对研究增加微信公众号粉丝的方法会有很大的帮助。如果某一天新增关注人数特别多，可以了解用户是从哪个渠道关注的，从而顺藤摸瓜寻找最初的源头或平台，这个平台就可发展成为一个核心传播渠道。

微信公众号新增关注人数的来源主要有搜一搜、扫描二维码、文章内账号名称、名片分享等，如图7-3所示。其中扫描二维码指的是扫描微信公众号所对应的二维码从而关注的行为。

用户通过扫描二维码关注微信公众号的场景有很多，有线上的公众号互推、图文文末的引导关注、包含二维码的活动海报、视频结束时的二维码画面等，线下主要通过直接邮寄广告、传单、促销海报、促销手册等来进行关注。

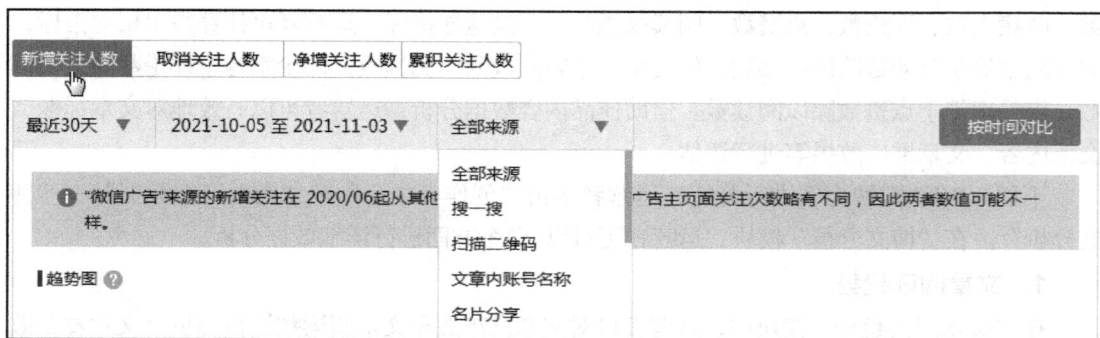

图7-3　微信公众号新增关注人数来源

3. 粉丝活跃数据分析

除了微信公众号这一新媒体平台，微博后台也拥有值得分析的新媒体数据，比如粉丝活跃数据。

（1）访问时段

在微博"近7日粉丝活跃分布"模块中，运营者可对活跃粉丝进行分析，以柱形图展示活跃粉丝情况，进而合理评估账号的价值。

真正对运营者有帮助的是活跃粉丝，而不是微博中的"僵尸粉"。粉丝在某一天或较短时期内登录过微博，即视为活跃粉丝。若某位运营者的粉丝总数虽然不如另一位，但其活跃粉丝数大于另一位，其账号的实际价值也会更大。

（2）消息互动

微博"近7天账号互动top10"模块主要展示最近一周内与运营者互动频繁的10个账号。运营者可以通过这个模块来深入了解粉丝，可以了解用户的兴趣点，并在第一时间给予回应和重点关照。

视野微拓展

通常将用户增长的目标概括为AARRR模型——获取（Acquisition）、激活（Activation）、留存（Retention）、收入（Revenue）、推荐（Recommend），即怎么获取用户，用户来了之后怎么让用户活跃，用户活跃之后怎么留存用户，用户留存之后如何让用户为产品付费，用户付费之后怎么让用户自觉地推荐产品，进行传播。

7.2.2　作品内容数据分析

作品内容数据分析是对新媒体内容平台的发布情况进行统计分析，比如微信公众号阅读数、微博头条转发数、今日头条文章推荐量等。通过这些数据，运营者结合阅读数，可以对文章的传播渠道、传播节奏、传播效果有一个直观准确的判断，并且可以预估后续推出的图文内容的传播效果。

作品内容数据分析的关键指标包括送达人数、图文页阅读人数/次数、分享转发人数/次数、收藏人数、评论数、点赞数、阅读来源等。通过这些指标，运营者可计算得出相对指标，如互动率等于互动数除以阅读数，转发率等于转发数除以阅读数，评论率等于评论数除以阅读数，点赞率等于点赞数除以阅读数。借助作品内容数据分析，运营者可以有效地对文章标题、文章内容、文章推广效果等进行评估。

下面以PC端微博为例进行分析，运营者单击"创作者中心"—"查看详细数据"—"博文分析"。在"博文分析"模块，运营者可对以下3个方面进行详细数据分析。

1. 文章阅读趋势

在"文章阅读趋势"模块中，运营者可对文章发布数和文章阅读数进行分析。文章发布数是指账号发出文章的数量。文章阅读数是指账号近日发布的文章被阅读的次数，一篇文章可以被同一用户阅读多次。

文章发布数和文章阅读数显示在一个坐标系下，如图7-4所示，故运营者可以在用户活跃时间发布几篇有价值的文章，进而提升文章的阅读数据，增强运营效果。

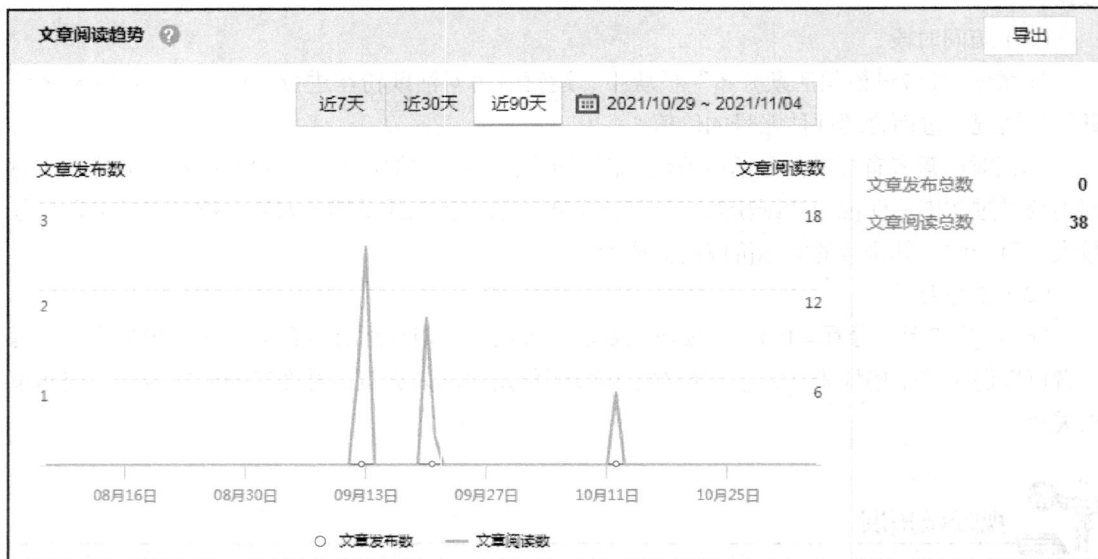

图7-4　"文章阅读趋势"模块

2. 微博转发、评论和赞

在"微博转发、评论和赞"模块中，运营者可对互动数据进行分析。"微博转发、评论和赞"模块中的数据指账号发布的微博被转发、评论和点赞的次数。

3. 单条微博分析

在"单条微博分析"模块中，运营者可对单条微博点击数和阅读人数进行分析。阅读人数是指单条微博发出后累计被阅读的去重人数。点击数是单条微博带有的短链（含头条文章）或者图片被点击次数的累加。

在"单条微博分析"模块，运营者可以从中快速找到阅读人数和点击数高的微博，以便找出更好的运营策略。在图7-5中单击右侧"查看详情分析"按钮，运营者可以看到微博阅读量随时间改变而发生的变化，并快速查看微博内容，从而进行统计分析。

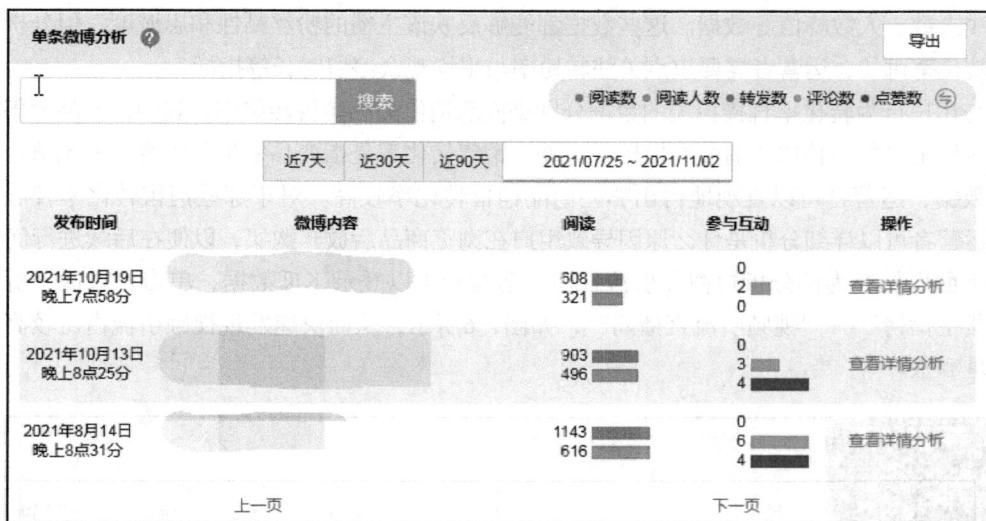

图7-5 "单条微博分析"模块

7.2.3 流量转化数据分析

1. 流量来源

商业运营的本质是流量生意，引流成为商业运营中最重要的事情。要想做好引流，便要熟悉流量来源的分类，理解流量来源的素质指标，具备解释流量数据的能力。流量来源通常分为以下4类，一是免费流量，二是付费流量，三是老客户流量，四是其他流量。下面以淘宝为例进行解释。

（1）免费流量主要来自站内自然搜索、自然搜索优化技术、类目流量和活动流量。其中，类目流量常指客户通过淘宝首页的类目进入店铺的流量，活动流量是指参加平台的活动从而产生的流量。

（2）付费流量根据广告付费方式分为 CPC 流量、CPS 流量和 CPM 流量。CPC（Cost Per Click）即按点击付费成本，淘宝直通车的计费方式属于 CPC；CPS（Cost Per Sale）即按成交付费成本，淘宝客的计费方式是 CPS；CPM（Cost Per Thousand Impression）即千人曝光成本，淘宝钻的计费方式属于 CPM。

（3）老客户流量其实也属于免费流量，但不同的是老客户是指流转客户，其流量主要来自直接访问收藏夹、购物车、买家后台等。

（4）剩下的为其他流量，比如可以是通过社交网站、搜索引擎等引来的流量。

2. 流量转化率

流量转化率不仅是一个数据指标，其本质是用户体验的真实反映。提升流量转化率，需要增强数据驱动的意识。流量转化率分为以下两种：一是以用户增长为代表的用户留存转化率，二是以支付购买为代表的用户行为转化率。这两种转化率的数据分析有着不同的策略。

与用户留存转化率直接相关的数据分别是短视频引流数据和人气数据。短视频引流数据即通过短视频进入直播间的人数。人气数据包括观看人次、新增粉丝、本场点赞、本场音浪、平均在线人数、人数峰值等数据。这些数据都能够反映该主播的粉丝黏性和忠诚度。但分析用户留存转化率可知，运营者需要重点关注转粉率与平均观众停留时长等指标。

与用户行为转化率直接相关的数据分别是商品销售额和销售转化率。其中，商品销售额是最能体现用户行为转化率的数据指标。另外，销售转化率是指商品销量与访客量的比值，通过这一数据，运营者可以直观地得出哪些商品销售转化率较高。对于那些销售转化率较低的商品，运营者可以详细分析是什么原因导致用户在浏览商品后放弃购买，以便在后续进行优化。

下面以抖音为例分析短视频引流直播。运营者可以登录飞瓜数据，单击"直播分析"—"带货主播榜"—"视频引流直播间"，如图7-6所示，从而快速发现视频引流占比较高的直播间是哪些。

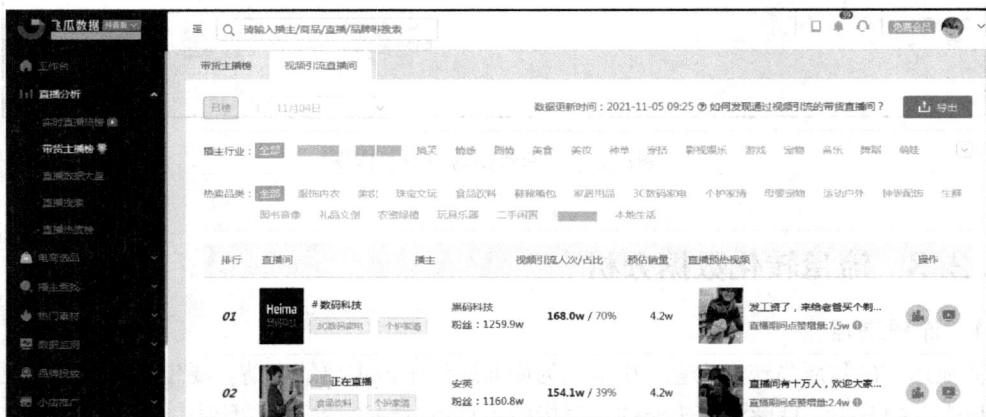

图7-6　短视频引流直播排名

通过观察发现，"黑码科技"关于某品牌产品的引流视频点赞量更高，为该场直播带来了更多的流量。因此，在未来视频引流中，运营者可以以某品牌为主题制作引流视频，激发用户进入直播间的热情。并且，运营者可以根据每场直播的预估销售额和实际销售额来分析一定时间内的直播"带货"效果是否稳定。一旦出现销售额下滑的情况，就要及时找出原因，尽快调整直播运营策略，保证直播效果的稳定。

7.2.4　市场行情数据分析

要在激烈的市场竞争中快速了解市场行情，百度指数是一个不错的工具。百度作为一个大数据平台，提供的市场行情数据具有较高的参考价值。百度指数是以百度海量网民行为为基础的数据分享平台。利用百度指数，运营者不仅可以研究关键词搜索趋势，洞察网民需求变化，定位数字消费者特征，还可以监测舆情，从行业的角度分析市场特点，引领企业向更好的方向发展。

百度指数分为趋势研究、需求图谱、人群画像3个栏目。下面以洗碗机为例进行分析，在百度指数首页输入关键词"洗碗机"，单击"开始探索"选项。

1. 趋势研究栏目

趋势研究栏目下有两种指数。一是搜索指数，能显示网民对关键词的关注程度及持续变化情况。其算法是以网民在百度的搜索量为数据基础，以关键词为统计对象，科学分析并计算出各个关键词在百度网页搜索中搜索频次的加权数。根据数据来源的不同，搜索指数分为PC搜索指数和移动搜索指数。

2021年10月13日—11月11日，"洗碗机"30天的搜索指数如图7-7所示，整体日均值为1223，整体环比上升7%，这说明洗碗机市场正逐步进入销售旺季；整体同比下降14%，这说明洗碗机市场规模有缩减的可能，但需要进一步的观察。

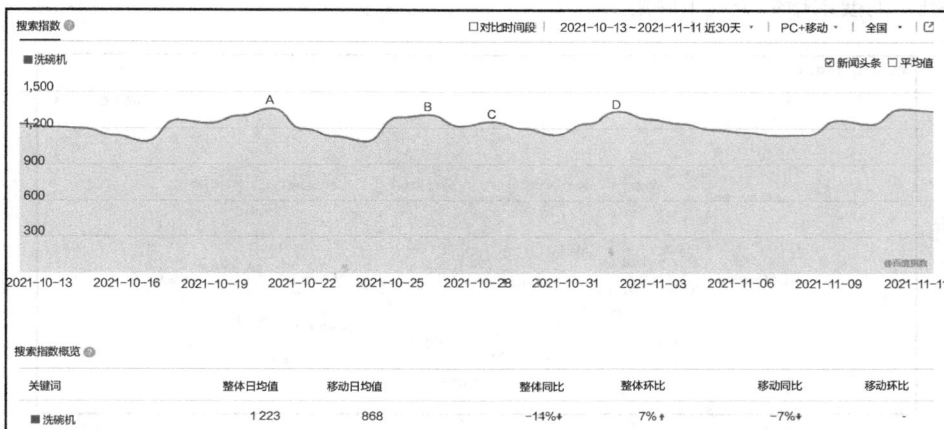

图7-7　"洗碗机"30天的搜索指数

二是资讯指数，用来显示新闻资讯在互联网上对特定关键词的关注、报道程度及持续变化。其算法是以百度智能分发和推荐内容数据为基础，将网民的阅读、评论、转发、点赞、不喜欢等行为的数量加权求和。

2021年10月13日—11月11日，"洗碗机"30天的资讯指数如图7-8所示，其中日均值为148042，环比下降30%，这说明消费者对洗碗机资讯的关注度比上月降低，洗碗机可能进入销售淡季；同比大幅上升266%，这说明2021年出现的洗碗机热点比2020年更吸引消费者，应该引起商家的重视。

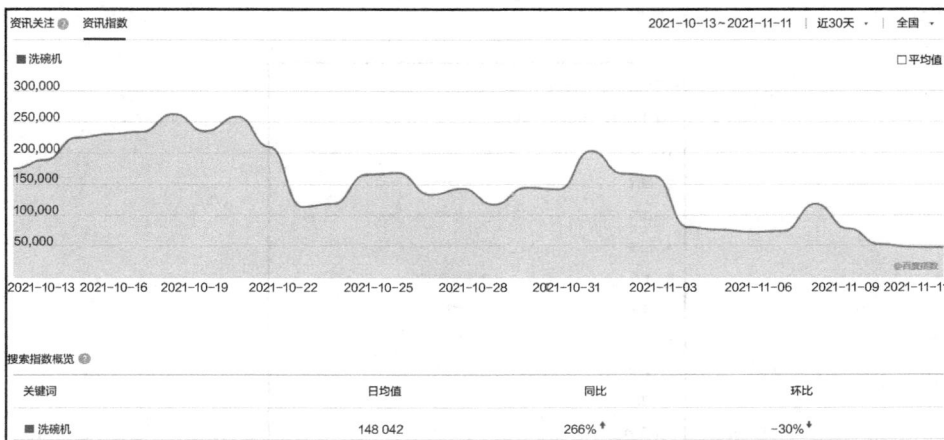

图7-8　"洗碗机"30天资讯指数

2. 需求图谱栏目

该图谱显示网民在搜索该词前后的搜索行为变化和对相关检索词的需求。相关词与圆心的距离表示相关词与中心检索词的相关性，相关词自身的大小表示相关词自身搜索指数的大小。

2021年11月1日—7日，一周的洗碗机需求图谱如图7-9所示。相关性强度最大的是"洗碗机原理"，相关词搜索热度排在前5位的是"西门子洗碗机""方太洗碗机""美的洗碗机""水槽洗碗机""洗碗机尺寸"，其中"西门子洗碗机"的搜索指数呈上升趋势，而"方太洗碗机"的搜索指数呈现下降趋势。

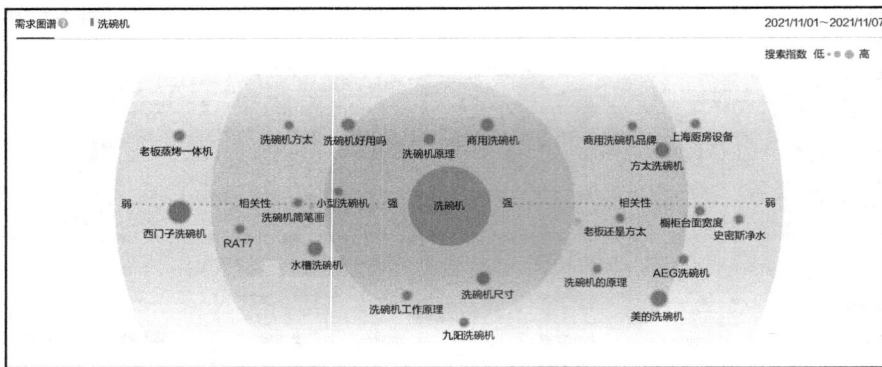

图7-9 洗碗机需求图谱

🎓 **知识小助手**

需求图谱栏目每周更新一次。

3. 人群画像栏目

人群画像栏目包括地域分布、年龄分布和性别分布3个指标。在图7-10中，洗碗机搜索人群的地域主要集中在广东、浙江、江苏等省份，年龄主要集中在20～39岁，洗碗机搜索人群以男性为主。

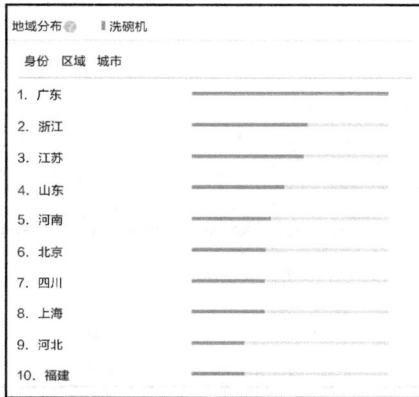

图7-10 洗碗机搜索人群的地域、年龄和性别分布

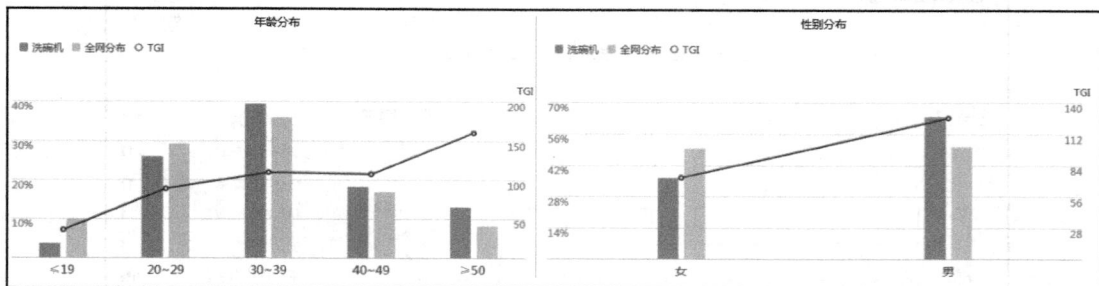

图7-10　洗碗机搜索人群的地域、年龄和性别分布（续）

7.3 新媒体数据分析产出形式

随着精益化运营的概念不断深入人心，数据分析已经成为新媒体数据人员的必修课。在挖掘出有效数据后，新媒体数据人员需要对数据进行加工，以便形成分析。常用的数据分析产出形式包括表格、可视化和专业报告。

7.3.1　新媒体数据分析表格

分析表格是最基础的一种数据分析产出形式，而其中Excel是使用频率最高的一种。合理的分析表格会更直观地反映数据间的关系，比用文字描述更清晰易懂。某渠道分析表格如图7-11所示。此外，将工作数据转换成表格呈现，可以帮助企业更好地了解数据间的关系及变化趋势，从而对相关营销方案、效果等做出合理的推断、预测和总结。

渠道	获客成本/元	访问用户量	新访问用户量	平均访问时长/分	每次会话访问页数	跳出率	注册成功转化率	交易成功转化率	CPA-注册/元	CPA-交易/元
渠道1	5	7798	52	10	7	0.48	33%	4.1%	15	122
渠道2	5	5942	117	9	7	0.39	32%	4.7%	16	106
渠道3	5	5510	250	11	8	0.35	28%	4.8%	18	104
渠道4	5	4747	76	7	5	0.35	34%	3.5%	15	143
渠道5	5	4121	205	7	5	0.26	49%	2.2%	10	227
渠道6	5	3108	72	7	8	0.30	37%	3.9%	13	128

图7-11　某渠道分析表格

除了正常的查看，部分新媒体的数据是支持导出的，比如PC端微博后台数据。在"粉丝趋势分析"页面左侧自定义筛选日期，然后单击页面右侧的"导出"按钮，即可导出每日粉丝增长明细，如图7-12所示。导出后将会得到一个Excel文件，通过该文件运营者能进行更多的分析，如得出每日平均增加粉丝、历史单日最高增加粉丝等数据。

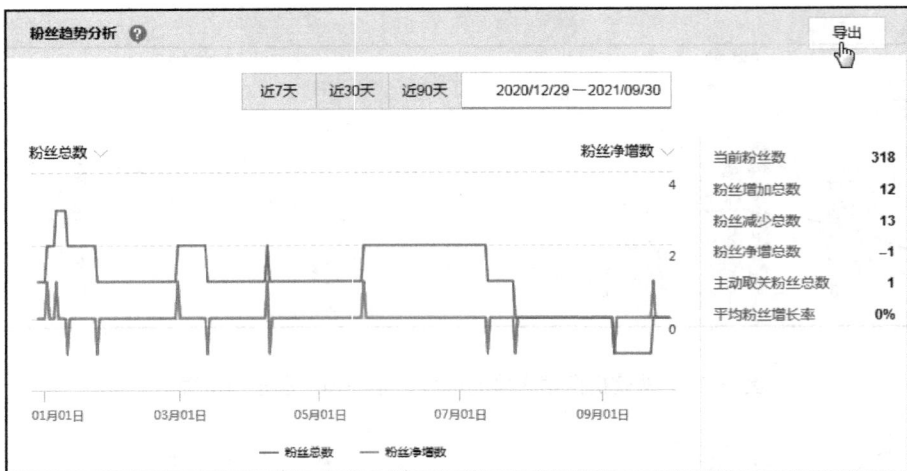

图7-12　导出数据

▌7.3.2　新媒体数据分析可视化

大量研究结果表明，人类通过图形获取信息的速度，比通过阅读文字获取信息的速度要快很多，所以可视化（Visualization）对数据分析至关重要。它是进行数据分析的第一个战场，可以揭示出数据内在的错综复杂的关系。在这一点上，可视化的优势是其他方法无可比拟的。数据背后的规律本是不可见的，而可视化数据集提供了一个独特的视角，数据分析可视化将会给人机交互带来全新的革命。

1. 新媒体数据分析可视化概念

在计算机学科的分类中，可视化是指利用人眼的感知能力对数据进行交互的可视表达，以达到增强认知的效果，其结果可以是一帧图像或动画。它将不可见或难以直接显示的数据转化为可感知的图形、符号、颜色和纹理等，以增强数据识别效率，传递有效信息。

数据分析可视化是指将大型数据以图形、图像的形式集中展示，并利用数据分析和开发工具发现其中的问题。狭义上，数据分析可视化是指用统计图表的方式来呈现数据，用于传递信息；广义上，数据分析可视化是信息可视化中的一类，用于表现抽象或复杂的概念、技术和信息。

2. 新媒体数据分析可视化原则

（1）可读性

图表的首要功能是解释，而不是设计。运营者要站在读者的角度设计图表，力求图表简洁易懂。图表中的每个元素都应有存在的意义，否则均应删除，以使数据价值最大化。

（2）精准性

为了使数据的解读不失真，数据应尽可能精确。但小数位数不宜过多，以免对读者形成干扰。另外一种情况是避免单位换算可能造成的数据失真。

（3）统一性

在同一份数据报告中，所做的图表应该遵循统一的风格，如采用统一的色调、统一的字体等。统一性是为可读性服务的，如果图表样式混乱，容易令读者眼花缭乱。

3. 新媒体数据分析可视化表达类别

图表是数据分析可视化的常用手段，常用的图形有以下几种。

（1）柱形图

优点：人眼对高度较敏感，柱形图直观展示各组数据的差异性，强调个体与个体之间的比较。

适用数据：数据集不大的二维数据，如图7-13所示。

（2）条形图

优点：直观展示各组数据的差异性，强调个体与个体之间的比较。

适用数据：数据集不受限制的二维数据，如图7-14所示。

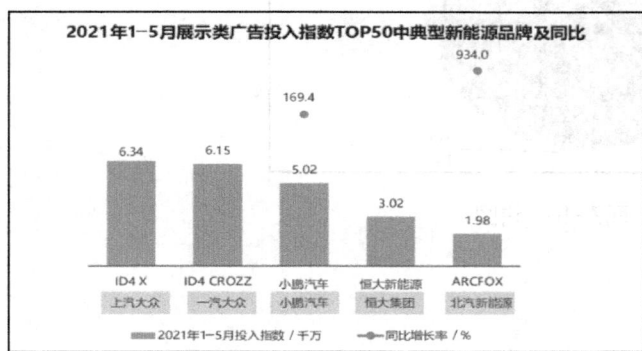

图7-13　柱形图

图7-14　条形图

（3）折线图

优点：直观反映数据的变化趋势及关联性。

适用数据：时间序列类数据、关联类数据，如图7-15所示。

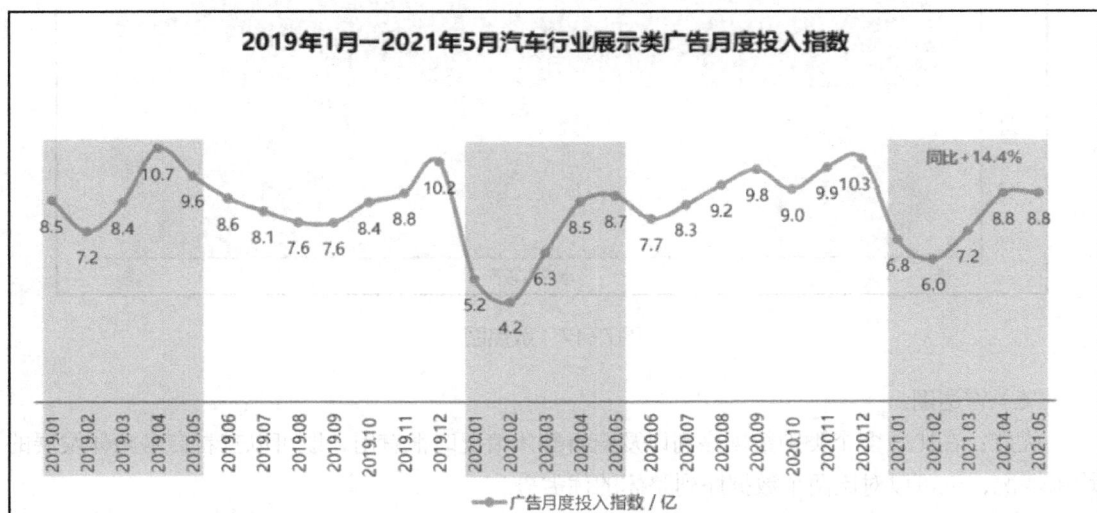

图7-15　折线图

（4）饼图

优点：直观显示各项占总体的比例、分布情况，强调整体与个体间的比较。

适用数据：具有整体意义的各项相同数据，如图7-16所示。

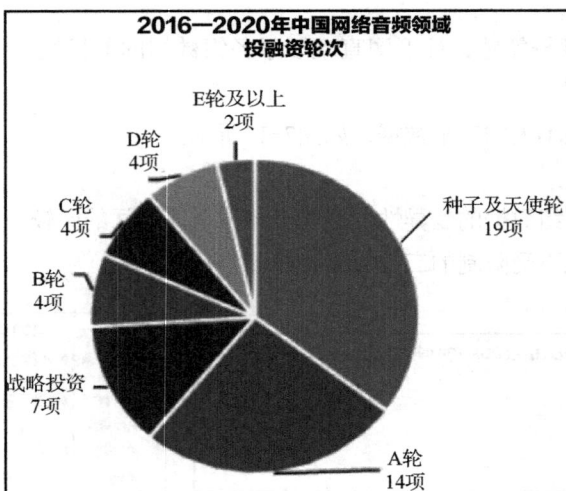

图7-16　饼图

（5）散点图

优点：直观反映数据集中情况。

适用数据：离散值数据，如图7-17所示。

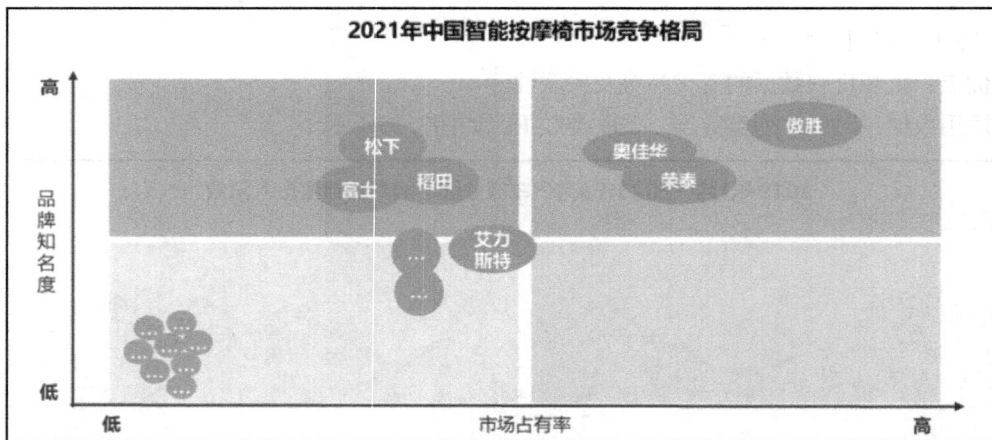

图7-17　散点图

（6）雷达图

优点：在比较多个类别数据序列以及查看整体情况时很有用，既可以查看自身整体发展的均衡情况，也可以对比两个数据序列整体的优劣势。

适用场景：适用于多维数据（四维以上），且每个维度必须可以排序，如图7-18所示。

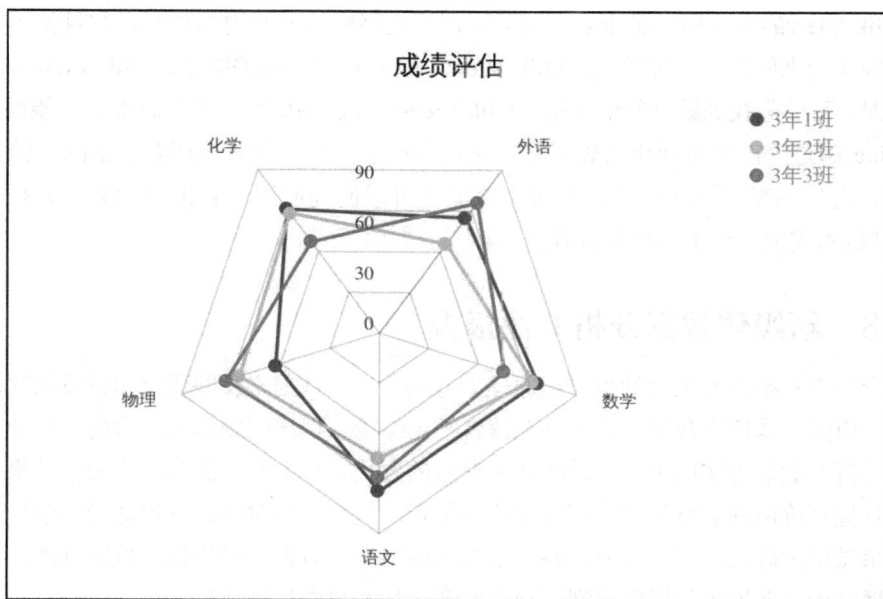

图7-18　雷达图

4. 新媒体数据分析可视化工具

为了完成数据分析可视化，目前市面上有许多主流的分析工具。从适用性的角度，可以分为以下三大类。

（1）基础类工具

Excel既是最简单又是最常用的可视化工具之一，很多中小型公司都用它来做可视化。Excel可以实现绝大多数可视化功能，比如动态交互、仪表板/大屏、预测、地理数据等；缺点是数据量太大时容易卡顿。此外，SPSS也可以进行各种数据的处理，开展统计分析和辅助决策等操作。

（2）编程类工具

R语言和Python语言是主要的编程语言，可以对大数据进行分析与挖掘。作为Python第三方库之一，Plotly是一个知名的、功能强大的数据可视化框架，可以构建交互式图形和创建丰富多样的图表及地图。Plotly可以提供比较少见的图表，比如等高线图、烛台图（K线图）和3D图表。

（3）专项类工具

① Tableau是专业的数据分析可视化工具，全球知名度很高。它是一个非常强大、安全、灵活的分析平台，支持多人协作。我们还可以通过Tableau软件、网页甚至移动设备随时浏览已生成的图表，或将这些图表嵌入报告、网页或软件中。其制作的图表类型丰富，颜色搭配美观，布局设计简单，可扩展性良好。另外，Tableau的商业化运作很完善，如社区运营、企业培训，所以其市场欢迎度比较高，是可视化工具最好的选择之一。

② Power BI是常用的可视化报表工具。相比于Excel，Power BI数据容量更大，可连接数百个数据源，在数据预处理上也非常方便，还有机器学习和数据挖掘的功能。它也有完善的社区，包括Power Pivot工坊、Power BI极客等，可以满足绝大部分功能需求。

③ Qlik View的主要用户是企业，企业可以用它轻松地分析内部数据，并且使用它的分析和企业报告功能来做决策。你可以在Qlik View中输入要搜索的关键字，Qlik View可以自动整合你的数据，帮助你找到数据间的关系。Qlik View同样提供免费的个人版本，功能很强大。

④ Fine BI是国产的可视化报表工具。它拥有粉丝众多的社区，还有丰富的文档，不仅学习成本低，而且不需要下载软件，通过浏览器就可以便捷使用。它也有大数据分析工具Fine Report，其技术实力、可扩展性都很强。

7.3.3　新媒体数据分析专业报告

数据分析专业报告是根据数据分析原理和方法，运用数据来反映研究和分析某项事物的现状、问题、原因、本质以及规律，并且对读者给出结论、提出问题解决办法的一种分析应用文体。数据分析专业报告实质上是一种沟通和交流的方式，其主要目的在于将分析结果、可行性建议以及其他有价值的信息传递给管理者或决策者。这就需要对数据进行适当的解释，让读者能够对结果做出正确的理解与判断，并可以据此做出有针对性、操作性、战略性的决策。下面将介绍数据分析专业报告的报告类型、写作原则、基本结构及举例等。

1. 报告类型

（1）专题分析报告：对某一现象的某一方面进行专门研究，具有专一性和深入性。

（2）综合分析报告：全面评价一个地区、单位、部门业务等的发展情况，具有全面性和联系性。

（3）日常数据通报：定期反映计划执行情况，并分析其影响和成因，一般按照日、月、季、年等时间阶段定期发布，具有进度性、规范性、时效性。

2. 写作原则

（1）规范性：使用的名词术语一定要规范，标准统一，前后一致，要与业内公认的术语一致。

（2）重要性：突出重点，选取关键指标，对问题的重要性排序后分级阐述。

（3）谨慎性：保证数据真实、完整，分析过程科学、合理、全面，分析结果可靠，内容实事求是。

（4）创新性：了解并应用新提出的研究模型或分析方法，在实践中验证和改进。

3. 基本结构及举例

一般而言，数据分析专业报告有特定的结构，但这种结构也并非一成不变。针对不同的决策者、不同的客户、不同的数据分析目的等，最后形成的数据分析专业报告的结构可能不尽相同。这里介绍最常用的数据分析专业报告结构，即开篇、正文和结尾3个部分。开篇包括标题、目录和前言，正文部分主要包括具体分析过程与结果，结尾部分包括结论、建议及附录。

（1）开篇部分

① 标题

标题是一份报告的文眼，是全篇报告最浓缩的精华。标题要精简干练，根据版面的要求在一两行内完成。同时，标题也是一种语言艺术，好的标题不仅可以简洁明了地展示数据分析的主题，让读者能毫无偏差地理解这篇报告的主要目的，而且能够激发读者的阅读兴趣。

标题常用的类型包括以下3种。第一种，点明数据分析专业报告的基本观点，如"高价值客户是新媒体营销业务的重要支柱"。第二种，概括主要内容，重在叙述数据反映的基本事实，让读者能够更好地抓住全文的中心。第三种，交代分析主题，更倾向于反映分析的对象范围、时间、内容等情况，并不点明分析人员的看法和主张，如"2023年中国折叠屏手机市场洞察报告"，如图7-19所示。

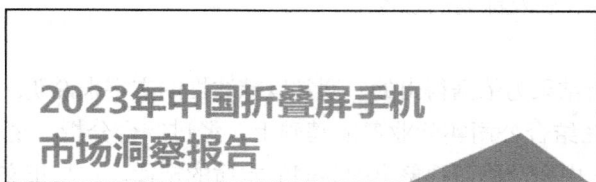

图7-19　某新媒体数据分析专业报告的标题

② 目录

目录可以帮助读者方便快捷地找到所需内容，因此要在目录中列出报告的主要章节名称，还应当在章节名称后面加上相应的页码；比较重要的二级目录也可以列出来。

从另一个角度来说，目录也就相当于数据分析专业报告的大纲，它可以体现出报告的分析思路。但也要注意，目录不宜太详细、太长，否则读者阅读起来冗长、耗时，重点也不突出。某新媒体数据分析专业报告的目录如图7-20所示。

图7-20　某新媒体数据分析专业报告的目录

③ 前言

前言是数据分析专业报告的一个重要组成部分，其内容是否正确，对最终报告是否能够解决业务问题、能否给决策者提供有效依据具有非常重要的作用。

前言主要包括分析背景、目的和思路3个方面。分析背景是说明为什么要开展此次分析，此次分析有何意义；分析目的是明确通过此次分析要解决什么问题，达到何种结果；分析思路是告诉读者将如何开展此次分析，主要通过哪几个方面展开。

（2）正文部分

正文部分是整个数据分析专业报告的核心，它系统全面地表述了数据分析的过程与结果。在撰写报告正文时，根据之前分析思路中确定的每项分析内容，利用各种数据分析方法一步步地展开分析，通过图表与文字相结合的方式形成报告正文，方便读者理解。一篇报告只有想法和主张是不够的，必须经过科学严密的论证，才能确认观点的合理性和真实性，才能使别人信服，因此报告正文部分的逻辑论证极为重要。

数据分析专业报告正文最显著的特点包括：正文部分是整个数据分析专业报告最长的主体

部分，包含所有数据分析、事实和观点等；采用数据、图表与相关文字相结合的形式来展现信息；正文各部分具有逻辑关系。

（3）结尾部分

结尾是对整个数据分析专业报告结果的总结，观点的提升与深化，是得出结论、提出建议、解决矛盾的关键所在，起着画龙点睛的作用。好的结尾可以帮助读者明确主旨，加深读者对数据分析结果的认知，引发深刻的思考。

① 结论

结论是以数据分析结果为依据得出的，通常以综述性的文字来说明。但结论并不是分析结果的简单重复，而是在结合公司实际业务的基础上，经过综合分析、逻辑推理形成的总体论点。结论是去粗取精、由表及里而抽象出的共同的本质的规律。它与正文紧密衔接，与前言相呼应，使数据分析专业报告首尾呼应。结论应注意措辞严谨准确、论点鲜明。

② 建议

建议只是根据数据分析结果对公司或业务等所面临的问题而提出的改进方法。某新媒体数据分析专业报告的结论及建议如图7-21所示。建议主要关注保持优势和弥补劣势两方面，因为分析人员所给出的建议主要是基于数据分析结果，有可能存在局限性。只有结合公司的具体业务或实际情况，分析人员才能给出切实可行的建议。

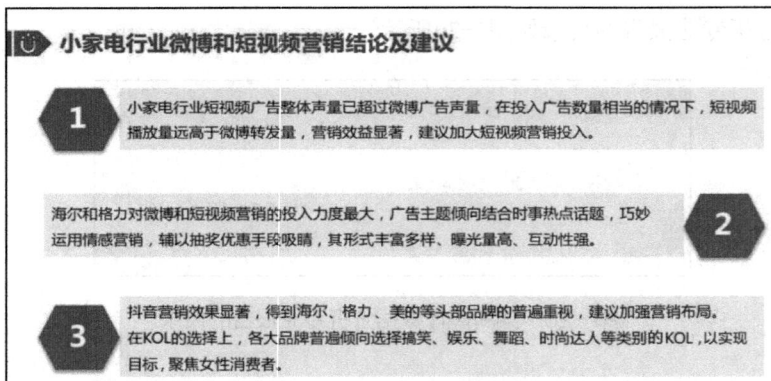

图7-21 某新媒体数据分析专业报告的结论及建议

课堂微讨论

判断图 7-21 中针对小家电行业所提出的建议是否切实可行。

③ 附录

有些数据分析专业报告还包括附录。附录用于提供正文中未能详述的有关资料，有时也包含正文中提及的资料，从而向读者提供一条深入数据分析专业报告的途径。某新媒体数据分析专业报告的附录如图7-22所示。附录主要包括报告中涉及的专业名词、计算方法、重要原始数据来源等内容。当然，并不是每份数据分析专业报告都要求有附录的，附录是数据分析专业报告的补充，分析人员应该根据实际情况来决定是否需要在报告结尾处添加附录。

概念	定义描述
社群	社群是有共同爱好、需求的人组成的群体，有内容、有互动，具有多种形式，社群实现了人与人、人与物的连接，提升了营销和服务的深度，建立起了高效的会员体系，增强了品牌影响力和用户归属感，为企业发展赋予新的驱动力
网络社群（广义）	以互联网为社群沟通的主要渠道，拥有线上线下多种互动与运营方式，有较为固定的平台或渠道，便于成员进行交流分享的社群

图7-22　某新媒体数据分析专业报告的附录

知识测验

一、不定项选择题

1. 新媒体数据的来源包括（　　　　）。

    A. 新媒体平台后台数据　　　　　B. 公共资源数据

    C. 第三方工具数据　　　　　　　D. 人工统计数据

2. 新媒体营销过程中会产生各式各样的数据，其主要类别有（　　　　）。

    A. 数值型数据　　　　　　　　　B. 分类型数据

    C. 定类数据　　　　　　　　　　D. 定序数据

3. 粉丝用户数据分析包括（　　　　）。

    A. 粉丝用户属性数据分析　　　　B. 粉丝用户年龄数据分析

    C. 粉丝用户活跃数据分析　　　　D. 粉丝用户趋势数据分析

4. 流量转化率分为下面几类？（　　　　）

    A. 销售转化率　　　　　　　　　B. 用户行为转化率

    C. 用户留存转化率　　　　　　　D. 短视频引流率

5. 新媒体数据分析可视化的表达类别包括（　　　　）。

    A. 柱形图　　　　　　　　　　　B. 饼图

    C. 散点图　　　　　　　　　　　D. 雷达图

二、填空题

1. 新媒体数据处理通常包括_____、_____和_____三大环节。

2. 微信公众号新增用户的来源有_____、_____、_____、搜一搜、支付后关注等。

3. 互动率等于_____除以_____，转发率等于_____除以_____。

4. 百度指数的趋势研究栏目下有两种指数。一是_____，二是_____。

5. 标题常用的类型包括_____、_____和交代分析主题。

三、简答题

1. 新媒体数据分析可视化表达类别分别有哪些缺点和使用场景？请举例说明。

2. 撰写新媒体数据分析专业报告时需要注意哪些事项？

📖 技能实训 ●●●●●

一、实训目标

1. 认知目标：能够通过讲解和讨论等环节掌握相应知识点。
2. 行为目标：能够初步了解百度指数的用法，学会分析新媒体数据。
3. 情感目标：能够初步形成独立思考能力和自主学习能力。

二、实训内容与要求

1. 教师说明实训目标、方式、要求，激发学生实训的主观能动性。
2. 教师介绍百度指数的概念、作用以及基本使用步骤。
3. 教师建议3～5名学生为一组阅读下面的材料，并布置实训题目。
4. 所有学生相互评议，教师进行点评、总结。

步骤一，登录百度指数官网，输入商品类目关键词，单击"开始探索"按钮。

步骤二，获取趋势研究栏目的相关数据，分析商品类目关键词的搜索指数、资讯指数和媒体指数，了解当前市场变化趋势和热点。

步骤三，获取需求图谱栏目的相关数据，分析商品类目相关词的搜索指数、相关度以及相关词的分类，寻找当前市场需求和消费者的关注热点。

步骤四，获取人群画像栏目的相关数据，分析商品类目关键词搜索人群的地域分布和人群属性，明确目标消费人群特征。

步骤五，撰写该商品类目市场行情分析报告。

实训题目：在经营的网店中选择一个商品类目，利用百度指数分析该类目的市场行情。

三、实训成果与评价

1. 成果要求
    （1）形成分析报告：针对实训题目形成一份较为完整的分析报告。
    （2）提交讨论记录：每组设组长1人、记录员1人，分析报告必须有小组各成员讨论的详细记录。
    （3）撰写文字小结：内容可包括通过此次小组合作发现的不足之处和建议等。
2. 评价标准
    （1）上课主动配合教师，积极思考并发言，拓宽分析问题的思路。
    （2）认真阅读材料，积极参加小组讨论，分工合作较好。
    （3）分析报告内容基本完整，能结合所学理论知识解答问题。

第8章 新媒体应用

案例导入

"扬华微语"始建于2014年，是西南交通大学官方网络平台。值班同学每天和粉丝们进行线上互动，回复留言，解答提问。作为西南交通大学最早建立的官方微信公众号之一，"扬华微语"旨在发布官方消息、服务交大师生、关注学生思想动态、紧跟校园热点，集官方性、原创性、时效性及趣味性于一体，覆盖面广、影响力强，功能日臻完善。

"扬华微语"通过鲜活及时的学工信息与原创图文的新媒体平台推送，树立交大学生思想标杆，同时又兼具实用性，例如发布资助管理中心的相关公告，使学生资助、评奖评优等信息即时传播；配合大学生文化素质教育基地对大型文体活动进行宣传，协助相关工作，帮助提升交大学子的综合素质。

"扬华微语"作为学生工作部（处）下属的网络平台，肩负着引领交大学子健康向上的思想浪潮的责任。"扬华微语"在漫画板块的推送中以著名漫画人物为基础原型，将文字量较大的案例分析以多维度的方式展开，在学生媒体中达到了较好的宣传效果。另外，"扬华微语"呼吁广大师生高度重视个人信息安全，远离诈骗团伙，维护网络安全。

案例解读

在传播过程中，西南交通大学官方微信公众号对图文进行了转发，使得受众群体变得更加广泛多样。在微信朋友圈的带动下，更多的师生与家长得到了"来自柯南"的提示。在新媒体应用的具体工作中，应当充分结合新媒体平台的特色与受众需求，将严肃的"硬"教育转化为有温度的新媒体产品，深入受众生活，以受众喜欢的方式和形式潜移默化地引领正确的价值取向。

思考问题

1. 为什么"扬华微语"微信公众号能得到受众的欢迎？
2. "扬华微语"微信公众号的创新给我们的启示是什么？

8.1 新媒体的经济影响

8.1.1 新媒体产业

1. 新媒体产业的含义

在一个快速发展的大时代，传播媒介的发展导致人们互相联系、交换信息的方式发生了巨大变革，甚至导致经济、政治、文化和社会等方面发生了巨大变化。如今，产业化的新媒体给社会大众的生活带来了前所未有的新变化，整个社会也充满生机、活力、创新性和不确定性。

对于新媒体的含义，学者们有各种各样的解释；对于新媒体产业的定义，也有外延内在、横向纵向等多种说法。本书对于新媒体产业的理解是：利用数字技术、计算机网络技术和移动通信技术等新兴技术，并按照工业化标准进行生产、再生产来满足广大群众需求的内容产业。新媒体产业的本质就是利用技术优势来降低公众信息消费的成本，从而实现传统媒介产业价值链的整合。

2. 新媒体产业的特征

新媒体产业具有以下特征。

（1）集群性

新媒体产业具有集群性。所谓产业，就是由一系列相互联系的企业、组织、系统或者行业按照规律组合在一起的企业群，一个企业不能称为产业。新媒体产业是由新媒体硬件制造商、内容提供商、服务提供商和运营商等不同环节组合而成的，每一个环节都和前后的环节构成竞争与合作的关系。集群性的优势就是可以帮助新媒体产业降低成本，形成规模效应，最后形成规模经济和范围经济。

（2）知识性

新媒体产业是一种靠脑力劳动创造价值的劳动密集型产业。其核心技术和内容主要体现在以下两个方面：一方面，新媒体应用处于前沿尖端的高新技术，比如移动通信技术、软件播放技术、数字技术、数字媒体、计算机网络技术等，这些技术都蕴含着庞大的知识量；另一方面，精通新媒体技术和新闻信息传播规律的专业人才可以利用他们的专业技术将新媒体内容的开发与生产实践结合起来。

（3）增值性和循环性

新媒体产业的价值链具有增值性和循环性。鲍勃·梅特卡夫提出了梅特卡夫定律，指出通信网络的价值是节点数或终端连线数的平方。戴维·里德提出的里德定律解释说，社交网站随着规模的扩大，其重要性增强，有效性也呈指数级增长，也就是说，每个新用户都会增加网络的价值。新媒体产业的发展需要大量技术、资金、人力、智力，所以它具有其他大多数产业所没有的高智力密集性特征，同时其创造的附加值也远远高于本身所含的物质价值。新媒体产业是一个有机的、统一的整体，其中的每一条产业链都由许多相关的同类企业构成，上游生产和下游生产紧密结合、环环相扣、相互制约、相互依存。上游生产以内容生产、服务集成为主，下游生产以产品营销为主，上游下游各个环节交换物质、信息和资金，共同推动新媒体产业的价值递增。

（4）创新性

新媒体产业的创新性主要体现为全新的技术支持和焕然一新的内容形态。新媒体所运用的数字技术、计算机网络技术、移动通信技术等都是在自身基础上不断升级与完善的，而且可以不断开发和应用新的媒体技术。另外，同样也有革新性变化的是新媒体的内容生产，新媒体内容是由数字技术生成的数字化文字、图片、图形、音频与视频所形成的多媒体超文本，这些内容通过计算机网络技术和移动通信技术来传输，是一种全新的生产技术与生产流程。

3. 新媒体产业链

产业链是具有技术经济联系的各个产业部门依据特定的逻辑关系和一定的时空布局关系而形成的包含供应商、制造商、分销商、零售商和终端用户的功能链。关于新媒体产业链的含义，本书认为新媒体产业链是指新媒体所经营的互不相同而又互相关联的生产活动所构成的纵向功能链结构。简单地说，新媒体产业链主要由内容运营链、网络运营链和终端用户链组成。

内容运营链包括内容提供商、广告公司、客户、调研公司与内容运营商等，网络运营链包括设备提供商、技术提供商和网络运营商等，终端用户链包括终端制造商、终端服务商与终端用户等。

8.1.2　新媒体产业的类型

根据国民经济分类，新媒体产业包括新闻出版、广告业、知识产权、电子出版物等服务类产业，属于第三产业。2018年，我国《战略性新兴产业分类（2018）》出炉，规定战略性新兴产业包括新一代信息技术产业、高端装备制造产业、新材料产业、生物产业、新能源汽车产业、新能源产业、节能环保产业、数字创意产业、相关服务业九大领域。其中，新一代信息技术产业涵盖了下一代信息网络产业，电子核心产业，新兴软件和新型信息技术服务，互联网与云计算、大数据服务，人工智能五大类。从我国对新媒体产业的研究成果来看，新媒体产业分类角度各异，本书主要将其分为五大类：计算机媒体产业、移动端媒体产业、车载媒体产业、楼宇广场媒体产业和星空媒体产业。

1．计算机媒体产业

早期世界各国的互联网产业多通过计算机终端进行联系，这个时候的网络经济也就是"计算机经济"。从1994年开始，世界各国就逐渐利用互联网进行联系，开启了互联网世界的新纪元。2012年，全球互联网用户总数达到了24亿，北美地区互联网用户数达到2.74亿，欧洲地区互联网用户数为5.19亿，非洲地区互联网用户数为1.67亿。亚洲是全球互联网用户数最多的地区，总数达到11亿，其中中国互联网用户数为5.65亿，居世界之首。中国互联网络信息中心发布的第51次《中国互联网络发展状况统计报告》（以下简称《报告》）显示，截至2022年12月，我国网民规模达10.67亿，较2021年12月增长3549万，互联网普及率达75.6%。

互联网经济也是"新经济"的重要形态。新经济是指以互联网和信息技术为基础，全面改造传统产业，提高全社会生产率的经济形态。新经济以信息产业为核心，以网络为基础，是带有新科技革命特征的社会生产力。互联网经济促进全球经济一体化，让各国经济边界日益模糊。经济的变革主要源于互联网经济的外延竞争力，而推动其产生和发展的原动力就是信息和技术。和以往的技术革命不同的是，信息技术革命不仅改变了人类对自然资源的利用方式，而且帮助人类提高了对自然资源的利用率。21世纪以来，互联网用户数量不断增加，互联网经济持续升温。《报告》显示，工业互联网总体网络架构国家标准正式发布，工业互联网标识解析体系国家顶级节点全面建成，具有影响力的工业互联网平台达到了240个。另外，"5G+工业互联网"发展步入快车道。"5G+工业互联网"的发展促进了传统工业技术升级换代的步伐，加速了人、机、物全面连接的新型生产方式的落地普及，成为推动制造业高端化、智能化、绿色化发展的重要支撑。

2．移动端媒体产业

继手机短信之后，微信逐渐占领通信市场。微信依附于手机，以轻盈和便捷的特点让新媒体技术重新构建了人际沟通的方式。

微信公众平台使移动互联网的推广多了一个低价的渠道。微信公众平台的出现，让很多企业都有了更多的推广资源。微信公众平台正式向公众开放注册后，很多推广人员立即嗅出了它的价值，依靠自己在微博、论坛、博客资源中的推荐，快速拥有了几百、几千甚至几万的微信粉丝。而且微信的功能越来越丰富，用户可以通过一定的方式自定义自己的设置，在微信中呈现自己24小时内的状态，还可以通过视频号来发布视频或进行直播。

除此之外，移动端电影和移动端报纸也成为人们获取消息的重要方式，同时也丰富了人们的娱乐生活。移动端电影的制作成本被大大压缩，对专业技术的要求也更低。只要创作者有想象力和行动力，再加上一点才气，创作出优秀的作品可能真的不是天方夜谭。所以，这是一个对创作者来说更为光明的未来。

3. 车载媒体产业

2002年10月，上海安装了第一批公交车车载移动数字电视，并相继投入运行，拉开了公交车车载移动数字电视的序幕。艾媒咨询数据显示，2022年中国车载音乐市场规模达169.8亿元，车载音乐市场将持续扩大，2025年有望突破350亿元。艾媒咨询分析师认为，中国电动汽车的数量将持续上涨，用户体验得到极大的提升，市场需求将持续放量，车载音乐市场步入快速发展期，市场将持续扩大。

数据显示，中国新能源汽车的产销量在2014年到2022年大致呈相同的增长趋势。截至2022年10月，中国新能源汽车产销量都达到了近年来的最大值，分别为548.5万辆和528.0万辆，实现了超大幅度的增长。有分析师认为，中国汽车工业的快速发展带动了汽车电子设备的蓬勃发展，越来越多的车载嵌入式设备被添加到汽车中，这些设备提升了驾车舒适度和汽车的性能。

随着汽车工业的稳步发展，汽车电子行业朝着信息化、媒体化的方向转变。互联网技术崛起、智能终端设备得到良好应用，人们对于车载嵌入式设备的需求急剧增加，高性能的智能终端设备逐渐进入大众视野。智能终端设备搭载流媒体技术，可使音频和视频在网络上快速传播且无须等待下载。在高性能嵌入式设备上搭载流媒体技术，可以实现互联网通信技术在车载领域的完美应用。

目前，移动数字电视技术已经在铁路、地铁、长途客运汽车、公共汽车等领域得到了广泛应用。随着我国汽车消费市场的扩大，以及私家车影音产品需求的增长，移动数字电视已成为电视行业新的经济增长点，开辟出一个非常庞大的车载电子消费市场。当前，我国数字技术日渐成熟，该领域的领跑者海信已将业务拓展到列车、地铁、船舶、楼宇等领域。

4. 楼宇广场媒体产业

20世纪90年代，楼宇广场媒体在加拿大诞生，成为继六大传统媒体之后的第七媒体。在随后十几年的时间里，第七媒体在世界范围内蓬勃发展，成为新媒体产业的一支生力军。2002年年底，第七媒体漂洋过海来到中国。2005年东方明珠开始进入楼宇广场媒体产业，其因及时性和巨大的节目资源优势，被业界认为是楼宇广场媒体领域的有力竞争者。与分众传媒、聚众传媒等传统楼宇广场媒体"硬盘播出"的方式不同，东方明珠可以远程更换服务内容，这样所有终端上的内容更新便可同时完成，既便捷又节省人力成本。同时，东方明珠可以低价甚至免费使用相关广电行业的节目资源，使其对受众和广告客户更有吸引力，也使东方明珠楼宇广场媒体产业得到更为持久健康的发展。

2009年，楼宇广场媒体终端已拥有30多万块电子屏，形成一个年市场规模近百亿元的庞大产业。其中，以楼宇广场媒体为主业的分众传媒在2008年的全年净营业额便达到了57.8亿元。

2008年年底分众传媒与新浪的联合更是组成了中国广告业的"航母"，并为中国楼宇广场媒体产业的持续健康发展注入了一剂强心剂。

根据央视市场研究数据，2021年上半年，我国电梯海报、电梯液晶显示屏引领广告市场，分别同比增长58.5%、33.7%，表现出较强的增长韧性，是广告市场连续两年实现正增长的媒介。由此可见，我国楼宇广场媒体产业的价值逐渐得到了认可。

5. 星空媒体产业

继计算机媒体、移动端媒体、车载媒体和楼宇广场媒体之后，在航天技术日益强大的背景下，星空媒体的潜力也逐渐显现，被业内人士称为"第八媒体"。近年来，全球航空航天业迅速腾飞，相关人士形成了一个巨大的媒介消费市场。

2003年，我国一家致力于为受众提供专业星空媒体投放策划的传媒公司——第七传媒成立。其全面经营飞机上的座椅枕片、视频、纸杯、杂志、报纸，以及机场的灯箱、视频、吊牌、手推车等不同类型的媒体产品。

2005年，航美传媒集团精彩亮相，其拥有国内唯一的"中国航空数字媒体网"，实现了从进入出发地机场、登机、飞行，到离开目的地机场整个过程中广告传播的一站式服务模式。星空媒体不仅能够有效提升受众的观看体验，也能增强广告的表现力和吸引力。机场LED大屏广告能有效地提升受众对商品的价值感受和价格预期，这是因为其在受众心中形成了高端的媒体形象。

8.1.3　新媒体产业发展

新媒体产业的发展离不开整个媒体生态环境的发展。我国居民人均可支配收入的增长为新媒体产业的发展奠定了坚实的基础。从概念上看，新媒体包含三个层次：底层是新媒体技术；中间层次是新媒体应用和各种新媒体产品，即运用相关技术构建特定的应用软件，如新浪微博和腾讯微信等；最高层次是新媒体平台，即某个产品及其用户和运营者所共同组成的媒体生态环境。新媒体产业是指以数字技术、计算机网络技术和移动通信技术等新兴技术为依托，以各种平台媒体、网络媒体、移动端媒体和楼宇广场媒体共同组成的平台，按照圆形产业价值链和工业化标准进行生产、再生产的产业类型。

从构成成分的角度来讲，新媒体有两大成分：渠道/平台和内容。而新媒体作为一个产业，还应该把新媒体运营的商业和盈利模式加上。没有盈利模式，新媒体是无法在市场经济中存活的，更谈不上产业发展了。因此新媒体产业的构成，应该包括渠道/平台、内容和商业模式。

1. 新媒体产业发展的现状

2023年6月21日，国家广播电视总局广播影视发展研究中心在第28届上海电视节"白玉兰对话"电视论坛上发布《2023中国视听新媒体发展报告》。截至2022年年底，我国网络视听用户规模达10.4亿，网民使用率为97.4%，网络视听用户数量是10年前的近3倍，网络视听产业规模是10年前的20多倍，网络视听成为第一大互联网应用。据统计，2022年我国网络视听用户规模超过即时通信，成为第一大互联网应用。其中，短视频用户规模达10.12亿，同比增长7770万，网络直播用户规模达7.51亿，同比增长4728万，短视频和网络直播正成为拉动视听新媒体行业增长的强劲引擎。收入方面，网络视听服务机构总收入6687.24亿元，同比增长23.61%，占行业总收入比例的一半以上。网络视听相关业务收入4419.80亿元，同比增长22.95%。

另外，5G技术深刻影响着我国数字化进程。2019年，中国正式步入5G商用元年。5G作为支撑经济社会数字化、网络化、智能化转型的关键新型基础设施，在稳投资、促消费、助升级、培植经济发展新动能等方面潜力巨大。当前，我国5G网络建设进入快车道，同时带动相关投资、加快消费升级、促进就业增长。工业和信息化部的数据显示，截至2020年3月底，我国已建成5G基站19.8万个，套餐用户规模超过5000万；截至4月20日，已有95款5G终端获得入网许可。《中国5G发展和经济社会影响白皮书（2021年）》指出，2021年上半年，全球5G无线接入设备市场规模达到133亿美元，比上年同期增长43%，其中，中国市场占全球市场的44%。根据中国信息通信研究院发布的《5G经济社会影响白皮书》预测，到2030年，在直接贡献方面，5G带动的总产出、经济增加值、就业机会将分别为6.3万亿元、2.9万亿元、800万个；在间接贡献方面，5G带动的总产出、经济增加值、就业机会将分别为10.6万亿元、3.6万亿元、1150万个。

QuestMobile数据显示，随着数字经济政策架构不断完善，2023年第一季度中国移动互联网市场复苏态势明显。2023年3月，月活用户规模达12.09亿，同比增长2.3%。此前，月活用户规模已经跌入1%以内的同比增长，在整个第一季度，重新进入一个2%~3%的稳态增长趋势。同时，用户黏性趋于稳定，在旅游、餐饮、运动健康等领域迸发活力的同时，围绕多元化智能终端，AI掀起了新的行业机遇。随着用户规模与用户时长的不断增长，短视频展现出发展活力。在抖音、快手等短视频巨头发展迅速并不断完善电商模式的同时，短视频也成为社交平台、新闻客户端等热门应用的标配。

2. 新媒体产业的前景趋势

2022年8月16日，中国社会科学院新闻与传播研究所与社会科学文献出版社共同发布了《新媒体蓝皮书：中国新媒体发展报告No.13（2022）》（以下简称《蓝皮书》）。《蓝皮书》全面概括了2021年以来中国新媒体发展的新变局。中国互联网发展呈现出较大的周期性变化，行业发展起伏加剧，各赛道演变加速，新媒体发展迈入关键变革期。当前，我国网络和新媒体发展呈现以下特点：2021年以来，互联网治理"强监管"达到前所未有的高度；我国不断推动构建新媒体战略传播体系，深化国际传播与微传播的深度融合；元宇宙赋能未来传播，Web3.0概念成为行业热词；短视频成为主流信息传播方式，直播平台专业化垂直化账号蓬勃发展；政务新媒体账号频频出圈，全景流量布局成为企业发展共识；数字经济成为推动建设数字社会的重要引导力与支撑力；网络音乐平台竞争白热化，网络安全问题严峻；社交媒体的情绪化信息传播倾向推动"情绪变现"，传统媒体的网络品牌及信任度建设的重要性凸显。

《蓝皮书》指出，数字经济是全球发展趋势，我国是数字经济大国。联合国发布的《2021年数字经济报告》认为，中国和美国参与数字经济的程度最高，从中受益的能力最强。根据2021年8月发布的《全球数字经济白皮书》，2020年，中国数字经济规模为5.4万亿美元，位居世界第二。我国数字经济依托产业基础、技术优势与市场活力等，展现出强劲的发展活力。2021年11月，我国正式提出申请加入《数字经济伙伴关系协定》，彰显出积极对接数字贸易国际规则、参与数字经济国际合作与数字治理的姿态，反映出中国对外开放、推动全球数字贸易发展的决心。2021年以来，我国数字经济发展按下"加速键"，发展数字经济成为国家战略，其重要性和紧迫性不断凸显。发展数字经济要与我国目前的发展需求相结合，加强形势研判，抓住机遇，赢得主动。

以下为中国新媒体发展十大展望。

（1）数字化持续赋能"双碳"战略

实现碳达峰、碳中和已成为全球共识，我国从国家战略高度提出了实现"双碳"的具体目标。数字化转型与"双碳"战略具有内在发展一致性，均强调通过技术进步推进生产方式转型，促进经济社会变革。数字化成为实现"双碳"目标的重要手段和现实路径。"双碳"带来互联网行业人才结构优化、产业升级，所催生的气候经济将成为数字经济的重要组成部分。

（2）短视频与直播平台更趋专业化、垂直化

短视频和直播赛道仍是促进网络发展的中坚力量。电商拓展了视频平台的业务类型，成为提升平台经营收入的重要来源。但是，内容建设才是视频平台的核心。短视频平台凭借不断开拓专业化和垂直化内容延长用户停留时间，生活记录类、知识讲解类、行业分析类、治愈解压类等互动性更强、参与感更好的内容比例正在提升。

（3）互联网资本回归理性

互联网资本为产业转型与经济提速提供了资金保障与技术创新支持，是平台经济发展的核心驱动力。但是，资本的无序扩张会引发互联网垄断，破坏网络秩序与网络安全，影响行业发展。2021年以来，我国互联网开展反垄断专项治理，规范企业行为。资本要与"专精特新"企业结合，发挥好创新先导与资源整合的功能，助力开创经济发展新格局。

（4）远程办公加速数字化进程

近年来，远程办公和线上办公的工作方式变得普遍。2021年5月，谷歌推行混合办公举措，办公室工作和远程办公并行，通过灵活办公实现了工作方式的"去中心化"。各行各业也加快了数字化转型的步伐，需求端的快速增长倒逼供给端基础设施、供应链快速革新。社区团购等本地生活服务赛道模式也在不断更新。

（5）坚持网络发展和安全并重，以可持续发展促进可持续安全

2022年4月，我国在博鳌亚洲论坛中提出全球安全倡议。在网络安全领域，我国将坚持发展与安全并举，充分发挥政府、企业与用户的力量，全面推进网络强国建设。

（6）互联网新型人才培育亟待加强

数字经济发展需要加强培养高端技术人才和复合应用型人才。产业互联网的发展使电子通信、机械制造等行业对网络人才的需求激增。我国要加强校企合作，集中优势资源培养符合市场需求的专业技术人才。

（7）群体经济与垂直经济成为数字经济发展新兴力量

数字经济发展迈向全面扩展期，其应用不断深化，表现形式越来越多样。以群体特征为发展对象的数字经济，如"银发经济""单身经济""Z世代经济"等呈现出较大的发展潜力。

（8）内容创作者经济与网络营销服务机构发展迅猛

内容创作者经济是指内容创作者自主发布网络内容，并通过发布的内容获利的经济方式。当前，全球社交媒体创作者市场拥有超千万的用户数量，市场规模更是庞大。与意见领袖不

同，内容创作者经济的主体也可以是网络达人或者普通用户。元宇宙的发展促使数字资产的理念深入人心。用户生产的视频内容正成为内容创作者上传的热门内容类型。随着数字营销的矩阵化和跨屏化，连接商家和平台的网络营销服务机构将越来越多元。

（9）虚拟社会研究与实践不断升级

新媒体技术的深入发展，培养起人们在线办公、学习、生活等数字行为习惯与能力，为虚拟社会的构建打下了坚实基础。虚拟社会探索实践已经展开，例如数字美妆便已引入虚拟妆容促进线上化妆品的销售。新媒体技术使用户在虚拟世界中的体验越来越好，而虚拟产品和虚拟世界的入口也是互联网公司发力的下一个方向。

（10）数字文明成果由世界各国人民共享

2021年9月，我国在世界互联网大会乌镇峰会上表明，让数字文明造福各国人民，推动构建人类命运共同体。数字文明新时代是数字化与智能化的新时代，需要全球协同与互动。国际社会需要在数字技术、数据安全与跨境流动、信息保护等方面加强沟通与合作。我国将在提升数字社会的开放度和包容性上不断努力，推动构建人类命运共同体。

8.2　新媒体的文化建构与消费趋势

8.2.1　新媒体文化建构

互联网是人类历史上一次伟大的技术革命。互联网不仅为人类建立了实现信息快捷传播的新通道，也正在深刻地改变着人类的生产方式和生活方式，进而影响到人类整个的精神世界。互联网兴起后，随之出现的诸多新媒体形态正在改变着文化生产与传播方式，并将人类带入一个全新的文化时代。在这个巨变的时代，新媒体在引领主流文化中扮演着重要的角色，旨在提高全社会文明程度，繁荣发展文化事业和文化产业，增强中华文明的传播力与影响力。

1. 新媒体文化的发展

20世纪广播电视兴起，现代大众媒体不仅极大地丰富了社会大众的精神文化生活，也促进了知识在全社会的传播，改变了知识生产与传播的格局，有力地推动了知识的创新和全社会知识存量的增长，将人类文明推进到后工业化时代。

互联网技术的发展和新媒体的迅速崛起，在满足人们精神生活个性化需求的过程中，将全社会都纳入知识传播体系之中，进一步扩展了知识和文化产品的生产与传播方式，极大地提高了全社会的知识共享水平，促进了知识创新活动的空前活跃，将人类全面带入知识经济时代。

从媒介技术革命与文化传播来讲，文化是人类所创造的精神财富。文化是一个非常宽泛的概念，不同的学科、不同的人对文化都会有不同的认识和理解。比较公认的定义为，文化是人们普遍认可的一种能够传承的意识形态，文化凝结在物质之中又游离于物质之外，反映了不同国家或民族的历史、地理、风土人情、传统习俗、生活方式、文学艺术、行为规范、思维方式、价值观念等。就文化而言，"世界因不同而精彩，交流因不同而必要，创新因交流而迸发"，从一定意义上说，人类的历史也是一部文化传播史。媒介是文化传播的基本工具，传播媒介的形态和特征对文化的传播有重要影响。

视野微拓展

在前语言时代，人类的祖先只能依靠动作、表情、吼叫、图画、记号等非语言传播符号进行信息传播。人类拥有了口语之后，口语掀起了人类传播史上的第一次革命。有了口语，人类个体的经验可以交流，可以为社会成员共享，上一代的知识也能传授给下一代。有了口语，人类从此脱离了动物传播信号的藩篱，踏上了人类精神交往的大道。口语的产生加速了人类社会进化和发展的进程。直到今天，口语依然是人类最基本、最常用和最灵活的传播手段之一。但是口语也有时间和距离的局限性。文字的出现是人类传播发展历史上的第二座里程碑。文字克服了口语的转瞬即逝性，使信息能够长久地保存下来，并能够把信息传递到遥远的地方，打破了传播距离对口语传播的空间限制。

印刷媒介技术的发明，使人类社会发生了再一次的传播革命，并引导人类传播真正步入一个崭新的大众传播时代。印刷媒介以其轻便、易保存的优势赢得了传播的时间和空间。在人类的第四次传播革命中，以广播、电视为主体的电子媒介不仅大大突破了时间和空间的限制，使信息传播瞬息万里，而且摆脱了印刷媒介中必不可少的物质运输的束缚，为信息传播开辟了一条便捷、高效的空中通道。

网络技术的进步和网络媒介的出现，掀起了第五次传播革命。网络媒介具有极为广泛的传播时空，可以把信息传播到互联网所覆盖的所有国家和地区的目标受众中。而且由于网络媒介的超文本传播和其他社会活动，其最重要的作用就是"影响我们理解和思考的习惯"。因此，对于社会来说，真正有意义、有价值的"信息"不是各个时代的媒介所传播的内容，而是这个时代所使用的传播工具的性质、它所开创的可能性以及带来的社会变革。

文化交流和传播是人们获得外部世界认同的重要手段，因而，文化传播也是人们社会生活的有机组成部分。人的迁移和流动是文化传播的直接方式，尤其以人群的迁移影响最为明显。在人的迁移之外，商业贸易和信息传播也会带来文化传播与交流。

2. 新媒体文化的特征

新媒体是科学技术进步和社会文化发展的双重结果。日益发展的数字化技术、网络技术、数据库技术、多媒体技术、光纤通信技术，以及卫星通信技术等，构建了一个全新的信息传播环境。这些媒介技术的影响超越了其所传送的具体内容，冲击着既有的社会结构和文化系统。下面从两个方面来谈新媒体文化的特征：精神文明和数字形态。

（1）精神文明

从人类历史的发展轨迹来看，不同历史时期的媒介传递着不同类型的文化，承载着不同的文化精神。新媒体使每个人都可以成为信息的接收者，同时也是信息的发布者，新媒体已经成为社会大众自我表现的舞台。在这个舞台上，人人都是观众，人人又都是演员，而身份却在互动中实现着瞬间的转换。在新媒体空间内，人们的互动范围是跨越时空限制的，互动过程是同步共时的，互动体验则是综合的。互联网以"开放、平等、创新、协作、分享"的精神创造了前所未有的信息民主，也造就了"文化民主"的新媒体文化精神。

新媒体为社会大众创造了一个平等、开放、自由的传播空间，也给多元化的大众话语表达提供了可能。但是新媒体的盛行也带来一些不容忽视的消极影响。在新媒体的传播规则里，

"吸引眼球"是第一法则，文化的教化功能被弱化或抛弃，艺术的审美标准被忽略，而博取关注度成为重点。新媒体文化属于典型的后现代主义文化，强调非中心性，寻求差异性。在价值上，后现代主义文化追求自由、宽容，从而充满了不确定性和随意性。新媒体带来信息的碎片化，也不利于真实语境的表达。碎片化传播的直接原因是现代人生活方式、观念态度的改变，但新媒体所创造的虚拟环境允许甚至鼓励个人生活在他们构筑的个人世界里，使他们与那些不关心或不愿意因此而烦心的议题相隔绝，因而新媒体并没有有效缩短人们与真相间的距离，反而创造了一个割裂的社会空间。

案例小分享

以微博为例，微博可以通过有限的可表达空间让人们将日常生活中的琐碎经历表现出来。但这种叙事方式是断裂的、碎片化的，它割裂了生活中各种事件之间的因果逻辑，叙述变得没有了背景，没有了系统性，随之而来的阅读也就无背景、无系统。所以，在新媒体时代很容易出现"渠道多，无权威""信息多，无主见""言论多，无行动"的局面。

（2）数字形态

新媒体文化是新媒体传播形态与传播内容的综合，它涵盖了人类已有的文化形式，并以自己的特质而发展演变出新的形态。新媒体文化的本质是数字化的文化形态，是建立在新媒体传播基础之上的数字化文化的内容和服务的一种表现形式。无论是文学艺术、科技教育，还是其他意识形态的表达方式，在新媒体文化中，都是以数字化的形式并借用新媒体进行传播和表现的。因而，新媒体的形态也就决定了新媒体文化的表现形态，并赋予新媒体文化以自己的特点。新媒体文化是当代媒介新技术条件下的文化创造。以数字技术为基础的媒介新技术打破了电影、电视、广播、报刊等媒介屏障，也打破了不同的文化艺术形式之间固有的边界，横跨通信、网络、娱乐、媒体及传统文化艺术等各个行业，使新媒体文化的发展过程也成为对人类既有文化成果的"跨界域"的融合重铸过程。

新媒体作为一个去中心化的信息广场或信息平台，用户进入的开放性和身份的隐匿性使新媒体文化成为传播的公众性和表达的私人性的集合，任何人都可以在新媒体上建立自己的表达平台。虽然人们可以将自己的身份隐匿在网络背后，但表达的内容却是开放的，即使是一对一的交流也会因转载而进入公众的视野。造成新媒体世俗化发展倾向的原因来自新媒体自身的传播特性。新媒体的建立和发展是以满足个体信息传播需要为基础的，新媒体的个人媒体的色彩也为新媒体文化打上了深深的烙印，用户可以自由选择所接收的信息。体现反思意识、批判意识、探索意识、教化意识的"深内容"文化需要一定的接受过程，新媒体内容的发布者必须以世俗性的"浅内容"在第一时间吸引受众的眼球，这就造成了新媒体文化世俗性的发展趋势。然而，新媒体文化的不断发展正在改变着人们对于文化的传统认识，它不仅丰富了大众文化的表现方式，也成为流行文化的风向标。

3. 新媒体对文化的影响

新媒体的兴起对人们的意识形态、生活价值观、行为方式等产生了巨大的影响。新媒体文化是依托新媒体技术，以传播的互动性传递人际间数字化信息而呈现自身个性化因素与复合观念的媒介文化。文化作为人们在社会历史实践中所形成的意识形态，不可避免地会受到存在的环境状况的影响，这种环境状况即是文化生态。随着新媒体传播的不断发展，新媒体对文化生态的影响也日益彰显。

（1）新媒体改变了文化生产和传播的方式

在新媒体构建的传播环境中，用户同时具备信息的生产者、传播者、消费者3种身份，使生产、传播和消费信息的方式发生了巨大变化。新媒体构筑了多种传播形态，具备了人际传播、组织传播和大众传播等多种传播模式，并且将这些传播模式融合为一个整体，形成多种形式的多级传播。同时数字化的信息网络传播方式也为信息自由调用、再加工使用以及转发传播提供了充分便利，使内容传播更接近于自然的人际传播，改变了传统媒体时代文化生产和传播的方式。

（2）新媒体增强了文化的互动性特征

新媒体的特征是全球化、交互性、实时性、数字化等。新媒体是一种以人际关系为传播路径的即时性裂变式多级信息传播网络，任何人通过一定的新媒体设备都可以对话。新媒体的媒介融合特征与多种传播方式有机结合，包括一对一的人际传播、一对多的新闻大众传播、多对多的话题圈子传播，是人际传播和大众传播的综合，这种复合式的互动性传播增强了文化生产和传播过程中的互动性特征。

（3）新媒体对文化的大众化产生持久影响

新媒体传播的即时性和共享性使所有人都得到了发言的机会，文化更趋大众化。新媒体对文化生态最显著的影响是草根文化的崛起。在参与性和互动性方面，新媒体比以往任何媒体都有优势。由于新媒体进入门槛低，民众参与广泛，随着网民数量的持续增加，新媒体的覆盖面会越来越广，从而对文化的大众化产生持久影响。

（4）新媒体体现了文化和技术间的相互影响

新媒体的技术基础是数字技术。互联网时代，人们对文化的需求是拉动技术发展的重要力量，技术不断提供给人增强自我表达的能力和展现自我个性、维护个体权利的空间。文化的需求促进了技术的开发和进步，技术的进步又促进了多元文化的发展，这是一个相互影响、螺旋式上升的过程。互联网呈现移动化、社交化、视频化的趋势，大数据、云计算等新技术得到广泛应用，技术推力和需求拉力共同作用于新媒体文化发展的过程之中。

（5）新媒体使整个文化生态表现出开放性和多元化的特征

互联网从出现之始，就是朝着给人以更大的自由的方向发展的。各种形态的新媒体都在通过构筑开放性的交互平台将人们吸引到新媒体空间中，以最大限度地增强信息传播的影响力。门户网站使人们可以获得更多的资讯，搜索引擎使人们可以自由地获取信息，打破了传统的报纸、广播、电视的局限，社交媒体则使地域上相隔万里的朋友可以在一起交流沟通。在新媒体所构筑的开放性的交互平台上，参与用户的数量众多，用户之间的互动交流频繁，各种文化形态和价值观都有机会通过新媒体表现出来。

（6）新媒体唤醒和促进了个体自我意识的发展

在我国的现代化进程中，多种价值观、文化表现形式涌现开来，人们在公共领域中的自我意识被唤醒。每个人都可以在法律许可的条件下传播信息、展现自我的个性。同时，个体虽然有了独立做出选择的机会，但由于受到多元价值观的影响，也会存在理性精神缺失的可能。因此，面对新媒体，个体需要保持自我的理性，对海量的信息做出自己的判断和选择。

8.2.2　新媒体文化消费趋势

文化消费是指用文化产品或服务来满足人们精神需求的一种消费，主要包括教育、文化娱乐、体育健身、旅游观光等方面。在知识经济条件下，文化消费被赋予了新的内涵，文化消费呈现出主流化、高科技化、大众化、全球化的特征。

文化消费的内容十分广泛，不仅包括专门的精神、理论和其他文化产品的消费，也包括文化工具和手段的消费：既包括对文化产品的直接消费，如电影电视节目、电子游戏软件、书籍、杂志等的消费，也包括为了消费文化产品而消费各种物质消费品，如电视机、照相机、影碟机、计算机等的消费，此外还需要各种各样的文化设施，如图书馆、展览馆、影剧院等。

伴随着互联网络的兴起，我国城市居民的新媒体文化消费日益增长，并逐渐成为一个庞大的消费市场。作为传统消费的延伸，新媒体文化消费已经深深影响了人们的日常行为和消费思维；与此同时，由互联网衍生出来的各种网络娱乐也充斥着这个广阔的网络空间。

广阔的网络空间，给予了网络冲浪者很大的自由空间。但是任何一个空间都要有规范、有引导，要时时刻刻把握主旋律，加强对热点敏感问题的阐释引导，全面客观、严谨稳妥，解疑释惑、疏导情绪，最大限度地凝聚社会共识。我们要加强对各类宣传文化阵地的管理，防止错误的思想言论和有害信息传播。

1. 网络文学消费

新媒体的隐秘性、开放性和包容性，带来了充满个性和活力的网络文学的繁荣，为通俗文学的出版带来了新的消费点，也引起了出版界的极大关注。从发展趋势看，未来互联网的开放性会将更多的内容引入网络文学，而网络文学内容的增多也会为其他产业提供更有力的支持，实现网络文学与其他行业的彼此促进。

2022年11月，由中国经济信息社编制的《新华·文化产业IP指数报告（2022）》（以下简称《报告》）在北京发布。指数旨在客观记录中国文化产业IP（Intellectual Property，知识产权）的发展历程，以长线的动态监测归纳行业经验，为IP提质增效、扩大优质文化产品供给提供决策参考和持续动力。《报告》指出，IP是助力中华民族增强文化自信、提升国家文化软实力、打造中国文化符号的有效路径，头部IP价值效应依旧显著，网络文学IP改编源头的地位稳固。

《报告》显示，"主流时代来临"。近6成入榜IP都彰显出较高的主流认可度。一方面，现实题材传递出强烈的社会共鸣。例如，原著为茅盾文学奖获奖作品的《人世间》，因为2022年影视剧改编的成功而成为本次价值综合榜的第二名，体现了指数及相关评审专家对"经典文学IP+影视放大"这一组合的认可。另一方面，"涉及明显传统文化特征"的题材占比超6成。

此外，文学作为IP改编源头的地位依旧稳固。在"文化产业IP价值综合榜TOP50"中，原生类型为文学的IP有26个，占比52%，其中超8成为网络文学。从上榜IP中可以看到，网络文学的现实题材、古典题材、科幻题材等新赛道崛起，形成了多元化内容格局。

鲁迅文学院研究员王祥认为，好的网络小说总是具有创新意义，无论改编为何种艺术样式，它们都能留下自己的痕迹，这就是IP的核心影响力。

案例小分享

由上海文艺出版社、中国图书进出口上海公司等联合举办的"首届手机微型小说大奖赛"在全国范围内举行，其征集的作品要求体现时代性、文学性和可读性，题材不限。这些作品贴近群众生活、包容性强且充满朝气，很容易赢得广大读者的喜爱，一旦被广大读者认可，就会以几何级速度进行扩散、转载和传播。从全社会的层面来看，国民阅读中娱乐性阅读的规模在不断扩大，这是当今图书市场、出版物市场上畅销书走俏的根本原因，也是国民阅读新特点的重要依据。

网络是一个开放的平台，一些读者已经习惯了在网上浏览信息资源，而出版商也对网络上的资源保持着灵敏的"嗅觉"。

视野微拓展

北京阅读纪文化有限责任公司总经理侯开介绍，阅读纪公司的选题策划、资料汇总以及出版物的推广营销都依赖于网络。"现在网络上的资源非常多，论坛热帖经过网友的评论、淘汰，有价值的东西均会被网友发现，可以说已经完成了自我筛选。"在侯总经理看来，传统的选稿过程中，一个人的判断往往带有主观性，由于自我认识的问题，可能会把好的资源拒之门外，而网络论坛热帖则通过网友的评价尽可能地避免了这样的失误。

对于网络上的热帖，果麦文化传媒股份有限公司董事长路金波表示："出版商寻找出版素材不再简单地看人气，看写手们'楼'盖得有多高，关键要看内容如何，是不是真正有社会效益和文本价值。"

2. 数字音乐消费

数字音乐是用数字格式存储的、可以通过网络来传输的音乐。中国数字音乐市场正处在发展初期，增长迅速，市场潜力巨大。数字音乐经过多年的飞速发展，已经确立了它在数字娱乐中的重要地位。毫无疑问，新兴并高速增长着的数字音乐市场对产业链条上的任何企业来说都是一个难得的宝藏。对于担负着音乐制造重任的音乐公司而言，数字音乐形式比传统唱片形式能让音乐更快更广地传播到消费者那里。

2022年5月，腾讯音乐娱乐集团（简称TME）发布2022年第一季度财报，在线音乐付费用户超8000万，达成里程碑式突破，在线音乐付费率也达13.3%的新高。2021年，中国音乐产业收入中的89.2%来自流媒体，超过1亿的付费订阅用户支撑起中国音乐产业收入高达30.4%的增长，帮助中国在2021年超越韩国成为全球第六大音乐市场。以TME为代表的流媒体音乐平台的平稳与健康发展，也是整个数字音乐产业长期可持续增长的保障。

近几年，互联网的高速发展使得音乐发行和传播的门槛大为降低，于是更多音乐人有机会独立创作和发行歌曲，音乐人群体也在自由生长的空间下拥有了更多自主权，因此音乐人背后的公司及平台等中坚力量的定位与模式发生了变化。在供需两侧对"音乐服务"强烈的价值需求下，"音乐人服务"逐渐走入改革的"深水区"，音乐公司由生产商向服务商转型，而音乐平台则需要利用资源整合及数据能力的优势，加码支持创作，从"推歌"走向"推人"，更高效地帮助音乐人发展。

3. 网络视频消费

从《2023—2028年中国网络视听行业发展前景与投资战略规划分析报告》中可知，截至2021年12月，我国网络视频（含短视频）用户规模达9.75亿，较2020年12月增长4794万，占网民整体的94.5%。随着网络视听市场的持续火爆，越来越多的企业参与到网络视听行业的发展中来。据国家广播电视总局统计数据显示，2018年以来，全国持证及备案的网络视听机构持续增长，到2021年，全国持证及备案网络视听机构累计达675家。在内容制作方面，近年来我国加强了网络视听内容建设，扩大优质网络文化产品供给。2021年获得上线备案号重点网络电影688部、网络剧232部、网络动画片199部、网络纪录片19部。从行业经营情况来看，近年来，我国持证及备案机构网络视听收入持续快速增长。到2021年，全国网络视听收入3594.65亿元，同比增长22.10%。具体到收入来源来看，目前我国网络视听行业收入来源主要包括用户付费、节目版权等服务，以及网络直播、短视频等其他收入。2021年，我国网络视听市场用户付费、节目版权等服务收入大幅增长，达974.05亿元，同比增长17.24%，占总收入的27.1%；网络直播、短视频等其他收入增长迅速，达2620.60亿元，同比增长24.02%，占总收入的72.9%。

网络视频将吸引更多的广告主。一方面，随着网络视频媒体地位的提升，以及企业越来越注重国内贸易与网络营销推广，视频广告凭借表现力丰富、成本可控、投放精准的特点将赢得更多的广告主将营销预算由传统电视媒体向网络视频进行一定程度的倾斜。另一方面，视频网站在内容上的规范化、正版化趋势正在逐渐扫清广告主对网络视频投放环境的后顾之忧，赢得越来越多的广告主的青睐，形成新的业务增长点。用户细分将有效提升广告价值。用户规模的扩大带来了用户群的进一步细分，而网络视频的多样化和个性化将在营销推广上给广告主更大的想象空间。较之其他推广方式，网络视频广告在到达率、丰富性和精确性上具有不可替代的优势，能满足用户群体和需求的进一步细分。

随着政府对网络版权的监管力度不断加大，在版权视频内容提供商及坚持正版的视频网站的不断推动下，版权影视剧成为视频业的热点，也成了各视频网站内容经营的重点。如优酷不断拓展、深化"合计划"，并表示将大举进入版权市场，不想落后于行业的发展。

4. 动漫产业消费

伴随着人们生活水平的进一步提高，人们的精神与物质生活更加丰富，而且我国是一个人口大国，按照消费者在哪里市场就在哪里的说法，整个中国动漫市场将是全球动漫市场增长的一级市场。我国的消费结构正在逐步改善，精神消费需求越来越大，而动漫产品正是一种精神消费。越来越多的动画片的上映表明，我国的动漫产业消费不再单纯属于儿童，其市场已经走向多元化，不局限于某一年龄段，这种趋势已经不可阻挡。目前我国动漫产业正处于快速发展阶段，产业链上下游融合、全年龄向发展以及国产IP特色化成为这一阶段的发展趋势。

我国动漫产业发展的终极目标是拥有涉足产业上中下游、实现业务多元化发展的巨头企业。越来越多的头部企业和明星企业不满足于只涉足单一领域，开始将业务触角向产业链上下游延伸。而成人的消费能力显然大于低龄群体，随着下游衍生品的不断开发，我国动漫产业的全年龄向发展将成为必然趋势。

在内容趋势方面，近年来富有国产特色的IP在我国动漫产业中出现的频次正在增加，特别是神话传说类题材深受市场欢迎。根据三文娱统计数据，2015—2020年共有119部备案动画电影讲的是中国经典神话人物的故事。在这119部作品中，有24部作品以孙悟空为中心展开，其次是哪吒和二郎神，涉及作品分别为11部和8部。国产IP特色化趋势正在加剧。

2020年我国人均GDP已达10098美元，我国正处于文化消费能力和水平高速增长的黄金时代。根据《2023—2028年中国动漫产业发展前景预测与投资战略规划分析报告》，我国动漫产业短时间内虽难以与海外相比，但未来很长一段时间都是高速增长期，用户规模不断扩大，市场需求不断增加，政策措施不断完善，这些都将促进我国动漫产业的进一步发展。预计2026年我国动漫产业市场规模将超4500亿元。

5. 网络游戏消费

网络游戏作为一种新兴的文化生活方式和重要的文化消费方式，受到了广大群众的青睐。中国音数协游戏工委发布的《2021年中国游戏产业报告》显示，2021年中国游戏市场实际销售收入2965.13亿元，同比2011年增长5倍有余；过去10年中国游戏市场发展迅猛，2021年游戏用户规模已达6.66亿。《2022年中国游戏产业报告》在中国游戏产业年会上正式公布，报告显示，2022年中国游戏市场实际销售收入为2658.84亿元，同比下降10.33%，是自2008年统计以来出现的首次负增长。

除了数据增减外，《2022年中国游戏产业报告》还显示，游戏行业和厂商在未成年人保护、技术探索、文化输出、扩展行业边界等方面取得了不小的成绩。在游戏技术方面，不少成果已经在智慧城市、航天医疗、文化旅游等多个产业领域得到了深度应用。中科院也在2022年发表报告《游戏技术——数实融合进程中的技术新集群》时认为，"人们长期忽略掉了游戏技术的贡献"。报告还显示，游戏产品正在通过与传统文化机构、博物馆和旅游局等开展深入合作，或是通过角色、皮肤道具、剧情叙事、动画与音乐内容，以及音乐戏剧演出、游戏节日等多种方式，将传统艺术与流行文化结合，以游戏的影响力推动中国优秀传统文化的转化与发展。

8.3 新媒体在社会监督中的应用

为了建设健康中国，不断实现人民对美好生活的向往，要充分发挥新媒体在社会监督中的作用。虽然新媒体舆论监督受自身的发展规律限制，现阶段也存在许多制约因素，但是也要充分发挥新媒体高效、匿名、娱乐的特点，进一步发掘新媒体舆论监督的潜能，减少监督过程中的阻力，促进新媒体舆论监督职能的完善，维护社会稳定。

8.3.1 个人隐私保护

1. 新媒体环境下个人隐私泄露的表现

新媒体环境下个人隐私的泄露是指在网络交易、网络传播等过程中，个人隐私信息被他人非法侵犯、知悉、搜集、利用或公开。

（1）个人标识信息泄露

截至2022年12月，我国网民规模达10.67亿，较2021年12月增长3549万，互联网普及率达75.6%。随着网民数量的增加和网络传播途径的增多，个人固定电话、手机号码、电子邮箱信息的泄露，导致了大量垃圾短信、垃圾邮件的泛滥传播。当前，受个人信息泄露影响的个体数量不断扩大。

2020年《"互联网+行业"个人信息保护研究报告》深入研究了"互联网+"服务收集、使用个人信息的范围和特点，梳理归纳了当前国内个人信息保护法规和监管现状，剖析当前面临的问题和挑战，并从立法完善、政府治理、企业自治、行业自律等方面提出个人信息保护的建议，期待引发社会对于个人信息保护的更多关注，为政府、企业、行业、个人协同强化个人信息保护提供参考。

国家市场监督管理总局和国家标准化管理委员会于2020年3月6日发布了《信息安全技术个人信息安全规范》（以下简称《规范》）。《规范》规定了开展收集、存储、使用、共享、转让、公开披露、删除等个人信息处理活动应遵循的原则和安全要求。

《规范》3.14条规定，匿名化（Anonymization），是指通过对个人信息的技术处理，使得个人信息主体无法被识别或者关联，且处理后的信息不能被复原的过程。其思路和《网络安全法》一脉相承。《网络安全法》第四十二条规定："未经被收集者同意，不得向他人提供个人信息。但是，经过处理无法识别特定个人且不能复原的除外。"这里指的是将个人信息删除或匿名化处理的情况，同时也说明个人信息匿名化处理与删除后的效果相同。

《规范》特别批注，去标识化建立在个体基础之上，保留了个体颗粒度，采用假名、加密、哈希函数等技术手段替代对个人信息的标识。虽然去标识化技术可以让个人信息无法轻易被识别，但如果非授权第三方有其他外部信息的辅助，仍然可能对去标识化技术处理后的个人信息进行重标识。

🎓 知识小助手

匿名化的应用场景和安全要求如下：

1．超出个人信息存储期限（包括为实现使用目的所必需的最短时间、法定时间，或授权期限）后，个人信息控制者应对个人信息进行删除或匿名化处理。

2．个人信息主体注销账户的过程中，个人信息控制者需收集个人敏感信息核验身份时，应明确对收集个人敏感信息后的处理措施，如达成目的后立即删除或匿名化处理等。

3．个人信息主体注销账户后，个人信息控制者应及时删除其个人信息或匿名化处理。

4．个人信息控制者停止运营其产品或服务时，应对其所持有的个人信息进行删除或匿名化处理。

5．个人信息控制者在向个人信息主体推送新闻信息服务的过程中使用个性化展示，当个人信息主体选择退出或关闭个性化展示模式时，向个人信息主体提供删除或匿名化定向推送活动所基于的个人信息的选项。

（2）敏感信息泄露

随着互联网、云计算、大数据、移动端业务平台、远程办公等技术的快速应用，企业和个人的数据安全面临着越来越大的挑战。在敏感信息泄露方面，2021年仍是"重灾年"。据腾讯网公布的消息，2021年上半年国内外出现了多起重大信息泄露事件，造成了重大影响。

造成敏感信息泄露的原因很多，其中常见的原因如下。

① 企业自身安全管理疏漏

企业自身安全管理不严，员工为了工作便利，将敏感数据文件放到互联网上任何人均可访问的公共文档服务器上（如在线网盘、**GitHub**等），造成敏感数据的泄露。

② 数据库暴露在公网上

将存放敏感数据的数据库暴露在互联网上，并且未对数据库进行严格访问控制、安全加密。

③ 黑客有针对性的攻击

黑客团伙采用网络入侵方式攻入企业系统，获取系统权限后，窃取系统中的敏感数据。

④ 内部人员有意泄露

企业内部员工出于商业利益，有意将数据泄露给外部。

2. 新媒体环境下个人隐私泄露的原因

（1）个人意识层面

由于缺乏个人隐私保护意识，在各大门户网站、社交网站、电子商务网站、论坛、QQ、微信、微博中随意公开自己的个人信息，如年龄、性别、照片、联系方式、地址、工作单位、爱好等。个人隐私保护意识匮乏是个人隐私泄露的源头和推手。

（2）技术层面

复旦大学移动互联网数据安全技术研究中心的王晓阳表示，经过对330余款安卓系统手机长达半年时间的监测，发现58%以上的安卓软件都存在隐私信息泄密的问题。很多手机软件可以获取用户的具体位置、IP地址、通信录信息、消费习惯、上网习惯等。

由此可见，技术层面是导致隐私泄露的重要原因之一，而且由于网络传播必须依赖于相应的计算机、网络、通信等技术，因此技术层面导致的隐私泄露必然导致网络传播中的隐私泄露。

（3）经济利益层面

随着网络的快速发展，网络营销成了一种重要的营销手段，很多营销咨询公司提供强大的人群数据库，针对特定营销提供精准目标人群信息。

经济利益的驱使，使得目标人群数据更易被泄露，目标人群被动地成为传播的载体，被动的"受众"还可能产生"病毒式传播"效应。

3. 新媒体环境下对个人隐私保护的建议

（1）个人意识层面

强化个人隐私保护意识，在网络中不使用个体标识信息，尽量不使用或少使用准标识信息，根据个人实际情况尽量不使用或少使用敏感信息。下载、安装软件时注意安装说明，尽量不选择"允许信息公开""允许程序了解或使用你的个人信息、位置、存储信息"等选项。给计算机和手机安装必要的杀毒软件和防火墙，不浏览陌生人发的邮件，不随意点击广告。

（2）技术层面

一是推广泛化技术的使用。泛化技术是一种常用的数据发布技术。在各大电子商务网站、论坛、QQ、微信、微博等非实名制认证网络应用中推广泛化技术，可以保护个人隐私。例如在个人注册时，地址可以泛化到小区，邮编可以泛化到前4位，年龄采用分段形式输入而非输入出生日期。建议实施网络安全（隐私）分级制度，只有当网站达到一定安全级别才实行实名制。二是推广加密技术的使用。加密技术可以保证传输到网络上的数据在理论上是安全的。以电子邮件为例，使用SSL（Secure Socket Layer，安全套接字层）加密登录邮箱，邮件传输过程中采用数据加密技术发送加密邮件，收信方需要输入密码才可查看邮件。

（3）认证组织层面

认证组织、认证技术扮演了传统媒体中"把关人"的角色。如美国两大网络隐私认证组织TRUSTe和BBB Online，日本的P-mark认证，中国互联网协会企业信用评价中心。

（4）媒介素养层面

随着网络传播方式的简易化，要逐步提高个体的媒介素养。个体在严谨使用话语权的同时要学习保护他人隐私，在知情权和公共利益之间取得平衡。

（5）法律层面

各个国家和地区针对个人隐私保护有相应的法律法规，都有个人隐私保护条款。但随着网络技术的发展、网络应用的多样化、用户群的逐步扩大，各个国家和地区的立法只有逐步完善，才能与时俱进地在法律层面保护个人隐私。

8.3.2　网络舆情管理

当前我国的网络舆情正印证了著名的"蝴蝶效应"，往往一句话、一张照片、一段视频都能在网络上掀起舆论风暴。这不得不让我们思考什么是网络舆情、网络舆情是怎么产生的。

1. 舆情的概念

我国对于"舆情"这个词的使用由来已久。关于我国古代"舆情"的具体内涵，有学者认为，"舆情"首先为公众的意愿、态度，其次是社会事件，最后是指公众。因此，从古代开始，"舆情"就主要指公众的态度、情绪或意见。从这一点看，当今关于"舆情"的用法是与古代一脉相承的。本书将舆情定义为公众对各种社会事件、社会问题和社会现象产生的情绪、态度和意见的集合。该定义强调公众是舆情的主体，引发舆情的是公众所关注的各种社会事件、社会问题和社会现象。就舆情本身来说，情绪和态度是没有公开表达的，意见则是公开表达的。

2. 网络舆情的基本要素

网络舆情的要素分析可以借鉴更为成熟的舆论学中关于舆论要素的分析。陈力丹认为，舆论一般包含8个要素：舆论的主体、舆论的客体、舆论自身、舆论的数量、舆论的强烈程度、舆论的持续性、舆论的功能表现、舆论的质量。王晓群认为舆论系统的构成要素有4个，即舆论主体、舆论客体、舆论本体和舆论载体。其中主体是公众，客体是社会事件、社会问题和社会现象，本体是意见，载体是意见表达的渠道，这四者相互关联、相互影响。这里着重指出网络舆情的3个基本要素：主体、客体和本体。我们认为无论是舆论还是舆情，主体、客体和本体都构成其基本要素，而网络舆情在3个要素之外还要考虑其载体。因此，网络舆情的基本要素包括4个方面的内容。

（1）网络舆情的本体——公开表达的各种意见的集合

前文舆情的定义中曾指出，舆情既包括公开表达的意见，又包括没有外露的情绪或态度。但在网络舆情中只包括公开表达的意见。这是因为人们在网络上是通过图片、文字、视频、表情符号、漫画以及点赞等各种手段来表达自己的看法，情绪和态度只存在于人的头脑中，并没有上传到网络，所以不能算作网络舆情。然而人们在网络上通过图片、文字、视频、表情符号、漫画以及点赞等各种手段来表达态度或情绪时，就可以被看作是发表意见。因此，网络舆情的本体是在网络上公开表达的各种意见。

（2）网络舆情的客体——社会事件、社会问题和社会现象

网络舆情的客体是人们的意见所指向的社会事件、社会问题和社会现象。并不是所有的社会事件、社会问题和社会现象都能被当作网络舆情的客体，只有那些为人们所关注并刺激人们发表意见的社会事件才能被看作网络舆情的客体。社会事件为人所关注是社会事件成为客体的充分条件，只有先被人关注才能促使人们发表意见；人们发表意见是社会事件成为客体的必要条件，只要有人对其发表意见而不管人数多少，其都可以成为网络舆情的客体。

（3）网络舆论的主体——公众

公众是在网络上围绕社会事件、社会问题和社会现象发表意见的人群。公众是由网络舆情客体所引发的针对这些社会事件而产生的一种社会角色。从产生的顺序来看，先有社会事件、社会问题和社会现象，后有公众，只有针对社会事件发表意见的人才能称为公众。

（4）网络舆情的载体——网络媒体

网络媒体是公众发表意见和进行互动的载体，是网络舆情产生的物理基础。网络媒体的交互性和虚拟性使其成为一个虚拟空间，在这个空间里，人们可以自我表达和与他人交往，这就产生了与现实社会不同的虚拟社会，人们在这个虚拟社会中针对社会事件发表意见而产生网络舆情。

在网络舆情中，客体、主体、本体3个要素是互相影响的，作为客体的社会事件引发人们对其发表意见而产生公众；同时，公众又推动社会事件的发展，而意见是公众与社会事件相联系的"桥梁"。人们只有发表了意见，才能成为主体公众；只有被发表了意见，社会事件才能成为客体。

3. 网络舆情的特征

网络舆情是一种复杂的社会现象，由于参与的人数众多，话题多样且多变，意见多元化以及意见表达形式的多样化，使得网络舆情呈现出多样化的形态，因此想要把握网络舆情的本质特征是件难事。根据前文所列举的网络舆情的4个基本要素，我们分别从各个要素出发来把握网络舆情的特征。

（1）众多性、自发性、匿名性

众多性是指参与网络舆情的公众人数众多。据中国互联网络信息中心发布的第51次《中国互联网络发展状况统计报告》，截至2022年12月，中国网民规模达10.67亿。这样庞大的网民数量，为参与网络舆情的公众提供了一个巨大的基数。

自发性是指公众在网络上针对社会事件发表意见基本上是自由的，而不是被人有意组织的或者是被迫的。自媒体的发展，使得在网络上人人都有话筒，每个人都可以按照自己的意愿发表意见，反映自己真实的情绪和看法。数量庞大的公众是难以被人有意地组织起来发表意见的。

匿名性是指公众基本上匿名发表意见，除了部分实名认证的微博、微信等自媒体用户之外，大部分的公众基本都以网络虚拟身份发表意见。

（2）广泛性、时效性

广泛性是指各种社会事件、社会问题和社会现象都可以成为网络舆情的话题来源，而不会仅限于几种事件。虽然不同类型的事件成为网络舆情话题的概率不一样，比如食品安全事件比公司破产的事件会有更大的概率成为网络舆情的话题，但是食品安全事件和公司破产事件都有机会成为话题，没有一件事会被排除在外。

时效性是指网络舆情的话题是变动的，社会事件结束，与此相关的舆情也会结束，取而代之的是另一个社会事件，并由此产生新的网络舆情。

（3）指向性、倾向性

指向性是指公众发表的意见都是有所指的，是针对具体的社会事件、社会问题和社会现象的，而不是盲目的。因此，任何网络舆情都是与其一具体事件相对应的，具有很强的指向性。

倾向性是指公众表达的意见包含一定的价值判断，即对社会事件或支持或反对，或赞同或批评，明确表达自己的立场。意见不是客观陈述，而是包含人的主观判断，不同的人对同一事件会有不同的看法，因此在网络舆情中经常会出现不同的意见，这也造成意见的多元化以及不同意见之间的矛盾冲突。同时也因为这种倾向性，容易造成群体极端化，即持相同意见的人会越来越强化自己的观点，这样不利于不同观点之间的交流和沟通。

（4）开放性、迅捷性、互动性

开放性是指网络媒体对公众是开放的，网络媒体不会对网民的使用加以限制。因此，只要具备使用互联网的基本技能，每个网民都有相同的机会在网上发表意见。迅捷性是指网络媒体的信息传播和意见传播迅捷。网络媒体具备人际传播、群体传播、组织传播和大众传播等多种传播方式，可以使信息和意见快速地传播出去，在短时间内让更多的人接触到信息和意见。因此，在网络舆情中，对舆情的回应应更加及时。

互动性是指网络媒体使公众之间可以互相交流，不仅可以互相传递信息，也可以互相交换意见。尤其是意见交换，会使多元意见进行交锋，从而有可能达成一致性意见。只有凝聚共识，才能使舆情事件得到圆满解决。

4．网络舆情的成因

（1）社会根源

当前我国处于"双重转型"阶段，即体制转型与发展转型。社会转型产生的各种社会问题和社会现象在客观上为网络舆情的产生提供了话题。

（2）技术基础

网络舆情产生的技术基础就是网络技术发展带来的各种网络媒体。以信息交往活动为基础的网络媒体已成为公众获取信息、传播信息和讨论的主要阵地。中国互联网络信息中心在北京发布的第51次《中国互联网络发展状况统计报告》显示，截至2022年12月，我国互联网的普及率为75.6%。在网民使用的各类网络应用中，与信息传播互动有关的应用就包括即时通信、搜索引擎、网络新闻、博客/个人空间、微博、电子邮件、社交网站和网络论坛等。其中，即时通信、搜索引擎和网络新闻在使用率上位列前3名。庞大的网民基数和多样化的传播方式，为网络舆情的产生提供了技术基础。

（3）公众素质和意愿

社会转型为公众发表意见提供话题，网络媒体为公众发表意见提供平台。除了这两个因素，更关键的是公众需要具备在网络媒体上发表意见的能力以及发表意见的意愿。

首先，公众的新媒介素养大大提高。当前我国的大多数网民都具备使用新媒介接触信息（接近）、理解新媒介上的信息（分析和评价）、利用新媒介传播信息（传播）的基本能力。其次，公众的参与意愿和表达意愿增强。与传统媒体相比，网络媒体的使用者更加低龄化和年轻化，海量网民为数字消费增添了"新活力"。最后，根据第51次《中国互联网络发展状况统计报告》，截至2022年12月，我国网民规模为10.67亿，同比增加3.4%，互联网普及率达75.6%。其中，城镇网民规模为7.59亿，农村网民规模为3.08亿，50岁及以上网民群体占比提升至30.8%；全年移动互联网接入流量达$2618×10^8$GB。不同地区、不同年龄的网民构成广大的用户基础，流量型、资金型等不同形式的数字消费活力持续释放，促进了数字经济健康发展。

知识测验 ●●●●●●

一、不定项选择题

1. 新媒体产业的特征，包括下列哪些选项？（　　　）
   A. 集群性　　　　　　　　　　　　　B. 知识性
   C. 增值性和循环性　　　　　　　　　D. 创新性

2. 新媒体是科学技术进步和社会文化发展的双重结果。新媒体文化的特征主要体现在哪些方面？（　　　）
   A. 精神文明　　　　　　　　　　　　B. 数字形态
   C. 科学进步　　　　　　　　　　　　D. 文化发展

3. （　　　）是公众发表意见和进行互动的载体，是网络舆情产生的物理基础。
   A. 微信　　　　　　　　　　　　　　B. 网络媒体
   C. 微博　　　　　　　　　　　　　　D. 抖音平台

4. 网络舆情的特征，包括下列哪些选项？（　　　）
   A. 众多性、自发性、匿名性　　　　　B. 广泛性、时效性
   C. 指向性、倾向性　　　　　　　　　D. 开放性、迅捷性、互动性

二、填空题

1. 在新媒体构建的传播环境中，用户同时具备信息的_____、_____、_____3种身份，使生产、传播和消费信息的方式发生了巨大变化。

2. 中国互联网络信息中心在京发布的第51次《中国互联网络发展状况统计报告》显示，截至2022年12月，我国网民规模达_____亿，较2021年12月增长3549万，互联网普及率达_____。

3. 新媒体产业分为五大类：_____、_____、_____、_____和_____。

4. 影响新媒体产业的发展主要有3个因素：_____、_____和_____。

5. 王晓君认为舆论系统的构成要素有4个，即舆论主体、舆论客体、舆论本体和舆论载体。其中主体是_____，客体是_____，本体是_____，载体是_____，这四者相互关联、相互影响。

三、简答题

1. 如何看待中国新媒体未来的发展？
2. 新媒体从哪些方面对文化产生影响？

📖 技能实训 ●●●●●

一、实训目标

1. 认知目标：能够通过讲解和讨论等环节掌握相应的知识点。
2. 行为目标：能够初步了解"网红打卡地"对社会消费文化及经济的影响，学会分析新媒体从中发挥的作用。
3. 情感目标：能够初步形成独立思考能力和自主学习能力。

二、实训内容与要求

1. 教师说明实训目标、方式、要求，激发学生实训的主观能动性。
2. 教师介绍新媒体在文化消费中的影响。
3. 教师建议3～5名学生为一组阅读下面的材料，并布置实训题目。
4. 所有学生相互评议，教师进行点评、总结。

"网红"，即网络红人，指那些在互联网上因某些行为或事件而走红的人。新媒体时代，"网红"已不再单单局限于人，而是演变成为一种新型的物质或是精神消费符号，包含一切在互联网上走红的现象、产品、地点、行为，如"网红餐厅""网红书店""网红奶茶""网红艺术展""网红打卡地"等。

"打卡"原来是指上下班时的签到刷卡考勤。新媒体时代，"打卡"逐渐引申为新媒体用语，表示利用媒介在某一特定的时间或空间中留下标记。在大众传播的新媒体时代，人们越来越习惯于在吃完热门美食、买完热门产品或是游完热门景点之后，在自己的朋友圈、微博、抖音、小红书等社交平台上发布相关动态，向网友展示自己做的事、买的东西和所到之处，网友进行点赞或评论，再进行一番互动。如今，"打卡"已经成为现代人们生活的一部分。

"网红打卡地"即在社交平台上大受追捧的地点，因大众传播而变得更具有传播性、话题性、讨论性和知名性，吸引着人们前去拍照和打卡，随后发布在社交平台上，再度吸引新一波流量。"网红打卡地"逐渐成为新媒体时代的新名词。

随着越来越多的"网红打卡地"进入人们的视野，文化旅游、时尚消费作为一种风尚、一种新的生活方式，受到更多年轻群体的追捧。特别是在"种草文化"和流量经济的带动下，"网红打卡地"与城市文化底蕴融合，刺激了城市文旅消费，引爆了当地的文旅产业，成为城市培育经济发展的新动能、塑造核心竞争力的新生力量。

实训题目：请以西安这座城市为例，分析"网红打卡地"对这座城市经济和文化的影响，并讨论新媒体从中发挥的作用。

三、实训成果与评价

1. 成果要求

（1）形成分析报告：针对实训题目形成一份较为完整的分析报告。

（2）提交讨论记录：每组设组长1人、记录员1人，分析报告必须有小组各成员讨论的详细记录。

（3）撰写文字小结：内容可包括通过此次小组合作发现的不足之处和建议等。

2. 评价标准

（1）上课主动配合教师，积极思考并发言，拓宽分析问题的思路。

（2）认真阅读材料，积极参加小组讨论，分工合作较好。

（3）分析报告内容基本完整，能结合所学理论知识解答问题。